KB266999

한국
여성사
깊이
읽기

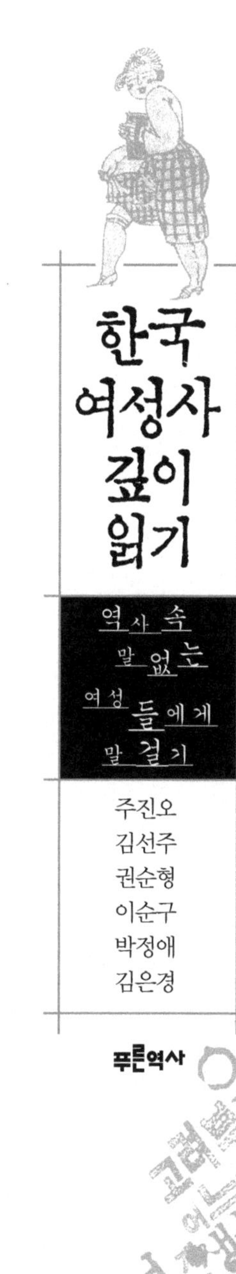

한국
여성사
깊이
읽기

역사 속
말 없는
여성들에게
말 걸기

주진오
김선주
권순형
이순구
박정애
김은경

푸른역사

역사 속 말 없는 여성들에게 말 걸기

집필 경위와 기획 의도

이 책을 함께 쓴 여섯 사람은 나를 제외하고는 모두 여성사를 전공하고 있는 여성연구자들이다. 우리들이 모이게 된 것은 바로 상명대학교의 한국여성사 강의를 함께 진행해 왔기 때문이다.

사실 한국여성사 전공자도 아니고 여성사 관련 논문을 한 편도 쓴 적이 없었던 나는 1995년부터 교양한국사가 필수에서 선택이 되면서 학생들의 흥미를 끌 수 있는 과목으로서 한국여성사를 제안했다. 물론 내가 직접 강의를 할 생각은 없었고 여성사 전공자에게 부탁할 생각이었다. 그런데 강사 섭외가 잘 되지 않아 결국 내가 강의를 떠맡게 되어 안면이 있던 한국사 여성연구자들에게 도움을 받아 부랴부랴 논저들을 읽으면서 강의를 준비하게 되었다.

이렇게 준비가 미흡한 상태에서 여성사 강의를 시작하게 되었는데 의외로 내 스스로 배우는 것이 너무 많았다. 그동안 결코 내가 남성우월주의자라고 생각한 적은 없었지만 여성사, 여성학 관련 책들을 읽으면서 내 생각에 많은 한계와 문제점이 있다는 것을 느끼게 되었다.

특히 학생들은 여성학 수업에서 들었을 때 거부감이 든 경우가 많았는데 똑같은 이야기를 남성인 내가 하니까 객관적인 이야기로 받아들여진다고 했다. 그러면서 앞으로도 이 강의를 계속해야만 한다고들 말해 주었다.

이듬해인 1996년부터 상명여대는 남녀공학인 상명대학교로 바뀌었다. 그 후에도 학생들이 계속 늘어 300여 명이 수강 신청을 하는 데 이르렀다. 이에 여성사 전공자인 이순구 선생과 분반하여 팀 티칭으로 진행하였고, 그 후 권순형, 김선주, 박정애, 김은경 선생이 차례로 이 여성사 강의에 참여하게 되었다. 그러니까 우리 여섯 필자들의 공통점은 상명대학교에서 한국여성사를 가르쳤거나 지금 가르치고 있는 한국사 연구자라는 점이다. 우연히도 각자의 전공시대가 다양하게 분포되어 있어서 강의 교재를 함께 집필할 수 있는 기반이 자연스럽게 조성되었다.

현재 상명대학교에서는 '한국여성의 역사' 교양강의가 두 캠퍼스 합해서 매 학기마다 네 반이 개설되고 있으며 모두 100명이라는 상한선을 채우고 있다. 그러니까 매년 800명에 가까운 학생들이 수업을 듣고 있는 셈이다. 현재 이 수업은 온라인과 오프라인 수업을 병행하고 있는 B-Learning 방식으로 진행된다. 바로 이 책의 필자들이 함께 교안을 만들었고, 학생들은 내가 대표로 녹화한 온라인 강의를 언제든 편한 시간에 들을 수 있게 되었다. 격주로 진행되는 강의실 수업은 나를 포함한 세 사람이 각자 독자적으로 진행한다. 바로 이 책은 대학 한국여성사 수업에서 강의 교재로 쓰기 위해서 함께 집필한 책이다.

상명대에서 한국여성사 교양강의가 잘 되는 이유가 무엇이냐는 질문을 곧잘 듣곤 한다. 우선 여성사 강의에 애착을 가진 전임교수가 꾸준히 노력해 온 것이 하나의 이유가 될 것이다. 대학 내의 교양과정 개편 과정에서 여성사 강의를 지켜 내고 확대시킬 수 있었기 때문이다. 그리고 반드시 여성사를 전공한 연구자들을 강사로 위촉했기 때문이라고 생각한다. 곧 한국여성사에 애착을 가진 강사진이 전문성이 있는 강의를 진행했기 때문이다.

이 책이 처음 기획된 것은 2006년으로, 그 후 7년 동안 필자들은 수십 차례 각자의 원고를 공동으로 검토하고 토론을 거쳤다. 그 과정에서 심각한 의견 대립도 있었으나 원만하게 조율하면서 작업을 진행해 왔다. 따라서 여기에 실린 글은 여섯 필자의 의견이 반영된 글이라고 할 수 있다. 하지만 원고에 대한 책임은 각자가 지는 것은 물론이다.

사실 이 책이 나오기까지 이렇게 오랜 시간이 흐르게 될 줄은 아무도 몰랐다. 그러다 보니 원고 집필할 때는 세상에 태어나지 않았던 아이가 둘이나 태어났고 그중 한 아이는 벌써 초등학생이 되었다. 이같이 오랜 시간이 흘렀음에도 불구하고 인내심을 가지고 기다려 준 도서출판 푸른역사 덕분에 이 책은 빛을 보게 되었다. 그리고 내용에 꼭 맞는 사진을 선정하는 작업에서부터 교정·편집까지 꼼꼼하게 챙겨 준 푸른역사 편집자에게도 감사의 인사를 전한다.

나는 역사학이 단순히 과거의 사실을 밝혀 내는 데 그치는 것이 아니라 현실의 모든 억압과 차별을 무너뜨리는 사회적 실천과 결합해야 한다는 믿음을 가지고 있다. 내가 여성 문제에 관심을 갖게 된 것도 바로 여성이 역사적으로 억압과 차별을 받아 왔으며 아직도 해결되지 않고 있다는 여성사 연구자들의 주장에 공감했기 때문이다. 나는 여성운동의 대중화를 위해서 한국여성사 교양강의가 매우 중요한 기반이 될 것이며 많은 대학으로 확대되어야 한다고 생각한다. 이 책이 그러한 흐름이 확산되는 데 하나의 작은 밑거름이 될 수 있다면 더할 나위 없이 기쁠 것이다.

취지와 구성

《한국여성사 깊이 읽기》는 여성들의 역사에 관심이 있는 사람이면 누구나 공감하고 흥미롭게 읽을 수 있도록 서술하였다. 이론이나 정치적 사건을 중심으로 하지 않고, 역사 문헌에 나오는 작은 사례를 새롭게 볼 수 있도록 다양한 해석을 시도하였다. 따라서 역사를 새롭게 보는 안목을 키우고 싶은 일반인이나 고등학생들도 도전해 볼 만한, 쉽지만 '두터운' 인문학 서적이 될 것이다.

　모두 열두 개의 주제로 구성된 이 책은 대학교 여성사 수업의 교재로 사용하기에 편리하도록 구성되어 있다. 특히 단순한 역사적 사실의 나열이 아니라, 기존의 역사 해석을 뒤집거나 문제제기한 것은 토론 수업에 도움이 될 것으로 기대한다. 이뿐 아니라, 여성사에 관심이 있는 일반인의 교양서로도 손색이 없을 듯하다. 고대에서부터 현대까

　　　　　　　　　　　한국여성사 깊이 읽기

지, 통사通史식 시대 구분의 외형을 따르면서도 여성주의의 시각에서 문화사와 일상사의 내용을 담고 있어 최근 인문학이 주창하는 사회적 소수자의 역사, 다양한 역사, '작은' 역사 등을 접할 수 있는 기회를 제공할 것이다.

이러한 관점에서 집필된 이 책의 구성과 핵심 내용은 다음과 같다.

제1강 〈우리 역사의 여신들〉(김선주)은 선사시대부터 고대에 이르기까지 우리 역사 속에서 나타나는 여성 신격을 추적하였다. 고고자료와 문헌사료 분석을 토대로 한 이 글에서는 출산과 양육이라고 하는 여성의 생육 능력이 지모신앙과 연계되어 신석기 이래 여신 숭배로 나타났으며 고대 사회에서 여성은 신과 소통하는 여사제로 비상한 능력을 가진 존재로 존숭되었음을 지적하였다. 또한 불교 유입 후에도 관음신앙 속에서 관음의 현신이 주로 여성으로 나타난다고 하여 우리 역사 속에서 지모신앙이 어떠한 형태로 어떻게 계승되고 있는지를 조명하였다.

제2강 〈왜 신라에만 여왕이 있었을까?〉(김선주)에서는 한국 역사상 유독 신라에만 여왕이 있었던 이유와 신라 여왕에 대한 당대의 인식을 함께 서술하였다. 이 글에서는 여왕이기 때문에 겪어야 했던 비난과 모함, 어려움을 소개함으로써 독자들을 천 년 이상의 시간을 뛰어넘어 신라 여왕들의 고뇌와 내면으로 인도한다.

제3강 〈어느 고려부인의 일생〉(권순형)에서는 고려 중기 염경애라는 귀족 부인의 묘지명을 통해 고려시대의 혼인과 여성 생활사를 재구성하였다. 이는 공식 역사가 기억해 주지 않은 개인의 출생과 죽음, 혼인, 가족 등을 촘촘하게 조명한 것으로, 중세 일상문화의 한 단면과 여성의 지위를 쉽고 재미있게 접할 수 있도록 도와 준다.

제4강 〈남녀상열지사: 성의 자유인가, 재혼의 자유인가?〉(권순형)는 그동안 역사책에서 쉽게 다루지 않았던 주제인 성性을 고려 사회의 독특한 특징과 연결 지어 서술하였다. 하지만 성을 단지 흥미 차원이 아니라 당시 성에 대한 의식과 규범, 성적 욕망과 실천, 혼인제도와의 관련성 등을 통해 고려시대 여성의 삶에 접근하였다는 점에서 문화사로서 좋은 본보기를 보여준다.

제5강 〈딸에서 며느리로: 여성 정체성의 변화〉(이순구)는 조선시대 혼인제도의 변화에 따라 여성의 정체성이 '딸에서 며느리로' 바뀌었다고 주장한다. '현모양처의 화신'으로 대중에게 익숙한 신사임당이 사실 딸로서의 정체성이 강했던 여성이었음을 조선 후기 안동 장씨의 사례와 비교하여 보여줌으로써 시대적 조건과 맥락 속에서 여성의 정체성이 어떻게 구성되는지 이해하게 해준다. 하지만 이 글의 필자는 "어쩌면 조선의 여성들은 끝내 딸에서 며느리로 가지 않았는지도 모른다"면서 최종적인 판단과 해석을 남겨놓았다. 출가외인이라는 말이 강조된 것은 여자들이 결국은 출가외인이 되지 않았기 때문이라는 저자의 독특한 해석이 흥미를 끈다.

제6강 〈열녀: 죽음인가, 죽임인가?〉(이순구)는 조선시대 열녀의 '자기 파괴' 행위에 대한 새로운 해석을 담았다. 당시 남편과 사별한 여성들에 대한 유교 이데올로기의 강요를 전제로 하면서도, 이것이 "도덕성이라는 이름으로 자발성에 기초를 두도록" 했기 때문에 그 여성들은 그것을 강요가 아니라 도덕적 실천으로 생각했다고 보았다. 즉 당시 열녀의 길을 선택하는 것은 최고의 가치를 실현해서 사회로부터 인정받는 방법이었다는 것이다. 이것은 지배 이데올로기와 여성의 행위성에 대해 많은 토론거리를 제공하는 글이 될 것이다. 이 글에 대해서는 필자들 사이에서도 격론이 벌어질 만큼 새로운 논점을 제시하고 있다.

제7강 〈조선 후기 여성지식인의 출현〉(이순구)에서는 조선 후기 성리학을 연구한 여성학자의 출현에 대해 소개하고 있다. 저자는 임윤지당이나 강정일당 등의 학자들이 성리학의 이치를 공부함으로써 여성들도 인륜 도덕을 실천하면 성인이 될 수 있다는 사실을 알렸고, 이를 통해 조선시대 여성들에게 자신감과 도덕적 주체성을 갖게 했다고 적극적으로 평가했다.

제8강 〈현모양처론의 두 얼굴〉(주진오)은 근대 초기 여성 해방의 출발점이었던 여성교육론이 실제로는 여성의 배움을 가정으로 귀속시키는 '현모양처'의 생산에 머물렀다고 주장한다. 이 글은 '해방'과 '규율'을 오가는 현모양처론의 양면성을 보여줌으로써 '현모양처'를 근대성과의 관련 속에서 이해하도록 안내한다.

제9강 〈신여성의 이상과 현실〉(박정애)은 일제시기 신여성에 대한 담론을 설명하는 것을 넘어 '담론적 실재'로서 신여성이라 불렸던 여성들의 내면을 추적한다. 당시 남성지식인들은 신여성의 새로움에 우려의 시선을 보냈으며, 그녀들의 삶을 스캔들로 만들었다. 이와 같은 담론 속에서 '신여성'들은 자신들의 욕망과 현실 사이의 간극에서 갈등하는 모습을 보였다. 신여성의 주체성을 과도하게 부각하지 않으면서도 신여성의 딜레마와 욕망을 보여줌으로써 그녀들의 선택을 공감하게 하는 점이 돋보인다.

제10강 〈끝나지 않은 역사, 일본군'위안부' 문제〉(박정애)는 일본군'위안부'제도의 역사와 지금도 계속되고 있는 '위안부'의 역사화 과정을 다룬다. 한일 간 '뜨거운' 쟁점인 일본군'위안부'의 역사적 실태 문제를 자료를 더듬어 가며 입체적으로 조명한다. 그리고 국경을 넘는 평화와 인권 문제의 입장에서 '위안부' 문제의 현재적 의미를 되새긴다.

제11강 〈전쟁이 바꾼 여성, 여성이 바꾼 사회: 한국전쟁과 여성〉(김은경)은 최근의 연구 성과를 반영하여 전쟁이 여성들에게 위기이자 기회였음을 전제로, 다양한 여성군상을 소개하였다. 이 글은 빨치산, 여자의용군, 월남 여성, 특수위안대, '양공주', 전쟁미망인, '아프레걸' 등 공식 역사에 전혀 등장하지 않는 해방 후 여성들을 만나는 재미를 선사한다.

제12강 〈호주제는 어떻게 전통이 되었나?〉(김은경)는 일제에 의해 이식된 호주제가 우리의 미풍양속이자 오랜 전통으로 탄생하게 된 '오해의 역사'를 다룬다. 필자는 여성의 '국민화'와 가정의 '근대화'를 달성함으로써 근대 국가를 수립하려는 정부의 의도가 있었음에도 불구하고, 한국전쟁 이후 미국 문화의 유입이 가속화되어 '전통'이 강조되자, 상징 권력인 호주제가 유지되었고 여성의 지위는 유보되었다고 보았다.

한국여성사의 역사와 현실

1970년대에 들어 한국에서 여성운동이 활발해지면서 자연스럽게 여성의 억압과 차별의 기원에 대한 관심이 높아져 여성사에 대한 관심이 나타나기 시작했다. 처음에는 여성의 삶 자체를 밝혀 내는 연구로 시작되었으나 점차로 여성중심적 시각에서 역사를 새롭게 해석하려는 쪽으로 확대되었다. 이는 궁극적으로 여성의 입장에서 역사를 재해석해 보려는 시도라고 할 수 있다.

이렇듯, 한국여성사는 여성운동의 발전 과정에서 나타났다. 이는 여성사가 결코 과거 역사에 대한 지식으로 끝나는 것이 아니라 현실의 여성 문제를 해결하기 위한 이론적 근거가 되어야 한다는 의미를 지닌다. 그러나 동시에 여성운동 이론에 입각해서 자신의 역사를 규정지으려 한다는 비판도 존재할 가능성이 있다. 실제로 그동안 여성학계, 또는 여성사 영역에서 현재적 관점에서 과거의 여성을 억압과 차별 속에서 수동적으로 살아가는 존재로만 규정했던 점이 없지 않았다.

따라서 한국 사회에서 여성들이 각자의 시대적 조건 속에서 헤쳐나온 역사를 능동적으로 파악하고, 한국여성들을 구속했던 사회적 규제와 억압이 반드시 한국만의 특수성이 아니라 그 시대가 가지고 있는 보편적 구조 때문이라는 점을 이해하는 것이 중요하다.

그러나 아직도 여성사는 역사학계에서 주변적 학문에 머물고 있으며 연구자 수도 늘어나지 않고 있다. 여성사에 대한 관심은 높으나 평생의 업으로 생각하고 뛰어드는 연구자가 드문 것이다. 여러 이유가 있을 수 있으나 기존 역사학과의 틀 안에서 여성사를 강의하는 경우도 거의 없으며 여성사 연구자만이 아닌 여성 역사연구자에 대한 차별이 자리 잡고 있다. 오늘날 많은 대학 사학과의 학생 가운데 여성들이 차지하는 비중이 압도적으로 높음에도 불구하고 여성 교수의 비율은 따지기가 민망할 정도로 미미하다. 이런 상황에서 여성연구자들이 성장하고 여성사를 자신의 학문영역으로 삼는다는 것은 대단한 용기가 있거나 너무 순진하거나 둘 중 하나인 경우라고 할 수 있다.

한국에서의 여성사 연구는 아직 성숙 단계에 들어섰다고 하기 어려운 실정이다. 한국의 역사 속에서 나타났던 여성들의 삶을 복원해 내는 한편, 여성 억압의 원인을 찾아 내고 그 현실을 밝히며 해결을 위한 관점을 제시하는 것이 앞으로의 과제라고 할 수 있다. 여기서 중요한 것은 여성 문제는 여성만의 문제가 아니라 인간의 문제라는 생각에서 출발해야 한다는 점이다. 어떤 형태로든 인간이 인간을 억압하고 차별하는 현실은 극복되어야만 한다는 문제의식을 가져야 한다.

모든 여성은 페미니스트인가? 그렇지 않다. 여성이라고 해서 모두 바람직한 성역할 관념과 관계를 가지고 있는 것은 아니다. 성장 과정과 교육을 통하여 성차별적인 여성 관념을 여성 스스로 가지고 있는 경우가 많다. 따라서 여성들 역시 자신의 성 정체성에 대한 깊은 고민과 노력의 시간을 가질 필요가 있다. '여성의 적은 여성'이라는 말이 있다. 가부장 사회는 오랫동안 여성들을 서로 경쟁시킴으로써 가부장 사회의 이해를 공고히 해 왔다. 여성들은 이러한 전략에 흔들리며 서로를 미워하기보다 여성들이 공유해 온 역사에 관심을 기울여야 한다. 그간의 역사에서 소외되어 파편화 되어 있던 여성들의 위치를 돌아보고 연대의 지점을 찾아야 한다. 최근 여성들끼리의 멘토링에 대한 관심이 고조되는 이유가 거기에 있다.

오늘날 여성운동의 발전에 대해 우려를 넘어서서 적대적 태도를 보이는 사람들이 있다. 특히 여성들의 다양한 영역으로의 진출, 군 출신자에 대한 공무원 시험 가산점의 폐지, 여성정치인의 진출, 호주제의 폐지 등을 둘러싸고 사회 일각에서 격렬한 반발을 보이고 있다.

이는 고정된 성역할 관념에 입각한 가부장주의가 상황의 변화를 수용하지 못함으로써 나타난 현상이라고 할 수 있다. 반드시 남성이라고 해서 기득권을 가지고 있다고 할 수 없으며 엄연히 우리 사회에는 계급적 차별이라는 것도 존재하고 있다. 그러나 남성들이 부당한 기득권을 가지고 있다면 설령 여성에 대한 억압과 차별을 의식적으로 행사하지 않았더라도 그것은 극복되어야 한다. 그러니까 정상적인 남성과 여성의 관계를 정립해 나가는 과정에서 나타나는 남성들의 박탈감은 충분히 이해할 수 있지만, 그것을 받아들이지 못할 때 나타나는 문화 지체 현상은 사회 변화에 적응하지 못하는 결과를 가져올 것이다. 남성들도 한국여성사를 공부해야 하는 이유가 거기에 있다.

오늘날 글로벌 스탠더드라는 말이 널리 사용되고 있다. 여성 문제에 있어서 한국 사회는 글로벌 스탠더드에 도달했다고 보기에는 아직 부족하다. 물론 일부 여성들의 사회적 진출은 이미 눈부시며 그런 가운데 사회적 약자라기보다는 기득권층으로 편입된 여성들도 얼마든지 있다. 그러나 한국 사회의 눈에 보이는 또는 눈에 보이지 않는 장벽은 아직 높은 실정이며 그것은 오히려 한국 사회 전체의 활력을 감소시키고 나아가 인적 자원을 충분히 활용하지 못하여 미래의 전망을 어둡게 만드는 요소가 된다.

결론적으로 앞으로 21세기 사회는 아무리 막으려 해도 그동안 사회적 약자들에 대한 배려를 넘어서서 그들의 권리가 높아지는 방향으로 진행될 수밖에 없다. 그리고 그러한 방향은 일방적 관계라기보다 중층적, 다중적 형태로 진행될 것이다. 즉, 한 여성이 성적으로 사회적

약자라고 해서 다른 부분에 있어서는 강자인 경우가 있다는 의식을
가질 필요가 있다. 노동자, 농민, 장애인, 동성애자 문제에 있어서 사
회적 약자에 대한 공감대를 가지고 그들과 함께 살아가려는 노력을
하지 않는다면 페미니즘은 여성만의 기준에 입각한 이기적 발상이 될
수밖에 없을 것이다. 따라서 페미니즘을 수용한다면 그를 통해 다른
사회적 약자에 대한 애정과 배려를 공유한다는 의미가 되어야 한다.

2013년 9월
필자들을 대표하여 주진오 씀

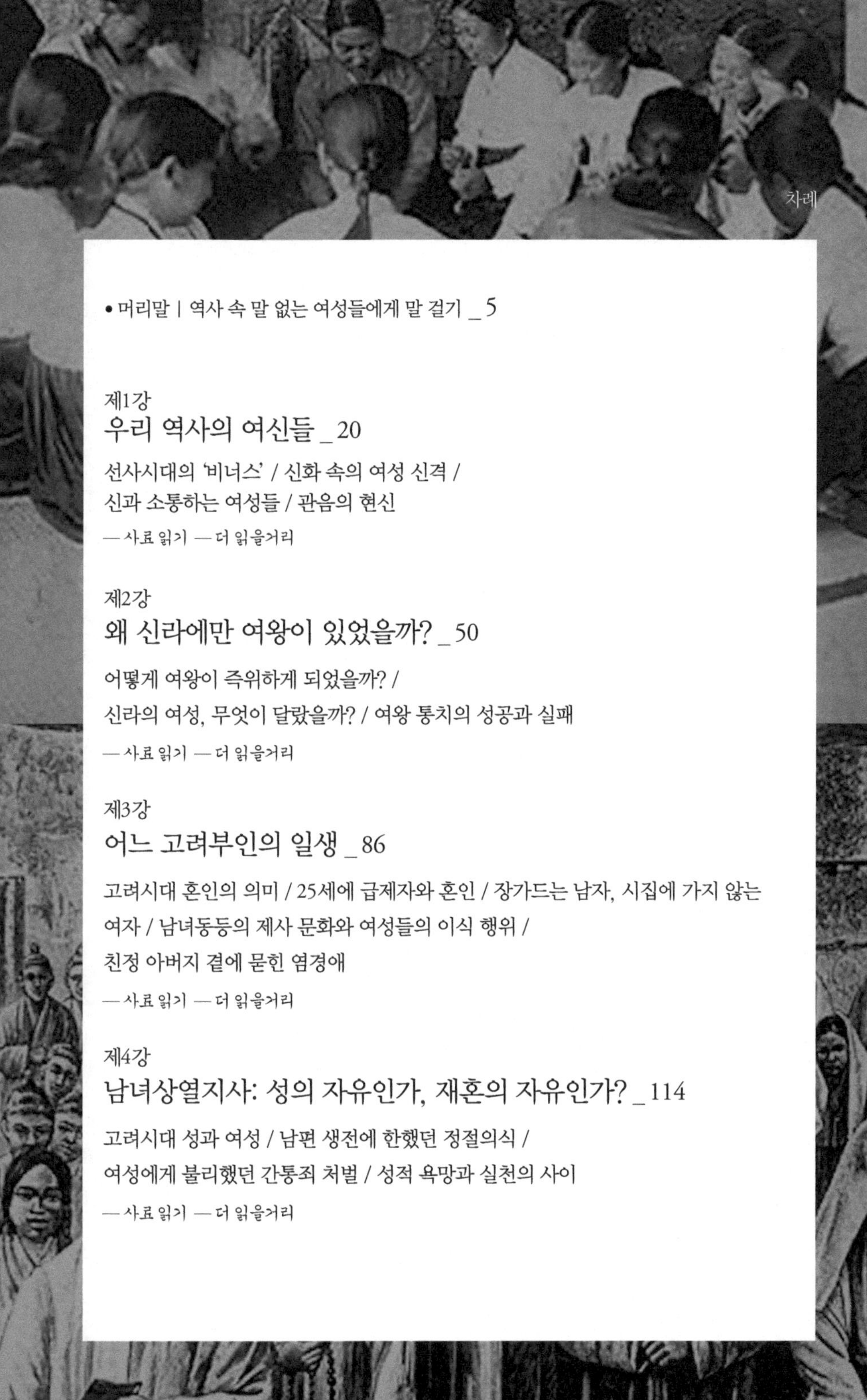

● 머리말 | 역사 속 말 없는 여성들에게 말 걸기 _5

제1강
우리 역사의 여신들 _20

선사시대의 '비너스' / 신화 속의 여성 신격 /
신과 소통하는 여성들 / 관음의 현신
— 사료 읽기 — 더 읽을거리

제2강
왜 신라에만 여왕이 있었을까? _50

어떻게 여왕이 즉위하게 되었을까? /
신라의 여성, 무엇이 달랐을까? / 여왕 통치의 성공과 실패
— 사료 읽기 — 더 읽을거리

제3강
어느 고려부인의 일생 _86

고려시대 혼인의 의미 / 25세에 급제자와 혼인 / 장가드는 남자, 시집에 가지 않는
여자 / 남녀동등의 제사 문화와 여성들의 이식 행위 /
친정 아버지 곁에 묻힌 염경애
— 사료 읽기 — 더 읽을거리

제4강
남녀상열지사: 성의 자유인가, 재혼의 자유인가? _114

고려시대 성과 여성 / 남편 생전에 한했던 정절의식 /
여성에게 불리했던 간통죄 처벌 / 성적 욕망과 실천의 사이
— 사료 읽기 — 더 읽을거리

제5강

딸에서 며느리로: 여성 정체성의 변화 _ 140

‘출가외인’은 언제부터? / 달라지는 혼인 /
딸로서의 신사임당 / 며느리로서의 장씨부인
— 사료 읽기 — 더 읽을거리

제6강

열녀: 죽음인가, 죽임인가? _ 166

열녀는 누구인가? / 조선 이전의 열녀 / 열녀를 권하는 사회 /
내면화되는 열녀의식 / 열녀 열전
— 사료 읽기 — 더 읽을거리

제7강

조선 후기 여성지식인의 출현 _ 194

절제와 분출 / 실용서를 쓴 지식인 여성들 / 여성 성리학자들
— 사료 읽기 — 더 읽을거리

제8강

현모양처론의 두 얼굴 _ 224

근대적 여성의식의 태동—천주교와 동학 / 근대적 여성의식의 출발—
개화파와 개신교 / 찬양회와 순성여학교 /
근대적 여성 교육의 발전과 여성 교육단체의 활동 /
근대 여성의 아이덴티티, 현모양처론 / 현모양처론을 둘러싼 논란
— 사료 읽기 — 더 읽을거리

제9강

신여성의 이상과 현실 _ 246

신여성은 누구인가? / 나, 배운 여성! /
‘직업여성’이 된다는 것 / 신여성 스캔들 /
— 사료 읽기 — 더 읽을거리

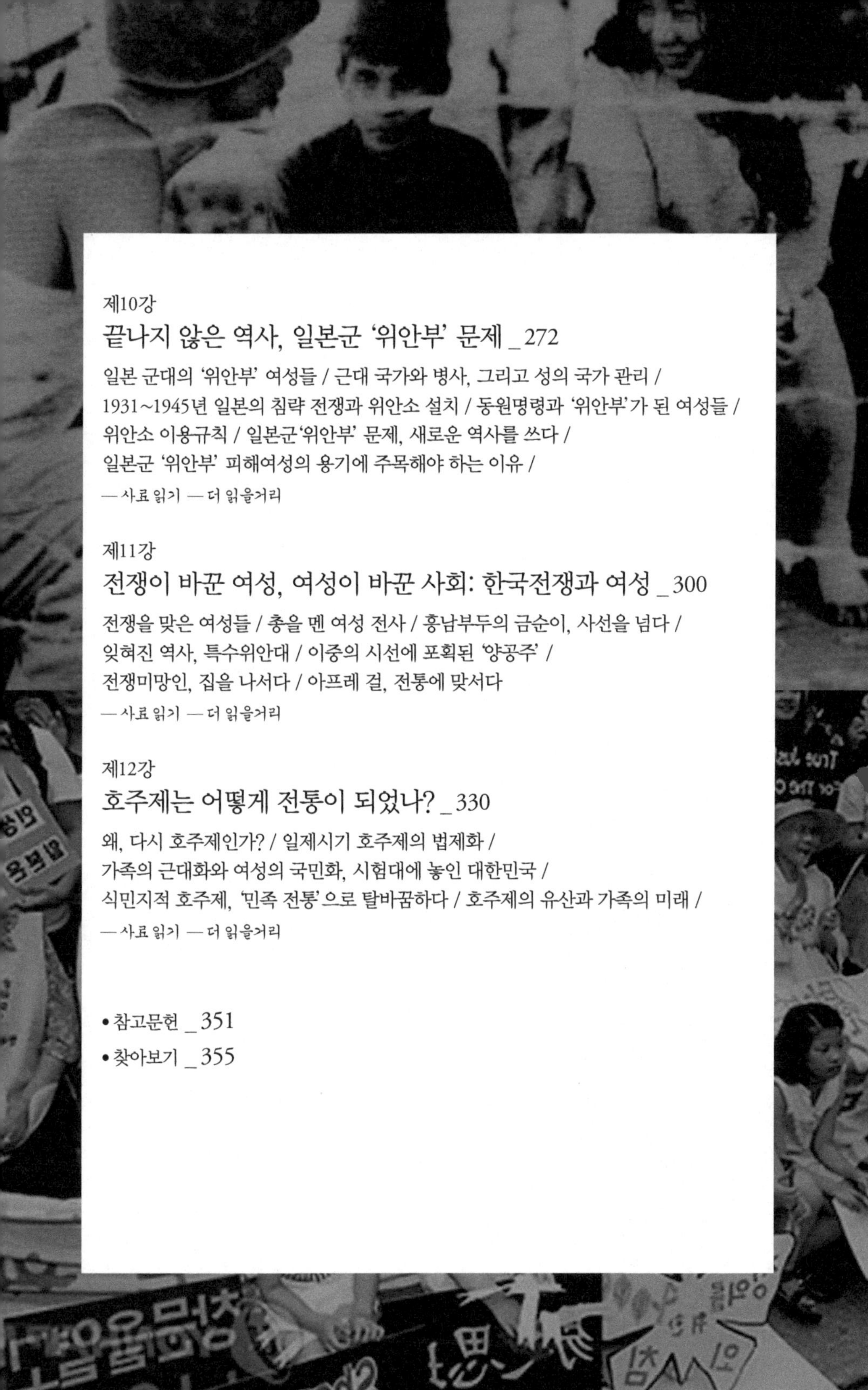

제10강

끝나지 않은 역사, 일본군 '위안부' 문제 _272

일본 군대의 '위안부' 여성들 / 근대 국가와 병사, 그리고 성의 국가 관리 /
1931~1945년 일본의 침략 전쟁과 위안소 설치 / 동원명령과 '위안부'가 된 여성들 /
위안소 이용규칙 / 일본군 '위안부' 문제, 새로운 역사를 쓰다 /
일본군 '위안부' 피해여성의 용기에 주목해야 하는 이유 /

— 사료 읽기 — 더 읽을거리

제11강

전쟁이 바꾼 여성, 여성이 바꾼 사회: 한국전쟁과 여성 _300

전쟁을 맞은 여성들 / 총을 멘 여성 전사 / 흥남부두의 금순이, 사선을 넘다 /
잊혀진 역사, 특수위안대 / 이중의 시선에 포획된 '양공주' /
전쟁미망인, 집을 나서다 / 아프레 걸, 전통에 맞서다

— 사료 읽기 — 더 읽을거리

제12강

호주제는 어떻게 전통이 되었나? _330

왜, 다시 호주제인가? / 일제시기 호주제의 법제화 /
가족의 근대화와 여성의 국민화, 시험대에 놓인 대한민국 /
식민지적 호주제, '민족 전통'으로 탈바꿈하다 / 호주제의 유산과 가족의 미래 /

— 사료 읽기 — 더 읽을거리

• 참고문헌 _351

• 찾아보기 _355

우리 역사의 여신들

선사시대의 '비너스'

터질 듯이 풍만한 젖가슴과 불룩한 배, 살찐 엉덩이, 선사시대 유적에서 종종 출토되고 있는 여성상들의 특징적인 모습이다. 여성의 성적 특징이 과장되게 표현되어 있는 이들 여성상은 당시의 이상적인 여성상을 표현한 것으로 여겨져 '비너스'로 칭해졌다.

대표적인 것이 '빌렌도르프willendorrf의 비너스'이다. 오스트리아 후기 구석기 유적에서 출토된 이 여성상은 볼륨이 있는 몸매에 유방이 커서 무겁게 배 위에 드리워져 있고, 배는 불룩하게 나와 있으며, 엉덩이는 살찐 모양을 하고 있다. 거기에 비하면 머리와 사지는 몸에 어울리지 않게 빈약한 모습을 하고 있다.

빌렌도르프의 비너스:
오스트리아 후기 구석기 유적에서 발견된 이 여인상은 높이 10센티미터로 머리와 사지는 빈약한 반면 터질 것 같은 배와 젖가슴, 풍만한 엉덩이를 특징적으로 표현했다. 당시 이상적인 여성상을 표현한 것으로 여겨져 '비너스'로 명명되었다.

이러한 선사시대 비너스는 후기 구석기시대부터 나타나기 시작하는데 신석기시대에 이르러서는 유럽이나 메소포타미아 지역·인더스 강 유역·중국·일본 등 상당히 넓은 지역에서 발견되고 있다.

한반도 신석기 유적에서도 여성상으로 여겨지는 유물이 출토되었다. 함북 청진 농포동 유적에서는 흙으로 빚은 4센티미터 크기의 소조인물상이 머리가 떨어져 나간 상태로 발견되었다. 가슴 앞에 X자형으로 팔짱을 끼고 있는 이 인물상은 허리가 잘록하고 가슴과 엉덩이 부분이 퍼져 있는 듯한 형상으로 보아 여성일 것으로 추정하고 있다.

웅기 서포항 신석기 후기 유적에서도 6센티미터 정도 크기의 흙으로 만든 인형이 발견되었다. 가슴에 유방을 표현한 듯한 돌기가 있고, 허리 모양이 곡선이어서 여성상으로 보고 있다. 웅기 서포항 유적에서는 동물 뼈 조각으로 만든 여성상도 출토되었다. 동물 뼈에 얼굴 모습을 조각한 9.5센티미터 크기의 골상으로 사각형 머리에 눈과 입이 세 개의 음점으로 표현되어 있고, 몸과 팔다리가 길다란 무우처럼 하나로 간략화된 형태이다. 그렇지만 골상의 몸 중앙에 중심점과 그것을 둘러싼 7개의 점이 있어 여성의 성기를 표현한 것으로 여기고 있다. 용천 신암리 유적에서도 허리가 잘록하고 가슴에 돌기로 유방을 표현한 골상이 출토되었는데 마찬가지로 여성을 형상화한 것으로 추정하고 있다.

여성의 성적 특징을 부각시킨 이들 여성상은 다산과 풍요를 기원하는 상징적인 의미를 가지고 있는 것으로 보고 있다. 구체적으로 생명을 낳은 풍요 생산신=대지모신상Mother Goddess이라는 견해부터 모계 사회 단계에서 민족 또는 종족의 시조로 그들을 수호하는 족조모族祖母,

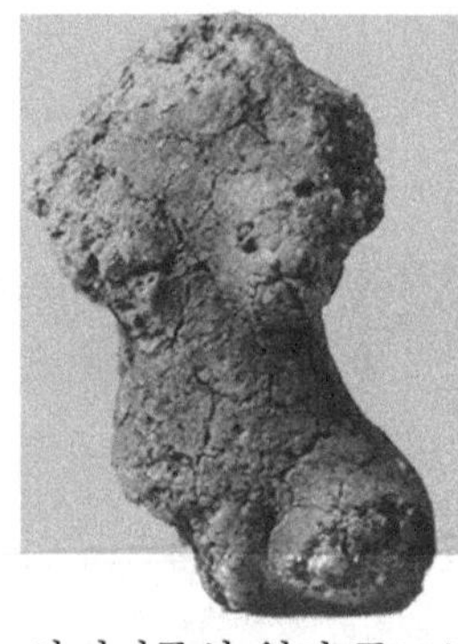

울산 신암리에서 출토된 신석기시대 여성상:
울산시 서생면 신암리 유적 제2지구에서 출토된
3.6센티미터 크기의 여성상으로 잘록한 허리에
유방이 표현되어 있다.

샤머니즘의 원시 종교와 관련하여 사제로서의 무녀상巫女像 등으로 다양하게 해석되고 있다. 어떤 의미이든 간에 이들 여성상은 선사시대에 여성에 대한 추앙과 숭상의식이 있었음을 보여준다.

한편 한민족의 중요한 활동무대였던 만주지역에서는 신석기시대 여성이 신앙의 대상으로 숭배되었음을 보여주는 유적과 유물이 발굴되었다. 중국 요녕성 우하량牛河梁 신석기 유적에서는 5천 년 전의 건축물이 발굴되었는데, 건축물의 주실 중심부에서 22.5센티미터 크기의 진흙으로 빚은 두상과 어깨, 손, 유방 부분의 파편이 발견되었다.

가슴과 어깨 부분으로 보아 여성상으로 보고 있는데 형태가 거의 완전하게 남아 있는 두상을 보면 귀는 뚫은 흔적이 있고 입술엔 붉은 칠이 있으며 두 눈은 푸른색 구슬을 박아 넣어 신비스러운 느낌을 주고 있다. 뿐만 아니라 두 뺨은 근육이 도드라지게 돌출되어 있고 입 모양역시 역동적이어서 신격화된 여성상이었음을 알 수 있다.

이 유적에서는 여성상 외에도 저장용 구덩이에서 '之' 자 빗살무늬가 새겨진 통모양의 토기인 통형관筒形罐과 입이 작은 토기인 소구관小口罐을 비롯한 다양한 형태의 토기와 사슴·양 등의 동물 뼈가 발견되었

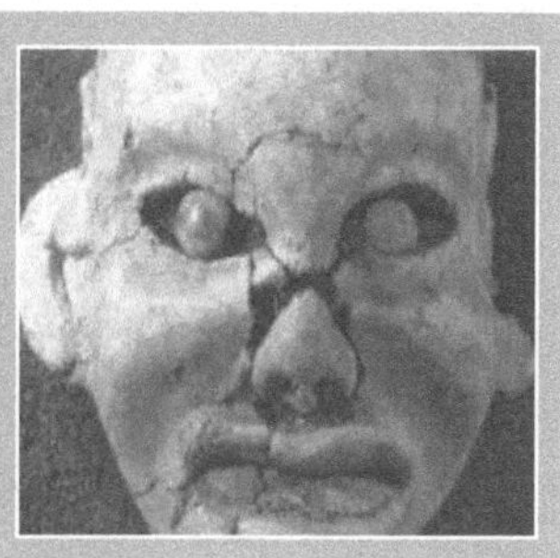

만주 지역 신석기 유적인
우하량 여신묘에서 발견된 여성 두상:
여신묘 주실에서 발견된 여성상으로
귀는 뚫은 흔적이 있고 입술엔 붉은 칠이 있으며
두 눈은 푸른색 구슬을 박아 넣어
신격화된 모습임을 알 수 있다.

다. 또한 벽면에는 주술적인 성격으로 보이는 문양이 그려져 있고, 대형 향로 뚜껑과 함께 다양한 종류의 제사용기가 출토되어 제사 유구로 추정하고 있다. 이를 통해 건축물은 이 여신을 제사지내던 여신묘女神廟였으며, 여성상은 신앙의 대상이었던 여신女神이었음을 알 수 있다.

이러한 자료는 신석기시대에 여성이 신으로 숭배되었음을 보여준다. 신석기시대 여신은 주로 지모신앙과 관련된 지모신으로 보고 있다. 여성을 지모신으로 인식한 것은 출산과 양육이라는 여성의 생리적 특성과 관련하여 여성을 생육과 대지의 상징으로 본 것이다.

출산과 양육의 기능을 가진 여성을 생산과 번식의 신비한 능력을 가진 상징적 존재로 여겨, 인류의 존속과 번영뿐 아니라 식량의 증식, 증산을 기원하게 된 것이다. 또한 신석기시대 지모신앙은 농경에서 여성의 역할과도 관련이 있다. 농경은 채집에 종사하던 여성에 의해 시작되었을 뿐 아니라 그 뒤 일정기간 씨를 뿌리고 밭갈이 하는 등 신석기시대 농경의 주인공은 여성이었다.

신석기시대에는 여신 숭배와 함께 여사제의 존재도 보인다. 신석기시대 무덤에서는 무기 부장은 보이지 않는 반면, 특수한 조개팔찌 등 장신구를 착장한 경우가 발견되고 있다. 가덕도 장항 유적에서는 신석기시대 무덤 48구가 발굴되었는데 조개팔찌를 착용한 완전한 형태의 인골 2구가 발견되었다. 그중 46호 무덤에서 출토된 인골은 40대 후반 여성으로 밝혀졌는데, 가슴에 9개의 미완성 조개팔찌를 덮고 있었고, 양팔에 피조개로 만든 팔찌를 각각 한 개씩 착용하고 있었다.

조개팔찌는 일본의 신석기 문화인 죠몽 문화 사례와 착장자의 성

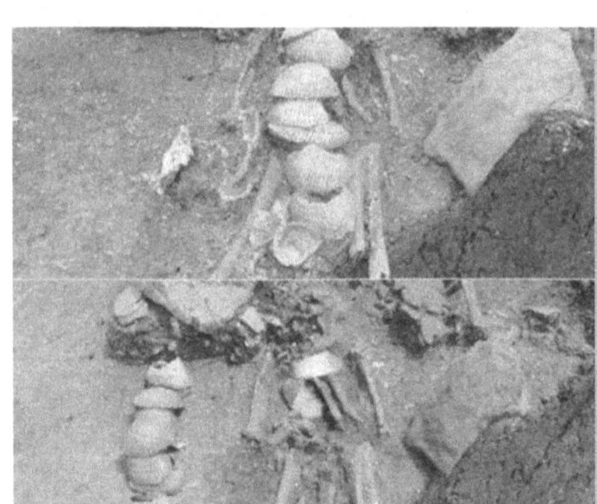

조개팔찌를 착용한 여성 인골: 신석기 무덤인 가덕도 장항 46호에서 완전한 형태의 인골이 출토되었는데 가슴 위에 조개팔찌가 놓여 있었고, 양팔에도 조개팔찌가 둘려져 있었다. 인골 분석 결과 주인공은 40대 여성으로 추정되었다.

한국여성사 깊이 읽기

별, 조개의 상징성 등으로 보아 신석기 사회에서 특정한 역할을 담당했던 사람이 주로 사용했던 것으로 여겨지고 있다. 곧 신석기시대 집단 내의 통솔자나 사제의 존재를 상정하고 있는데, 인골 분석에서 남성보다도 성인 여성이 많은 것으로 나타나고 있다. 이는 신석기시대 여성이 신으로 숭배되기도 하였으며, 신을 모시는 사제로서 역할을 담당하기도 했음을 보여준다.

신화 속의 여성 신격

신석기시대 여신 숭배의 전통은 금속기 사용 이후 변화상이 보이기는 하지만 고대 국가 성립 과정에서 여성 신격으로 나타나고 있다. 이러한 흔적을 찾을 수 있는 것이 건국신화이다. 한반도 고대 건국신화에서는 우월한 문화를 가진 천신계天神係의 이주민집단이 지신계地神係의 토착집단과 결합하는 과정을 주요 모티브로 하는 경우가 많다. 이 가운데 지신계의 토착집단을 상징하는 것은 여성 신격神格이었다. 지신족을 상징하는 여성은 천신과의 사이에 건국시조를 낳은 시조모로 국가적 제사의 대상으로 숭배되었다.

　이러한 신화 체계는 최초의 국가인 고조선의 건국신화인 단군신화에서부터 보인다. 단군신화는 하늘에서 내려온 환웅과 곰에서 사람이 된 웅녀가 결합해 태어난 단군이 고조선을 건국했다는 것을 줄거리로 하고 있다. 하늘에서 내려왔다는 환웅이 천신계의 이주세력을 대표한다면, 그 지역에 있었던 곰은 선주해 있던 토착세력을 상징하는 토템으로 해석되고 있다. 곧 웅녀와 환웅의 혼인은 토착집단과 이주민집단의 결합을 의미하는 것이다.

햇빛을 보지 않는 시련을 통해 곰에서 사람이 되고 하늘의 아들인 환웅과의 사이에서 건국시조인 단군을 낳아 기른 웅녀는 고조선의 시조모로 중요한 의미를 가지고 있다. 단군의 탄생담에서 중심축을 이루고 있는 것은 시조모인 웅녀이다. 단군의 탄생담에서는 환웅보다 시조모인 웅녀의 비중이 훨씬 중요하게 나타난다. 햇빛을 보지 않는 금기의 과정을 거쳐 곰에서 사람으로 변화하는 과정이나, 아들을 낳고 싶어 하여 환웅과의 사이에서 단군을 낳게 되는 일련의 과정이 웅녀의 주도로 이루어지고 있다는 점에서 그러하다.

고구려의 건국신화 역시 천신계와 지신계의 결합에서 건국시조가 태어났다는 것을 모티브로 하고 있다. 그런데 건국시조인 주몽의 아버지는 천제天帝의 아들이라 칭한 해모수였지만 주몽의 잉태 이후 더 이상 등장하지 않는다. 반면 하백의 딸로 그려지고 있는 어머니인 유화柳花는 주몽을 낳아 기르면서 지속적인 관계를 형성하고 있다. 유화는 주몽에게 남쪽으로 가서 새로운 나라를 세울 것을 일깨워 고구려 건국에 영향을 미쳤으며, 비둘기를 보내 오곡의 종자를 전해주기도 하였다.

고구려에서 유화는 건국시조를 낳아 기른 어머니 그 이상의 의미였다. 《삼국사기三國史記》〈고구려본기高句麗本紀〉에는 유화가 동부여에서 죽자 태후의 예로 제사지내고 신묘神廟를 세웠다고 한다. 《북사北史》에는 고구려에 신묘가 두 곳 있는데, 하나는 부여신扶餘神으로 나무를 깎아 부인의 형상을 만들었고, 다른 하나는 고등신高登神으로 부여신의 아들이라고 하였다. 고등신은 건국시조인 주몽이고, 고등신의 어머니가 되는 부여신은 유화일 것으로 추정하고 있다. 이는 시조모인 유화가 후대 신묘에 봉안되었음을 보여주는 것으로, 유화는 신적神的인 존재로 국가적인 차원에서 숭배되었음을 알 수 있다.

삼국 가운데 기록이 영세한 편인 백제에서도 시조모에 대한 숭배가 보인다. 《삼국사기》〈백제본기〉에는 온조왕 13년에 왕의 어머니가 61세의 나이로 세상을 떠났다는 것을 전하고 있다. 그리고 온조왕 17년 4월에는 '사당을 세우고 국모國母를 제사지냈다'고 하였다. 이 기록은 백제에서도 시조의 어머니를 국모로 여기고 국가적인 차원에서 제사를 지냈음을 보여준다. 더 이상의 기록이 없어 자세한 내용은 알 수 없지만, 백제의 지배층은 부여와 고구려 계통으로 알려져 있다. 백제에서는 사당을 세우고 국가적인 제사를 지냈다는 기록만 남아 있지만, 백제의 국모 역시 고구려의 유화와 비슷한 의미를 가진 존재로 숭배되지 않았을까 한다.

신라의 건국신화는 하늘에서 내려왔다는 천신계의 혁거세와 용의 옆구리에서 태어났다는 지신계인 알영과의 결합을 중심으로 하

선도성모 전승의 무대인 선도산에 있는 마애삼존불상: 신라에는 선도성모가 혁거세와 알영을 낳았다고 하는 시조모 전승이 있는데, 선도성모는 선도산에 살면서 신라를 보호해 준다고 여겨졌다.

는 전승이 가장 잘 알려져 있다. 이외에도 시조부부인 혁거세와 알영을 선도성모가 낳았다고 하는 다른 계통의 신화도 있다. 이에 따르면 선도성모는 건국시조를 낳은 어머니가 된다. 신라인들은 건국시조를 낳은 선도성모가 선도산에 살면서 신라를 지켜 준다고 여겼으며, 나라가 건립된 이래 국가적인 차원에서 제사를 지냈다. 선도성모는 선도산과 관련된 산신의 성격을 가지고 있는데, 신라에서 성모聖母로 칭한 시조모의 존재와 함께, 이 시조모를 신적인 존재로 여기고 숭배했음을 알 수 있다.

가야에서도 금관가야의 시조인 수로왕 등이 하늘에서 내려온 알에서 태어났다고 하는 건국신화 외에 천신계와 지신계의 결합을 통해 시조가 태어났다는 구조의 신화가 전해지고 있다. 《신증동국여지승람新增東國輿地勝覽》 고령조에는 최치원의 〈석이정전〉을 인용하여 가야 산신 정견모주正見母主가 천신 이비가지夷毗訶之에 감응되어 대가야왕 뇌질주일과 금관국왕 뇌질청예를 낳았다고 하는 전승을 소개하고 있다. 금관가야와 대가야는 가야연맹을 이끈 두 축으로, 정견모주는 가야연맹의 시조모로 인식되었던 것이다.

가야에서도 천신과 결합하여 나라의 시조를 낳았다고 여긴 시조모의 존재가 있었으며 모주母主로 칭해졌음을 알 수 있다. 가야의 시조모로 전승되는 정견모주는 가야산신으로 표현되고 있다. 시조모 정견모주를 신적인 존재로 인식했음을 알 수 있다. 가야에서도 건국시조를 낳은 시조모의 존재와 함께, 시조모를 산신으로 숭상했음을 보여 준다. 정견모주가 대가야 마지막 태자인 월광태자의 계보에 등장하고 있는 것은 후대까지 정견모주가 신격을 가진 가야의 시조모로 숭상되었다는 것을 보여준다.

이처럼 우리 고대 건국신화에는 신적 속성을 지닌 비범한 존재인 영웅을 낳고 기르는 시조모나 시조비로서의 여성들이 등장한다. 우월한 문화와 무력을 갖춘 이주민집단이 주도하여 고대 국가가 형성되는 과정에서 토착집단을 나타내는 여성신은 후대 국가의 시조와 대등하게 숭배되었다. 이들은 나라를 보호하는 호국신으로 여겨져 국가적 제사의 대상이 되었다.

건국신화에 보이는 시조모 외에도 한반도에서 산신은 대체로 여성 신격으로 나타나고 있다. 산신 가운데는 역사적 인물과 관계된 경우도 있다. 영일현 서쪽에 운제산성모는 신라 2대 남해왕비인 운제부인雲帝夫人과 관련된 것으로 전승되고 있다. 이 운제산성모는 가뭄 때 기도를 드리면 특히 효험이 있는 것으로 알려졌다. 또한 눌지왕대 인질이었던 왕자를 구해 내고 일본에서 죽음을 당한 박제상의 부인은 남편을 기다리다가 치술신모가 되었다고 전승되고 있다. 치술령은 경주에서 울산으로 넘어가는 지역에 위치해 있는 산으로, 치술신모는 치술령의 여산신으로 숭상된 것이다.

통일의 명장으로 유명한 김유신과 관련된 설화에서도 여산신의 존재가 보인다. 김유신이 고구려 첩자의 꼬임으로 위기에 빠졌을 때 세 명의 여인이 나타나 구해 주었다고 한다. 그런데 이들은 자신을 나림, 혈례, 골화 등 세 곳의 호국신이라고 칭했다. 위기를 벗어난 뒤 후에 김유신은 음식을 갖추어 삼신三神에게 제사를 지냈다고 한다. 호국신이나 삼신이라는 표현에서 김유신이 활동하던 시기에도 여성 신격이 있었음을 알 수 있다.

건국신화나 산신으로 나타나는 여성 신격들은 대부분 농업신과 지모신의 성격을 가지고 있다. 고조선의 시조모인 웅녀는 동굴 속에서 쑥과 마늘을 먹고 여인으로 변했다고 하였다. 이는 일단 죽어서 창조 이전의 모태로 들어갔다가 다시 창조돼 부활한다는 지모신앙과 관련된 것으로 웅녀의 지모신적인 성격을 엿보게 한다. 특히 천신天神인 환웅과 결합하는 상대적 존재로서 웅녀의 지모신적 성격은 확연하게 나타난다.

고구려인들이 시조모로 숭배했던 유화는 물의 신 하백河伯의 딸로 표현되고 있다. 유화라는 이름은 버들꽃이라는 뜻으로, 버들꽃은 연못이나 개울 등 물가에서 자란다. 이름 역시 유화가 물과 관련을 가지고 있음을 보여준다. 유화의 동생으로 표현된 훤화, 위화는 각각 원추리꽃, 갈대꽃으로 역시 물과 연관성이 있는 식물이다. 물은 생명의 근원이며 농경에는 없어서는 안 될 절대적인 요소로, 유화가 지모신과 농경신의 성격을 가지고 있음을 보여준다.

이규보의 〈동명왕편東明王篇〉에는 고구려 건국시조가 남하할 때 유화가 오곡의 종자를 가지고 가라고 싸 주었고, 주몽이 잊어버리고 가자 비둘기에 실려서 오곡의 종자를 보내는 것으로 그려져 있다. 그리스나 이집트 등 다른 나라의 신화에서 농업신은 여신으로 심부름꾼으로 새를 부리고 있으며, 여신을 위한 제례에는 보리를 바친다고 한다. 심부름꾼으로 새가 나타나고 곡식을 보내는 모습에서 유화 역시 농업신과 지모신의 성격을 가지고 있음을 알 수 있다.

신라의 시조비인 알영 역시 지모신·농업신의 모습을 가지고 있다. 알영은 우물가 계룡의 몸에서 태어났다고 하는 전승을 가지고 있다.

탄생지가 우물가로 표현되고 있다는 것이나 물에 사는 용의 몸에서 태어났다고 하는 점에서 알영 역시 물과 관련성을 보여준다. 또한 알영은 태어났을 때 입술이 닭의 부리와 같았는데 북천에서 씻기자 입술의 부리가 빠졌다고 하여 재생 의례를 보여주고 있다. 왕비가 되어서는 혁거세와 함께 순행하면서 농업과 길쌈을 독려하고 토지 생산을 장려하였다고 하여 농경신·지모신으로의 모습을 유추할 수 있다.

알영은 용의 옆구리에서 태어났다는 탄생담 외에 시조인 혁거세와 함께 선도성모에게서 태어났다는 전승도 있다. 알영의 어머니가 되는 선도성모는 선도산에 살게 된 배경으로 사자의 역할을 하는 새가 등장하고 있으며, 제천의 선녀들에게 비단을 짜게 해서 붉은 색으로 물들이게 했다고 하여 직조와 관련된 모습이 나타나고 있다. 새가 매개체로 등장하고, 직조를 관장하는 모습은 지모신의 성격이 보이는데, 나아가 선도성모는 자신을 직접 지선地仙으로 표현하고 있어 대지의 신으로 인식했음을 알 수 있다.

또한 운제산신인 운제성모는 '가물 때 기도하면 감응이 있다'고 하였다. 기후는 농경과 밀접한 관련을 가지고 있는 것으로 강우의 능력을 가진 운제산신 역시 농경신과 지모신으로 숭배되었음을 알 수 있다. 운제성모 외에도 치술신모를 비롯하여 한반도에서는 여산신의 모습이 많이 나타나는데, 산신의 본래 모습 역시 지모신과 관련을 가지고 있는 것으로 알려져 있다. 국가 성립 과정을 그린 건국신화나 고대 문헌자료에 나타나는 여성 신격이 신석기 이래의 지모신앙과 관련을 가지고 있음을 알 수 있다.

신과 소통하는 여성들

여성이 신적인 존재로서 숭배되었던 고대 사회에서 여성은 종교적 권위를 가진 사제로 제사를 주관하기도 하였다. 대표적인 경우가 '아로阿老'이다. 《삼국사기》 제사조에 따르면 신라에서는 2대 남해왕대 처음 시조묘를 세우고 일 년에 네 차례 제사를 지내게 하였는데, 누이인 아로로 하여금 제사를 주관하게 했다고 한다. 아로의 사례는 신라 초기에 왕실 제사를 담당하는 여사제가 있었음을 말해 준다.

아로와 같은 여사제의 존재는 이후로도 지속되었을 것으로 여겨진다. 신라에서는 시조비인 알영을 시작으로 왕비의 이름에서 아로와 같은 알ar계 이름이 공통적으로 나타나고 있다. 시조묘를 세우고 아로로 하여금 제사를 담당하게 했던 남해왕의 왕비는 아루阿婁였다. 그 뒤에도 아효阿孝, 아니阿尼, 아류阿留, 아이혜阿爾兮 등 알ar계 이름이 계속 나타난다. 그러다가 김씨 왕위 세습과 부자 왕위 세습이 확립된 마립간이라 칭해진 눌지마립간대부터 알ar계 왕비가 자취를 감추고 있다.

이에 알ar계 왕비의 이름들은 각 왕비의 고유명사가 아니라, 이사금기 왕실 여성들이 담당했던 직능과 관련된 명칭으로 해석하고 있다, 구체적으로 시조묘 제사를 담당했던 아로와 같은 종교적인 직능과 관련된 명칭으로 보고 있다. 그렇다면 이사금기에 왕녀나 왕비 등 왕실 여성이 국가 제사에 관여했다는 것을 보여주는 것으로, 아로 이후에 여사제의 존재를 유추할 수 있다.

아달라왕대 연오랑 세오녀 설화에서도 여사제의 모습을 찾을 수 있다.

이때 신라에서는 해와 달이 광채를 잃었다. 일관이 나아가 아뢰기를, "해와 달의 정기가 우리나라에 있었는데 지금 일본으로 가버렸기 때문에 이러한 괴변이 일어난 것입니다" 하였다. 왕이 일본에 사신을 보내어 두 사람을 찾으니 연오가 말하기를 "내가 이 나라에 온 것은 하늘이 시킨 일입니다. 지금 어찌 돌아갈 수 있겠소. 그러므로 나의 비妃가 짠 고운 베가 있으니 이것을 가지고 하늘에 제사를 지내면 될 것이오" 하면서 그 베를 주었다. 사신이 돌아와서 아뢰자, 그 말대로 제사를 지냈다. 이후에 해와 달이 그 전과 같이 되었다. 그 비단을 왕의 창고에 잘 간직하여 국보로 삼고 그 창고를 귀비고貴妃庫라 하였다. 또 하늘에 제사를 지낸 곳을 영일현迎日縣 또는 도기야都祈野라 하였다.《삼국유사》〈기이〉 연오랑 세오녀)

세오녀가 연오랑을 따라서 일본으로 건너가자 신라에서는 해와 달이 광채를 잃었는데, 세오녀가 짠 베를 가져다가 제사를 지냈더니 해와 달이 옛날과 같아졌다는 것이다. 그 뒤 신라에서는 세오녀가 짠 베를 신라의 보물로 삼아 창고에 보관했다고 한다. 해와 달의 정기로 표현되었다는 점이나 세오녀가 짠 베가 제의에 사용되었다는 점에서, 세오녀에게서 여사제의 모습을 유추할 수 있다. 이 설화는 영일현을 지역적 배경으로 하고 있는데, 세오녀는 국가적 제의로 흡수되기 전에 영일현 지역에 독립적으로 존재했던 부족제를 주관했던 여사제였던 것으로 보인다.

여사제의 존재는 신묘를 세우고 시조모인 유화와 소서노에게 제사 지냈던 고구려와 백제에서도 유추할 수 있다.

왕이 군사를 내어 부여를 칠 때 비류수에 이르러 물가를 바라보니, 어떤 여인이 솥을 들고 춤을 추는 것 같았다. 가서 보니 솥만 남아 있었다. 그것으로 밥을 짓게 하였더니 불을 지피지도 않았는데 저절로 더워졌다. 밥을 지어 온 군사를 배부르게 먹였다. 갑자가 한 장부가 나타나 이르기를, "이 솥은 본래 내 집 물건인데 내 누이가 잃어버렸으나, 지금 왕이 발견하였으니 짊어다 드리겠습니다"고 했다. 그러므로 그에게 부정씨負鼎氏라는 성을 내렸다.(《삼국사기》〈고구려본기〉 대무신왕조)

대무신왕이 발견한 솥은 일상적인 물건이 아니었다. 불을 때지도 않았는데 저절로 밥이 되는 신기한 물건이라고 한다. 고대 청동이나 철제로 만든 솥은 정치적 권위를 상징하는 물건으로 주로 제기로 사용되었다. 대무신왕이 비류가에서 발견했다는 솥 역시 밥을 짓기 위한 취사용기라기보다는 제의와 관련된 제사용기로 여겨진다. 고대 사회에서 솥을 옮기는 것은 곧 나라를 잃는다는 상징적인 의미를 지니기도 하였다. 이 솥을 대무신왕이 얻게 되었다는 이야기 역시 비류수가에 사는 부정씨 부족이 대무신왕에게 복속되었

김해 대성동 고분에서 출토된 북방식 청동솥:
고대에 솥은 취사용기라기 보다는 주로 제기로 사용되었는데, 김해 대성동 지역에서 두 귀가 달리고 바닥이 편평한 북방 유목 민족이 주로 사용하던 형태의 청동솥이 출토되었다. 고대 솥은 종교적, 정치적인 상징성을 가지고 있어 솥의 이동이 국권의 상실을 의미하기도 하였다.

한국여성사 깊이 읽기

음을 상징하는 것이다.

이와 같은 상징성을 가진 솥을 들고 춤을 추었다는 이야기는 제의와 연결시킬 수 있다. 제기를 들고 춤을 추는 여성의 모습은 제의를 주관하는 여사제의 모습으로 읽을 수 있다. 솥은 본래 부정씨 부족의 제의에 사용되었던 제기이며, 부정씨 부족의 제의를 여사제가 주관했던 것으로 이해할 수 있다. 대무신왕에게 솥을 짊어다 주어 부정씨라는 성을 받았다는 인물은 부정씨 부족의 정치 지배자였을 것이다. 여기에서 솥을 들고 춤을 추었던 여성을 '누이'로 칭하고 있는데, 신라에서 시조묘를 세우고 누이로 하여금 제사를 주관하게 했다는 기록이 투영된다.

금관가야의 시조비로 기록된 허왕후의 모습에서도 제사를 주관하는 여사제의 모습이 보인다. 가야국 수로왕비인 허왕후는 아유타국에서 배를 타고 김해 지역에 도착했는데, 육지로 오르면서 입었던 비단바지를 벗어 산신령에게 제사를 드렸다고 한다. 비단 바지는 산신령에게 드리는 제사의 제물이었으며, 허왕후가 직접 제사를 드리고 있는 모습에서도 역시 제사를 주관하는 여사제의

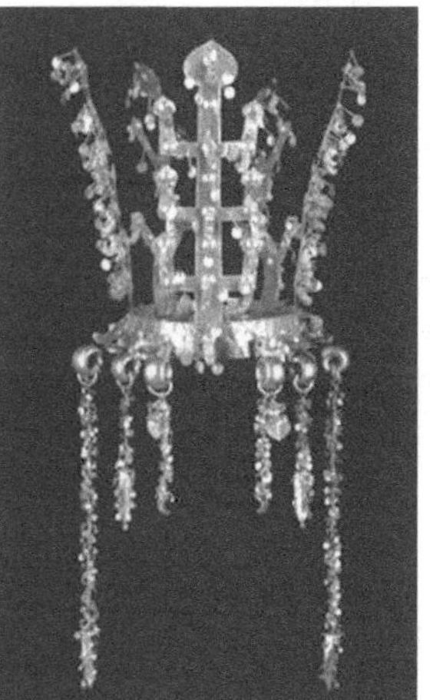

황남대총 북분 출토 금관:
'부인대'라는 명문이 새겨진 과대가 출토되어
여성 피장자로 추정하고 있는 황남대총
북분에서 금관이 출토되었다.
반면 남성 인골이 출토되었던 남분 피장자가
금관이 아니라 금동관을 착장하고 있었다.

모습을 읽을 수 있다.

고대 사회 여사제의 모습과 관련하여 고고자료가 주목된다. 신라의 마립간기 묘제인 적석목곽분에서는 화려함의 극치를 보여주는 금관이 출토되었다. 금관의 경우 종래는 왕관에 대입시켜 남성이 썼던 것으로 이해했으나, 금관이 출토되었던 황남대총 북분의 경우 '부인대'라는 명문이 새겨진 허리띠가 출토되면서 피장자가 여성이었음이 밝혀졌다. 당시는 여왕이 즉위하기 전이므로 피장자를 왕으로 볼 수는 없다. 피장자가 여성인 황남대총 북분에서의 금관 출토는, 금관이 곧 왕관은 아니라는 것과 함께 여성이 쓸 수 있었던 것을 보여준다.

그런데 신라에서 금관은 왕경인 경주 지역에서만 출토되고, 출토 수량도 6개로 한정되어 있다. 또한 금관이 출토된 고분은 대체로 대형이며 동반 유물도 최상급에 속한다. 이는 금관을 부장했던 고분의 피장자가 정치 사회적으로 특별한 위상을 가진 최상층에 속하는 존재였음을 말해 준다. 나뭇가지를 형상화한 금관에 대해 샤머니즘과 관련된 것이라는 해석을 참고한다면, 금관이 출토된 최상급 고분의 여성 주인공은 왕은 아니지만 종교적인 의미를 가진 최상층의 여성으로 해석될 수 있을 것이다.

고대 여사제의 모습과 관련하여 노구老嫗의 존재가 주목된다. 용의 옆구리에서 태어난 신라의 시조비인 알영은 사량리의 노구에게 양육되었다. 신라 4대 탈해이사금 역시 아진의선이라고 하는 혁거세의 해척모海尺母에 의해 거두어져 양육되었다. 아진의선은 까치가 우는 것을 보고는 탈해를 발견하였다고 하는데, 이는 아진의선이 예지 능력을 가진 특수한 여성이었음을 뜻한다. 아진의선은 해척모로 표현되어 있는데 해척은 아진포 지역에서 제의를 주관했던 관직명으로 보기도 한다. 그렇다면 탈해를 발견하고 양육한 아진의선은 아진포 지역의 제의를 주관했던 여사제로 이해할 수 있을 것이다. 알영을 양육했다는 사량리의 노구 역시 아진의선과 비슷한 성격을 가졌던 것으로 볼 수 있지 않을까 한다.

노구의 존재는 소지마립간대에도 등장한다. 소지마립간이 날이군에 사는 벽화라는 어린 소녀에게 빠져 몰래 만나러 다니자 고타소군에 사는 노구가 강하게 비판하고 있다. 고타소군의 노구는 왕이 옷을 바꾸어 입고 민간을 다니는 것과 관련하여 '용이 고기의 옷을 입으면 어부에게 잡히는 법' 이라고 비판을 하였다. 이 일이 있은 두 달 후 소지왕은 세상을 떠났다. 다음 지증왕의 즉위가 정변에 의해 이루어졌을 가능성도 제기되고 있다는 점에서 직언을 하는 노구의 모습이 심상치 않게 보인다.

부여에서도 노구의 존재가 나타난다. 부여왕 대소의 위협에 고구려 유리왕의 아들 무휼은 '계란이 쌓여 있는데, 그것을 헐지 않으면 섬기겠으나, 그렇지 않으면 섬기지 않겠다' 라고 하는 수수께끼 같은 말을 보낸다. 부여왕이 그 뜻을 신하들에게 두루 물었는데 아무도 알지 못했다. 그때 한 노구가 '계란을 쌓아놓은 것은 위태롭다는 말이요, 그 계란을 무너뜨리지 않으면 안전하다는 말' 이라고 풀이하였다. 고구려에서 보낸 외교문서에 담긴 의미를 해석하는 부여의 노구 역시 다른 사람이 풀지 못하는 수수께끼를 풀만큼 비상한 능력을 가지고 있음을 알 수 있다.

백제에서도 노구의 존재는 보인다. 온조왕대에는 노구가 남자로 변한 사건이 있었고 그 뒤 왕의 어머니가 돌아갔다고 했다. 동성왕대에는 노구가 여우로 변하여 도망한 뒤 자객에 의해 왕이 피살되었다. 불길한 징조와 관련하여 노구가 나타나지만, 백제 역시 노구는 남자나 여우로 변할 수 있는 신이한 능력을 가진 존재였음을 보여준다.

삼국시대 노구는 글자 그대로 단순한 늙은 할머니가 아닌, 왕의 측근에서 현실적 문제를 해결하면서 왕정을 보필하는 비상한 능력을 가진 특별한 존재였음을 알 수 있다. 노구의 존재는 삼국시대에 특별한 능력을 가지고 정치적 영향력을 발휘한 여성이 있었음을 보여준다. 이들은 주로 왕을 양육하거나 왕정을 조언하는 모습으로 나타나고 있는데, 대부분 일어날 일의 기미를 미리 알아차리거나 혹은 미래 일어날 일을 보여주는 등 예지력과 관련을 보여주고 있어 종교적인 의미를 가지고 있는 인물들이 아닐까 한다.

관음의 현신

여신으로 숭배되기도 하고 제의를 주관하기도 하는 등 종교적으로 중요한 의미를 가지고 있던 여성의 모습은 불교 유입 후에도 계승되고 있다. 고대 삼국은 국가가 정비되는 시기에 불교를 받아들여 공인하는데, 그중에 관음은 현세에 이익을 베풀어 주는 구복적인 성격으로 인해 일반 대중에게 널리 받아들여졌다. 사료에는 관음이 종종 인간의 모습으로 현신하는데, 한반도에서는 관음의 현신이 주로 여성의 모습으로 나타난다는 점이 주목된다.

　　　　　　　　　　　　　　　　　　　한국여성사 깊이읽기

신라의 유명한 승려인 원효는 관음의 진신이 출현한다는 이야기를 듣고 그를 친견하기 위해 낙산사로 가다가 도중에 관음의 현신을 만난다.

남쪽 교외에 이르니 논 가운데서 흰 옷을 입은 한 여인이 벼를 베고 있었다. 법사가 희롱 삼아 벼를 달라고 하였더니, 여인이 장난말로 벼가 흉작이라고 대답하였다. 또 길을 가다 다리 밑에 이르니, 한 여인이 월경대月水帛를 빨고 있었다. 법사가 마실 물을 청하니 여인은 그 더러운 물을 떠서 드렸다. 법사는 이를 엎질러 버리고 냇물을 떠서 마셨다. 때마침 들 가운데 소나무 위에서 파랑새 한 마리가 "제호화상醍醐和尙은 그만두시오"라고 부르고는 홀연히 숨어버리고 나타나지 않았다. 그 소나무 아래에 벗은 신발 한 짝이 있었다. 법사가 절에 이르니 관음 자리 아래에 또 이전에 본 벗은 신발 한 짝이 있었다. 그제서야 앞에서 만난 성스러운 여인이 (관음의) 진신임을 알았다. 이 때문에 당시 사람들은 그 소나무를 관음송觀音松이

석굴암 십일면관음보살 입상:
고대 관음신앙의 흔적을 보여주는 관음상이 현재에도
남아 있는데, 석굴암 본존불 뒷면에 있는 관음상은
미술사적으로 뛰어난 조각으로 알려져 있다.
본존불이 남성적인데 반해 관음보살상은 가냘픈
몸매와 가는 허리 등 여성성을 느끼게 한다.

라고 하였다. 법사가 성굴聖崛에 들어가서 다시 [관음의] 참모습을 보고자
하였으나 풍랑이 크게 일어 들어가지 못하고 돌아갔다.(《삼국유사》 〈탑상〉
낙산이대성관음정취조신)

원효가 만났다는 관음의 현신 역시 여성의 모습이었음을 알 수 있
다. 관음은 원효를 시험하기 위해 두 번 나타났는데 한 번은 벼를 베
는 여인의 모습으로, 또 한 번은 월경대를 빨고 있는 모습으로 나타났
다. 관음의 현신임을 깨닫지 못했던 원효는 결국 관음을 친견하지 못
하고 돌아갔다고 한다.

신문왕대 경흥을 웃겼던 여승 역시 관음의 현신으로 설명되고 있
다. 신문왕대 국로에 임명된 경흥이라는 고승이 갑자기 병이 나서 한
달을 지냈는데, 한 여승이 나타나서 '근심 때문에 병이 생겼으니 즐겁
게 웃으면 나을 것'이라고 열 한 가지의 얼굴을 만들어 광대와 같은
춤을 추었다. 그 모습이 너무 우스워 경흥은 턱이 빠질 정도로 웃다가
자기도 모르게 병이 나았다고 한다. 그 뒤 여승은 남항사로 숨어들었
는데 가지고 있던 지팡이가 11면 관음보살이 그려진 탱화 앞에 서 있
었다고 한다. 경흥을 웃긴 여승이 관음의 현신이었다는 의미이다.

경덕왕대 여종이었던 욱면郁面 역시 관음의 현신으로 설명하고 있다.

그때 아간阿干 귀진貴珍의 집에 욱면이라는 이름의 한 여종이 있었다. 그
주인을 따라 절에 가서 마당에 서서 스님을 따라 염불하였다. 주인은 그녀
가 직분에 어긋나게 행동하는 것을 미워하여 매양 곡식 두 섬씩을 주며 하
루 저녁에 그것을 다 찧게 하였다. 여종은 초저녁에 다 찧고는 절에 가서

     한국여성사 깊이 읽기

염불하기를 밤낮으로 게을리 하지 않았다. 마당 좌우에 긴 말뚝을 세우고 두 손바닥을 뚫어 노끈으로 꿰어 말뚝 위에 매어 놓고 합장하여 좌우로 움직이면서 스스로 격려하였다.

그때 공중에 하늘의 외침이 있어 '욱면낭자는 법당에 들어가서 염불하라'고 하였다. 절의 대중이 이 소리를 듣고 여종에게 권하여 법당에 들어가 예에 따라 정진하게 하였다. 얼마 안 되어 하늘의 음악이 서쪽으로부터 들려오더니 여종이 솟구쳐 집 대들보를 뚫고 나갔다. 서쪽으로 가 교외에 이르러 형체를 버리고 진신眞身으로 변하여 연화대蓮臺에 대광명을 발하면서 천천히 떠나가니 풍악소리가 공중에서 그치지 않았다. 그 법당에는 지금도 뚫어진 구멍자리가 있다고 한다.(《삼국유사》〈감통〉 욱면비염불서승)

이 이야기는《삼국유사》에 실려 있는데 일연 스님은 이 일화를 소개한 뒤《승전僧傳》을 근거로 욱면의 전생담을 소개하고 있다. 관음보살의 현신이었던 팔진八珍의 무리 가운데 계戒를 얻지 못한 사람이 축생도에 떨어져 부석사의 소가 되었다가, 불경을 지고 간 공덕으로 인해 사람으로 태어나 욱면이 되었다고 한다. 욱면이 관음보살의 현신이라는 것이다.

뿐만 아니라 남편의 성불을 도운 광덕의 처 역시 관음보살이었다고 한다. 문무왕대에 광덕과 엄장이라는 사람이 있었는데, 두 사람은 서로 친하여 밤낮으로 극락 가기를 소원하다가 광덕이 먼저 죽었다. 광덕의 장례를 치루고 엄장은 광덕의 부인과 함께 살자고 하였고 부인역시 동의를 하였다. 그러나 엄장이 밤에 정을 통하려 하니 부인이 광덕과 살 때도 열심히 불도에만 정진하고 동침을 하지 않았다며 거절하였다. 이에 엄장은 깨달음을 얻고는 열심히 불도를 닦아 마침내 서방정토에 오르게 되었다고 한다.

이 부인은 분황사의 종이었는데 십구응신十九應身의 하나였다고 한다. 관음보살은 세상을 교화하기 위해 중생에 맞추어 33가지 모습으로 나타난다고 한다. 여기에서 광덕의 부인은 19응신의 하나라고 하였는데, 이에 대해 《법화경法華經》 관세음보살보문품觀世音菩薩普門品에서 관음 응신의 33신에 대한 19설법상의 일신一身으로 보기도 한다.

이와 같이 우리 고대 문헌에는 관음보살이 여성으로 현신했던 사례가 적지 않다. 현재 남아 있는 우리나라 고대 관음상은 대부분 허리가 잘록한 모습에 아름답게 치장을 하는 모습으로 많이 나타나는데, 관음의 현신이 주로 여성으로 나타나는 것과 무관하지 않을 것으로 여겨진다. 석굴암의 11면관음보살은 남성적인 느낌이 강한 본존불과 대조적으로 잘록한 허리에 하늘거리는 천의를 걸친 부드러운 곡선의 몸매로 여성성이 느껴진다. 낭산 중생사 근처에서 발견된 관음보살상 역시 허리가 잘록하여 여성적인 느낌을 주고 있다.

여성의 모습으로 나타나는 관음은 대체로 지모신의 성격을 보여주고 있다. 원효가 낙산사로 가던 도중에 만났다는 관음의 현신은 한 명은 논에서 벼를 베고 있는 것으로, 다른 한 명은 월경대를 빨고 있는 것으로 나타났다. 관음이 여성의 생식 기능과 관련된 모습으로 나타났던 것이다.

노힐부득과 달달박박을 성불하도록 도와 주기 위해 현신했다는 관음보살은 임신한 몸과 해산하는 모습으로 등장하고 있다.

신라 백월산의 선천촌에 노힐부득과 달달박박이 산의 양쪽 기슭에 수도하면서 각각 미륵과 미타로 성불하기를 원했다. 수도가 무르익어 갈 무렵에 관음이 여자로 변신하여 이들을 시험하였다. 어스름한 저녁에 먼저 박박이 수도하는 곳에 들러 하룻밤을 묵고 가기를 청하였다. 부득은 비록 수도하는 곳이지만 이미 해가 저물었고 또한 여인이 산고를 가졌는 듯 하므로 묵고 가기를 허락했다. 그날 밤에 여인은 "제가 불행히도 마침 해산기가 있으니 화상께서는 짚자리를 좀 깔아 주십시오"라고 하였다. 부득이 불쌍히 여겨 거절하지 못하고 촛불을 은은히 밝히니 낭자는 벌써 해산하고 또 다시 목욕할 것을 청했다. 그리고 그 목욕물에 노힐이 목욕하니 미륵이 되었고, 박박은 아미타가 되었다.(《삼국유사》 〈탑상〉 남백월이성노힐부득달달박박)

여기에서 관음은 노힐부득과 달달박박을 각각 미륵불과 미타불로 성불하도록 도와 주기 위해 나타났는데, 산고를 겪으며 해산하는 모습으로 그려지고 있다. 역시 관음보살이 여성의 생식 능력과 관련된 모습으로 나타났음을 보여준다.

여성의 생식에 대한 존숭은 다음 자료에서도 확인할 수 있다.

겨울날 눈이 깊이 쌓이고 날은 이미 저물었는데, 삼랑에서 돌아오면서 천엄사 대문 밖을 지나니 한 거지 여인이 아이를 낳고는 추위에 얼어서 누워 거의 죽게 되었다. 스님이 보고 불쌍히 여겨 달려가 안고 있으니 한참 후에 깨어났다. 이에 옷을 벗어 그들을 덮어 주고 맨몸으로 본사로 달려와서 거적풀로 몸을 덮고 밤을 지냈더니, 한밤중에 하늘로부터 대궐 뜰에 소리쳐 말하기를, "황룡사 중 정수를 마땅히 왕사로 봉하라"고 하였다.(《삼국유사》

정수라는 스님은 얼어 죽을 뻔한 해산하는 여인을 구해 준 덕분에 왕사가 되었다. 여기에서는 더 이상 설명이 없지만 얼어 죽을 뻔 했던 해산하는 거지 여인 역시 정수를 시험하기 위해 나타난 불보살의 현신일 가능성도 있다.

이를 통해 우리나라에서는 관음이 여성의 현신으로 나타나고 있다는 것과 관음이 모두 생육의 기능과 관련된 모습으로 나타났다는 것을 알 수 있다. 이는 신석기 이후 생육 기능을 가진 여성을 지모신과 관련하여 신적인 존재로, 신과 소통하는 존재로, 비상한 능력을 가진 존재로 숭배되었던 것의 연속선상에서 이해할 수 있다. 불교 유입 후에도 월경을 하고, 성교를 해서 아이를 임신하고 출산하는 과정을 겪는 여성의 생식 기능에 대해서는 신성성을 가진 것으로 인식하고 있음을 알 수 있다. 그러므로 불교 유입 이후 관음이라고 하는 신적인 존재가 임신과 출산이라고 하는 생육 기능을 가진 여성으로 표현되었던 것이다.

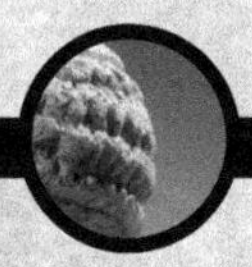

사료 1.

時有一熊一虎同穴而居常祈于神雄願化爲人 時神遺靈艾一炷蒜二十枚曰爾輩食之不見
日光百日便得人形 熊虎得而食之忌三七日熊得女身虎不能忌而不得人身 熊女者無與爲
婚故每於壇樹下呪願有孕雄乃假化而婚之 孕生子號曰壇君王儉.(《三國遺事》卷一 紀異
第一 古朝鮮王儉朝鮮)

이때에 곰 한 마리와 호랑이 한 마리가 있어 같은 굴에 살면서 항상 신 환
웅에게 기도하되 변화하여 사람이 되기를 원했다. 이에 신 환웅은 신령스
러운 쑥 한 타래와 마늘 스무 개를 주면서 말하기를 '너희들이 이것을 먹
고 백일동안 햇빛을 보지 않으면 곧 사람의 형체를 얻을 수 있으리라' 라
고 하였다. 곰은 그것을 먹으면서 금기한 지 삼칠일 만에 여자의 몸을 얻
었으나, 범은 금기하지 않아 사람의 몸을 얻을 수 없었다. 웅녀는 혼인할
사람이 없었으므로 매양 단수 아래서 잉태하기를 빌었다. [환]웅이 이에
잠시 [사람으로] 변하여 그녀와 혼인하였다. [웅녀가] 잉태하여 아들을 낳
으니 단군왕검이라 하였다.

사료 2.

敬信佛法, 尤好淫祀. 又有神廟二所, 一曰夫餘神, 刻木作婦人之象, 一曰登高神云是其始祖夫餘神之子. 竝置官司, 遣人守護. 蓋河伯女與朱蒙云.(《周書》卷49 異域列傳 第41 高句麗)

불법을 믿으면서도 음사를 더욱 좋아한다. 또 두 곳에 신을 모시는 사당이 있다. 한 곳은 부여신이라 하는데 나무를 조각하여 부인의 형상을 만들었다. 한 곳은 등고신이라 하는데 그들의 시조이며 부여신의 아들이라고 하였다. 모두 관사를 두고 관리를 파견하여 수호하는데 아마 하백의 딸과 주몽인 듯 하다.

사료 3.

真平王朝有比丘尼名智惠多賢行住安興寺 擬新修佛殿而力未也 夢一女仙風儀婥約珠翠餙鬘来慰曰我是仙桃山神母也 喜汝欲修佛殿願施金十斤以助之冝取金於予座下 糚點主尊三像壁上繪五十三佛六類聖衆及諸天神五岳神君 含霊設占察法會以爲恒規 惠乃驚覺率徒徃神祠座下堀得黃金一百六十兩克就乃功皆依 神母所諭 其事唯存而法事廢矣 神母夲中國帝室之女名娑蘇 早得神仙之術歸止海東久而不還 父皇寄書繫足云随鳶所止爲家蘇得書放鳶飛到此山而止逐来宅爲地仙 故名西鳶山 神母久據玆山鎮祐邦國霊異甚多有國已来常爲三祀之一秩在群望之上.(《三國遺事》卷第5 感通第7 仙桃聖母隨喜佛事)

꿈에 한 여선이 외양이 아름답고 구슬로 쪽머리를 장식하였는데 와서 위로하여 말하였다. "나는 선도산 신모이다. 네가 불전을 닦고자 하는 것이 가상하여 금 10근을 보시하여 돕고자 하니 마땅히 나의 자리 밑에서 금을 취하여 주존과 세 불상을 장식하고 벽 위에 53부처와 육류성중 및 여러 천신, 오악신군을 그리고 매해 봄과 가을 두 계절 10일 동안 선남선녀를 다 모아 널리 일체 중생을 위하여 점찰법회를 여는 것을 항규로 삼아라." 지혜가 곧 놀라 깨어 무리를 이끌고 신사의 자리 밑에 가서 땅을 파서 황금 160량을 얻었고 잘 따라서 곧 완성하였으니 모두 신모가 이끈 대로 하였다. 그 사적은 오직 남아 있으나 불사는 폐지되었다. 신모는 본래 중국 황실의 딸이다. 이름은 사소이고 일찍이 신선의 술법을 얻어 해동에 와서 오래 머물고 돌아가지 않았다. 아버지 황제가 솔개의 발에 묶어 서신을 보냈다. "솔개를 따라가서 멈춘 곳을 집으로 삼아라." 사소가 서신을 받고 솔개를 놓아 주니 날아서 이 산에 이르러 멈췄다. 드디어 와서 살고 지선이 되었다. 따라서 산 이름을 서연산이라 이름하였다. 신모는 오래 이 산에 살면서 나라를 지켰는데 신령한 이적이 매우 많아서 국가가 생긴 이래로 항상 삼사의 하나가 되었고 서열도 여러 망 제사의 위에 있었다.

역사및고고학도서편집부, 《조선고고학개요》, 과학·백과사전출판사, 1977
북한에서 한반도 지역의 고고학적 발굴과 연구 성과를 정리한 개설서이다. 원시 사회, 노예 사회, 봉건 사회라는 시기 구분 속에서 고고자료를 통해 각 시대의 사회와 문화적 특징을 서술하고 있으며, 여성들의 삶과 존재 형태를 사회관계의 변화 속에서 조망하고 있다.

김원룡, 〈한국 선사시대 신상에 대하여〉, 《역사학보》 94·95, 1982
선사시대에 만들어진 인물상을 원시신앙 자료로 주목하여 그 기능과 성격을 규명하고 있다. 한반도에서 출토한 신석기시대에서 초기 철기시대에 걸친 조개, 토제, 골제 등으로 만든 인물상을 총망라하여 검토하면서, 이들 인물상이 단순한 인물이 아니라 샤머니즘을 바탕으로 한 신상神像으로, 당시 풍요와 안녕을 상징하고 보장하는 씨족, 종족 수호신, 조상신이었던 것으로 해석하고 있다.

김권구, 〈선사시대 의례와 사회적 성gender의 고찰〉, 《고고역사학지》 16, 2000
반구대 암각화, 방패문 암각화를 포함한 각종 암각화와 청동기시대 의기儀器를 분석하여 우리나라 선사시대 각종 의례와 특징, 그 속에 나타난 '생물학적 성性(sex)과 구분되는 시대와 장소, 종족에 따라 문화적으로 다양하게 나타나는 '사회적 성性(gender)'과 남녀 역할 분담 상황 등을 분석하고 있다.

최광식, 〈삼국사기 소재 노구老嫗의 성격〉, 《사총》 25, 1981
고대 삼국 관련 사료나 민속상에 나타나는 '노구'의 존재를 주목해 노구가 어떠한 성격을 가진 존재이며 역사적 의미는 무엇인지를 해석했다. 논자는 《삼국사기》에 실린 '노구' 관련 기사를 검토하면서 노구가 단순히 글자상의 의미인 늙은 할멈이 아니라 왕정을 보필하는 비상한 능력을 가진 특별한 여성이었음을 논증했다. 나아가 노구의 존재를 통해 고대 삼국에서 특별한 능력을 가지고 정치적 영향력을 발휘한 여성이 있었으며, 후대 민속에도 남아 있는 것으로 보았다.

김두진, 〈한국 고대 여성의 지위〉, 《한국사시민강좌》 15, 1994
고대사회에서 여성의 지위를 여사제의 유풍과 관련하여 해석하였다. 신석기 지모신앙에서부터 고대 건국 과정에서 토착부족의 지모신앙, 불교 수용 후 관음신앙을 통해 여성의 지위를 추적하였다. 특히 유교 수용 후 여성들에게 유교적 도덕률이 내세워지면서 여성들의 사회 활동과 지위가 어떻게 변화되었는지를 분석하였다.

왜 신라에만
여왕이 있었을까?

어떻게 여왕이 즉위하게 되었을까?

금속기 발명 이후 가속화되기 시작한 여성에 대한 사회적 차별은 고대국가가 성장하면서 공적인 영역에서 여성의 배제라는 형태로 귀결되었다. 그러다 보니 삼국시대 이후 정치 무대는 남성의 전유물이 되었다. 고대가 남긴 사료에서도 여성은 80퍼센트 이상이 가정의 테두리 속에서 남성에게 부속된 존재로, 특히 남성의 계보상의 존재로만 기록되어 있다.

이러한 상황에서 신라에만 있었던 여왕의 존재는 흥미로울 수밖에 없다. 신라에는 세 명의 여왕이 있었다. 모란꽃과 여근곡 설화로 잘 알려진 27대 선덕여왕善德女王(재위 632~647)과 태평가를 수놓은 비단으로 나당연합군을 이끌어 낸 28대 진덕여왕眞德女王(재

여왕이 셋씩이나 즉위할 수 있었다는 것은
신라에서는 여성이라고 하는 성별이 왕위에서 완전히
배제되지 않았음을 뜻한다

위 647~654), 신라 멸망을 몰고 온 주범으로 지탄을 받고 있는 51대 진성여왕眞聖女王(재위 887~897)이 그들이다.

고대국가의 관료 질서 체제가 정비되면서 공적인 질서에서 여성이 점차 배제되어 왔다는 것은 상식적이다. 그렇지만 신라에서 공적 관료 질서의 최고 정점인 왕위에 여성이 즉위할 수 있었다는 것은 일률적으로 단정할 수 없는 상징성을 보여준다. 뿐만 아니라 여왕이라는 존재는 우리 역사에서 유일하게 신라에만 등장하고 있다. 남녀 성별을 구분짓는 관념이 한층 뚜렷해진 후대 고려나 조선시대뿐만 아니라, 동시대인 고구려와 백제에도 없었던 현상이다.

여왕이 셋씩이나 즉위할 수 있었다는 것은 신라에서는 여성이라고 하는 성별이 왕위에서 완전히 배제되지 않았음을 뜻한다. 그렇다면 신라에만 여왕이 존재했던 이유는 무엇일까? 신라에서의 여왕 즉위는 비상적인 상황에서 일어난 특수한 사례들로만 치부해 버릴 수 있는 것일까? 아니면 신라는 여성의 공적인 정치 활동이 구조적으로 가능한 사회였을까?

이를 위해 먼저 신라에서 세 여왕이 어떻게 즉위하게 되었는지 그 배경을 살펴보자. 신라뿐 아니라 우리 역사상 최초의 여왕은 선덕여왕이었다. 632년 진평왕이 사망하면서 선덕여왕이 즉위한 배경에 대해 《삼국사기三國史記》와 《구당서舊唐書》는 진평왕에게 아들이 없었기 때문이라고 하였다. 《삼국사기》에서는 이에 덧붙여 아들이 없는 진평왕이 사망하자 국인國人들이 진평왕의 딸인 선덕여왕을 추대했다고 보충설명을 하고 있다.

그렇지만 역사상 직계 아들이 없는 상황이 진평왕에게만 해당되는 것은 아니었다. 또한 신라에서는 직계 아들이어야만 왕위를 계승할 수 있던 것도 아니었다. 신라에서 사위 자격으로 왕위를 계승한 사례는 많았다. 탈해왕이나 조분왕, 미추왕, 실성왕, 경문왕 등이 모두 사위 자격으로 왕위를 계승하였다.

아들이 없는 진평왕에게도 사위는 있었다. 왕위를 계승한 선덕여왕에게는 음갈문왕飮葛文王이라는 배필이 있었다. 또한 진평왕에게는 천명天明이라는 딸도 있었는데 진지왕의 아들이자 진평왕과는 사촌이기도 한 용춘龍春과 혼인하였다. 진평왕에게는 최소 두 명의 사위가 있었던 것이다. 음갈문왕은 선덕여왕의 배필이라는 계보상의 기록 외에는 전혀 행적이 기록되어 있지 않아 일찍 사망했을 가능성이 있지만, 용춘은 선덕여왕대 지방을 돌며 위문하고, 황룡사탑 조성을 감독하는 등 활약상을 남겼다. 선례에 따른다면 사위의 자격으로 용춘이 왕위를 계승할 수도 있었다.

물론 《삼국유사》에서는 '왕위에 오를 만한 성골 남성이 단절했기 때문'이라고 하며 '골품'의 문제를 들고 있다. '성골 남성이 단절되었다'

는 설명을 따른다면 용춘은 사위이기는 하지만, 성골이 아니기 때문에 왕위를 계승할 수 없었던 셈이 된다. 그런데 진지왕의 아들로 진평왕과 사촌인 용춘이 왜 성골이 아닌지, 서로 골품이 다른데도 혼인이 가능했었는지 등의 의문을 제기할 수 있다. 이에 대해 '성골'은 진지왕의 형인 동륜계 가계에만 한정된 폐쇄적인 가계 관념으로 진지왕계와는 구분되었던 것으로 이해되고 있다. 왕위계승 자격이 '성골'로 차별화된 동륜계에게만 한정되었다면, 진지왕의 아들로 '성골'이 아닌 용춘은 왕위계승 자격이 없게 되는 것이다.

훗날 용춘의 아들인 김춘추가 태종무열왕으로 즉위하지만 이후 왕계를 '진골'이라 하여 앞의 '성골'과 구분하고 있다. 이는 진지왕의 아들인 용춘과 그의 아들인 김춘추는 선덕여왕이나 다음 진덕여왕의 혈통과는 구별되는 기준이 있었음을 보여준다. 결국 선덕여왕의 즉위에는 '골품제', 곧 신라의 폐쇄적인 혈통의식이라는 사회적 배경도 있었음을 알 수 있다. 폐쇄적인 골품제 사회에서 성골 남성이 없

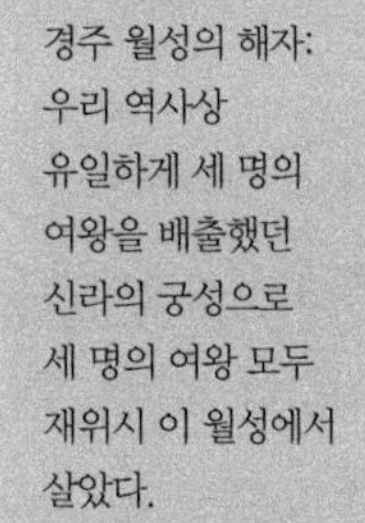

경주 월성의 해자: 우리 역사상 유일하게 세 명의 여왕을 배출했던 신라의 궁성으로 세 명의 여왕 모두 재위시 이 월성에서 살았다.

는 경우에 진골에서 남성 왕을 추대하기보다 같은 골품의 여성이 그 뒤를 잇게 하는 것이 사회적 합의를 도출하기 쉬웠던 것이다.

뿐만 아니라 선덕여왕의 즉위 배경에는 중고기中古期 왕권 강화라고 하는 정치적 상황도 있었다. 중고기에는 법흥왕 이후 진덕여왕에 이르기까지 총 여섯 왕이 재위했다. 이 시기 왕들은 정치적으로는 관부의 설치와 군제 개편을 통하여 왕권을 강화하고, 사상적으로는 왕즉불王

卽佛 사상과 진종설眞種說을 받아들여 왕실가족을 불교의 석가족과 일치시키고자 하였다. 이러한 노력이 어느 정도 주효하여 진평왕대에는 왕권이 강화되고, 국왕의 정치적 영향력이 커지게 되었다. 이에 진평왕은 딸인 선덕여왕을 자신의 왕위 계승자로 삼을 수 있었으며, 결국 '국인의 추대'라는 형식을 빌려 선덕여왕이 즉위할 수 있었다.

이웃나라 일본에서 이미 여왕 즉위가 이루어졌다고 하는 국제적 상황도 선덕여왕의 즉위에 영향을 끼쳤을 것이다. 진평왕 15년(593)에 일본에서 첫 여성 천황인 스이코[推古]가 등극하였다. 진평왕대 신라와 일본은 교류가 많았다. 《일본서기日本書紀》에는 스이코 여왕이 즉위 6년(597) 11월에 신라에 사신을 파견하였고, 이 사신이 돌아갈 때 신라에서는 까치 두 쌍을 선물로 보냈다는 기록이 있다. 이외에도 신라에서 불상을 비롯한 불교 문화를 일본에 전해주기도 하였다. 일본을 오가는 사신들을 통해 진평왕은 일본에 여왕이 있다는 사실을 알았을 것이며, 자신의 딸인 선덕여왕을 즉위시키는 데 힘을 싣게 되었을 것이다.

경주 낭산의 선덕여왕릉: 신라 최초의 여왕으로 죽은 뒤 도리천에 묻어 달라고 했던 선덕여왕. 도리천을 신하들이 몰라 물었더니 낭산임을 일러 주었고, 그 뒤 문무왕대 낭산 기슭에 사천왕사가 만들어지면서 낭산이 도리천임을 알게 되었다는 설화가 있다.

경주 남산 불곡 감실 석불좌상: 삼국시대 후기에 만들어진 불상으로 자세가 아름답고 여성적인 느낌을 주는데 선덕여왕의 모습으로 추정하기도 한다.

또한 당사자인 선덕여왕 개인의 뛰어난 자질 역시 참고가 되었으리라 여겨진다. 《삼국유사》에서는 당나라 황제 태종이 보낸 모란꽃 그림을 보고 향기가 없음을 미리 알았다는 것과 개구리 울음소리를 듣고 백제군이 매복한 사실을 알고 섬멸하게 한 것, 자신이 죽을 날을 미리 알고 장지를 정해준 일 등 세 가지 일화를 전하면서 선덕여왕이 뛰어난 예지 능력을 가지고 있었다고 하였다. 이는 '성품이 너그럽고 어질며, 총명하고 똑똑하다'는 선덕여왕에 대한 《삼국사기》의 평가와도 일치한다. 물론 개인의 자질이 절대적인 기준으로 작용할 수 없는 신분제 사회에서 그것이 왕위계승의 절대적인 조건이 되지는 못한다. 그러나 전례에 없던 여왕의 탄생이라는 특수한 상황을 만들면서까지 선덕여왕이 즉위할 수 있었던 데에는 선덕여왕 개인의 뛰어난 자질 역시 중요한 비중을 차지했을 것이다.

선덕여왕에서 시작된 여왕의 전례는 다음 28대 진덕여왕의 즉위로 이어졌다. 진덕여왕의 아버지는 진평왕의 친동생 국반갈문왕國飯葛文王이며 어머니는 월명부인月明夫人 박씨이다. 선덕여왕과는 부계 사촌이 된다. 여왕의 잇따른 즉위는 선덕여왕의 즉위 배경의 하나였던 '성골 남성이 없다'고 하는 상황의 연장선상에서 해석되고 있다. 성골 남성이 없어서 선덕여왕이 즉위했다고 하는 비상적인 상황은 선덕여왕 사후에도

경주 현곡면에 있는 전傳진덕여왕릉:
신라에서 선덕여왕의 뒤를 이어 두 번째 여왕으로 즉위했던 진덕여왕의 무덤으로 전해지고 있으나 십이지신상의 조각 수법 등으로 보아 8~9세기에 조영된 무덤으로 추정하고 있다.

                한국여성사 깊이 읽기

여전히 남겨진 과제였을 것이다. 여전히 성골 남성이 없는 상황에서 선덕여왕의 사촌으로 역시 성골인 진덕여왕이 즉위하게 되었던 것이다.

《삼국사기》에는 진덕여왕이 '풍만하고 아름다웠다'고 하여 여성으로서의 풍만한 아름다움과 함께 '신장이 7척이고 손을 내리면 무릎 아래까지 내려왔다'고 하여 외형적 모습을 특기하고 있다. 이러한 모습은 부처의 32특관상에 포함되어 있는 신체조건이다. 진덕여왕에 대해 부처와 같은 초인적 면모를 지닌 골상을 강조하면서 '성골'인 진덕여왕의 왕위계승에 정당성을 부여하려 했던 것이다.

그러나 진덕여왕의 즉위는 선덕여왕에 비해 순조롭지 않았다. 즉위 과정에서 상대등이었던 비담毗曇이 염종을 비롯한 여러 귀족들과 함께 반란을 일으켰다. 비담은 '여자 임금은 잘 다스릴 수 없다'는 것을 반란의 대의명분으로 내세웠다. 비담의 난에는 신라 귀족의 대부분이 관련되었다고 할 정도로 그 규모가 컸다. 또한 반란 초기에 비담측이 우세하였다는 점에서 비담이 내세운 명분은 꽤 설득력을 얻었던 것으로 여겨진다. 그러나 비담의 난은 10여 일간에 걸친 공방전 끝에 김유신에 의해 진압되었다. 이는 진덕여왕의 즉위가 김유신의 군사력에 의해 뒷받침되었음을 뜻한다.

'여성 왕은 잘 다스릴 수 없다'는 비담의 명분이 이미 신라 사회에서 공감을 얻고 있었음에도 불구하고, 진덕여왕의 즉위가 추진되었던 이유는 무엇일까? 혹자는 이에 대해 김춘추의 부재를 들기도 한다. 선덕여왕대에 외교가로서 활약을 하던 김춘추는 선덕여왕 사망 당시 일본에 체류하고 있었다. 따라서 선덕여왕 사후 상대등인 비담이 왕위를 계승할 수도 있었다. 상대등은 비상시에 왕위를 계승하기도 했기 때문이다. 이러한 상황에서 비담의 즉위를 막고 김춘추를 즉위시키기 위한 과도기적인 체제로 진덕여왕을 옹립하였다는 것이다. 이에 따른 다면 진덕여왕은 여왕의 즉위가 원천적으로 차단되지 않은 상황에서 과도기적으로 즉위한 것이었다.

'여왕은 잘 다스릴 수 없다'는 비담의 명분 이후 신라의 왕위계승은 한동안 남성 왕으로만 이어졌다. 특히 태종무열왕 이후 중대中代(태종무열왕~혜공왕)는 전제왕권이 강화된 시기로, 왕비의 폐출이 잇따랐다. 그 폐출의 원인으로는 정치적 상황이나 아들을 낳지 못한다는 등 여러 가지가 있었는데, 상대上代(박혁거세~진덕여왕)에는 전혀 없던 일 이었다. 이는 여성에 대한 사회적 변화를 보여주는 것으로, 여왕의 즉 위에 대한 인식 역시 변화되었던 것으로 보인다.

그런데 선덕, 진덕 이후 250년이나 경과된 신라 하대下代(선덕왕~경 순왕) 9세기 후반에 진성여왕이 53대 왕으로 즉위하였다. 진성여왕은 헌안왕의 사위로 왕이 된 신라 50대 경문왕의 딸로, 51대 헌강왕과 52 대 정강왕의 여동생이다. 진성여왕의 즉위는 전격적으로 오빠인 정강왕의 유 언에 의해서 이루어졌다. 정강왕은 형

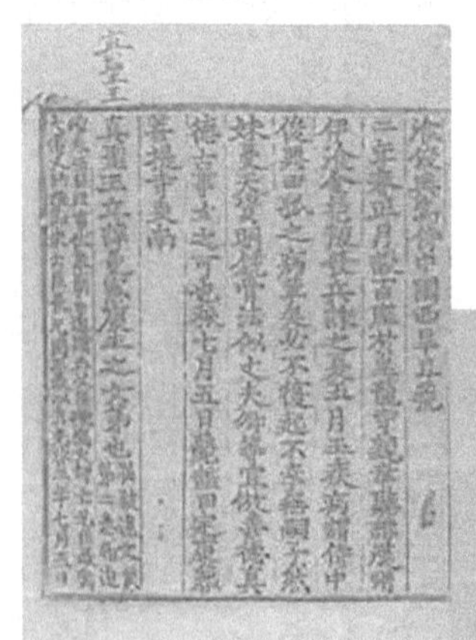

진성여왕이 즉위하게 된 사정과 즉위 과정을
기록한《삼국사기》〈신라본기〉:
신라의 세 여왕 가운데 유일하게
진성여왕만이 왕릉으로 전해지는
무덤이 없다.

　　　　　　　　　　　　　　　한국여성사 깊이 읽기

인 헌강왕의 뒤를 이어 왕이 된 지 불과 2년 만에 갑자기 세상을 떠나면서 진성여왕을 후계자로 지목하였다. '총명하고 민첩한 천성'과 '남성과 같은 골상'이 그 이유였다.

외모가 '남성과 같다'고 한 발언의 이면에는 진성여왕의 즉위 당시에는 여성이라는 조건이 왕위계승에 장애가 되고 있음을 보여주는 것이 아닌가 한다. 이에 비록 여성이지만 외모가 남성과 비슷하다는 것을 강조하면서 진성여왕의 왕위계승에 대해 정당성을 부여하려 했던 것으로 보인다. 사실 여왕의 즉위를 기피하는 분위기는 진성여왕의 외할아버지가 되는 헌안왕에게서 이미 찾아볼 수가 있다.

과인은 불행히도 아들이 없고 딸만 있다. 우리나라의 옛일에 비록 선덕과 진덕 두 여자 임금이 있었으나, 이는 암탉이 새벽을 알리는 것과 비슷하므로 본받을 일이 못 된다. 사위 응렴은 비록 나이는 어리지만 노련하고 성숙한 덕을 가지고 있다. 경들은 그를 왕으로 세워 섬기면 반드시 선조로부터 이어 온 훌륭한 왕업을 떨어뜨리지 않을 것이다. 그러면 과인은 죽어도 또한 썩지 않을 것이다.(《삼국사기》 권11, 헌안왕 5년 봄 정월)

헌안왕은 자신의 딸이 아닌 사위인 응렴에게 왕위를 잇게 하였는데, 응렴이 바로 이들 남매에게는 아버지가 되는 경문왕이었다. 이와 같이 여왕의 즉위에 대한 부정적인 인식이 확산되어 있음에도 불구하고 정강왕이 진성여왕을 지목했던 이유는 무엇일까?

진성여왕의 즉위에서도 우선적으로 작용한 것은 신라의 폐쇄적인 혈통의식이었다. 신라 하대에 이르면 골품 내에서도 가家로 분화되는 변화가 일어나기 시작했다. 즉 헌안왕의 사위로 왕위를 계승한 경문왕 가계에서 왕위를 독점하기 위한 비상적인 조치로 여성인 진성여왕이 즉위할 수 있었던 것이다. 정강왕이 사망할 당시 경문왕의 자손으로는 딸인 진성여왕과 헌강왕의 서자로 나이가 어린 요嶢(훗날 효공왕)가 있을 뿐이었다. 그런데 요는 헌강왕이 혼외관계에서 낳은 아들이었을 뿐 아니라 아직 어린 나이로 왕위계승이 어려운 상황이었다. 이러한 상황에서 다른 가계의 남성에게로 왕위를 넘기기보다는 비록 딸이지만 경문왕의 직계인 진성여왕을 후계자로 지목했던 것이다.

진성여왕은 앞의 선덕, 진덕과 달리 아찬을 지낸 '양패'를 비롯한 아들이 있었다. 진성여왕은 앞의 여왕들과 달리 왕위를 양위하는데, 양위를 했던 대상은 자신의 아들이 아니라 조카인 헌강왕의 아들이었다. 이를 통해서도 진성여왕의 즉위가 경문왕 직계로 왕위를 계승시키고자 하는 혈통 관념에서 헌강왕의 아들인 효공왕의 성장을 기다린 임시적이고 과도기적인 성격이었음을 알 수 있다.

진성여왕은 역사적으로 신라 멸망의 책임자로 지탄을 받고 있지만, 정강왕의 유언 내용으로 보면 진성여왕의 개인적 자질에 대한 기대 역시 왕위계승자로 지목하게 했음을 알 수 있다. 정강왕이 사망하던 당시는 왕위 쟁탈전으로 중앙 정부가 혼란에 빠져 있었으며, 특히 잦은 수해와 가뭄 등의 천재지변으로 민심이 이반되고 있던 신라 하대였다. 정강왕은 내심 삼국 쟁탈의 위기 속에서 통일의 비전을 제시했던 선덕, 진덕과 같이 진성여왕이 즉위하면서 이러한 혼란스런 상황을 극복하리라 기대했던 것은 아니었을까 한다.

신라의 여성, 무엇이 달랐을까?

골품제라 하는 사회적 배경과 정치적 특수한 상황, 개인의 뛰어난 자질 등이 갖추어져 있다고 하더라도, 왕위계승에서 여성이 아예 배제되는 상황이라면 여왕의 출현은 있을 수 없었을 것이다. 비록 특수한 정치적 상황이 있었음을 감안한다고 하더라도 신라에서 세 차례나 여왕이 즉위할 수 있었던 것은, 왕위계승 자격이 여성에게 완전히 차단되지 않았기 때문에 가능했다고 볼 수 있다.

신라에서는 여왕이 등장하기 이전에도 여성들이 공적인 무대에서 활동을 하고 있었다. 가장 대표적인 예가 왕비王妃와 같은 왕실 여성들이다. 시조비인 알영閼英은 혁거세赫居世가 6부를 순무巡撫할 때 함께 동행하면서 농사와 양잠을 독려하였다. 순무는 고대 사회에서 최

경주 오릉 경내에 있는 알영정:
신라 건국신화는 시조비인 알영의 탄생담이 실려 있는 등 혁거세 못지 않는 비중으로 다루어지고 있다. 지금도 경주에는 시조비인 알영이 탄생한 곳으로 알려진 알영정이 남아 있다.

고 통치자가 수행하는 통치 규범의 하나로 중앙 정부를 떠나 지방 제후를 직접 통제하기 위해 이루어진다. 농사와 양잠을 독려하였다는 구체적인 행위뿐 아니라, 고대 사회에서 순무라는 행위의 정치적 의미를 생각할 때, 이러한 기록은 알영이 혁거세의 배우자로서 단순한 동행이 아니라 혁거세와 함께 정치적 의미를 분담하면서 활동했던 것으로 해석해야 할 것이다.

알영은 신라에서 혁거세와 함께 짝을 이루어 이성二聖으로 불렸다. 이는 신라인들의 관념 속에 알영이 시조의 배우자로서 보조적인 의미가 아니라, 혁거세와 같은 상징성을 가진 대상으로 존숭되었음을 뜻한다. 신라의 건국신화로는 시조인 혁거세만이 아니라 왕비로 기록된 알영의 탄생담도 함께 전해지고 있다. 이는 왕인 혁거세뿐 아니라 왕비인 알영 역시 건국시조로서 함께 숭상되었음을 보여주고 있다.

정치 무대에서 공식적으로 활동하며 영향력을 가졌던 왕비의 모습이 알영에게만 그쳤다고 보기는 어렵다. 알영 이후 신라의 왕비 이름에서는 공통적인 특징이 나타난다. 2대인 남해왕비 아루阿婁, 탈해왕비 아로阿老, 조분왕비 아류阿留, 눌지왕비 아로阿老 등 대부분 '알ar' 계통의 이름이 보이고 있다. 이들 '알' 계의 이름은 고유명사가 아니라 특별한 지위와 직능을 가진 여성들에게 붙여진 일반명사로 여겨지고 있다. 구체적으로는 남해왕이 시조묘를 만들면서 여동생 아로로 하여금 제사를 담당하게 하였다는 기록 등에서, 제사와 관련된 일정한 역할을 담당했던 것으로 이해되고 있다.

신라에서는 여성들이 종교와 밀접한 관련을 가지고 있다. 신라의 건국신화 중에 하나는 선도산 신모가 아들을 낳아 동쪽 나라의 시조가 되었다는 것인데, 신모와 그 아들이 알영과 혁거세라고 한다. 여기에서 알영의 모습이 선도산 성모에 투영되어 있음을 알 수 있다. 또한 2대 남해왕비인 운제부인은 운제산의 성모가 되었다고 하며, 실성왕의 딸인 박제상의 부인은 치술신모가 되었다고 하여, 왕실 여성들이 신격화되고 있다. 또한 김유신은 고구려 첩자에 의해 위기에 빠졌을 때 세 여신이 나타나 구해주었다고 하는데, 여신으로 표현된 이들은 종교적 직능을 가진 실제 인물로 이해할 수 있다. 흔히 제사를 올리는 사제에게 그 대상신이 강림한다고 믿으므로 제사의 대상과 그 제사의 주제자는 동일하게 여겨지기 때문이다.

'알'계통의 이름을 가진 왕비나 왕실 여성들이 제사와 관련된 일정한 직능을 맡았다는 것은, 당시 왕비가 단순히 왕의 배우자라고 하는 보조적인 측면에서가 아니라, 독자적인 정치적 위상을 가지고 정치활동을 했던 공적인 존재로 볼 수 있다. 시조인 혁거세와 알영이 짝을 이루어 이성二聖으로 함께 존숭되었듯이, 일정 기간 신라에서 왕비가 단순히 왕의 배우자라고 하는 사적私的 관계로서의 의미만이 아니라, 종교적 직능을 가진 공적 존재로서의 왕과 함께 짝을 이루어 정치적 의미를 지니고 있었다고 여겨진다.

서봉총에서 출토된 신라 금관:
금관은 여성의 무덤에서도 출토되고 있는데,
주인공은 종교적 직능을 담당했던 여성과
관련있을 가능성이 있다.

공적인 영역에서 정치적인 영향력을 가지고 활동하는 여성의 모습은 노구老嫗에서도 확인할 수 있다. 계룡에서 태어난 시조비인 알영을 발견하고 양육한 사람은 사량리 노구라고 하였으며, 아닷포 바닷가로 떠내려 온 탈해를 데려다 키운 것도 아진의선阿珍義先이라고 하는 노구였다. 또한 날이군에 사는 파로의 딸을 만나러 가는 길에 유숙하던 소지왕에 충언을 하였던 고타군의 집주인 역시 노구로 표현되고 있다. 글자상으로는 '늙은 여자'라는 뜻을 가진 이들 노구들은 국정을 보익하거나 비판하면서 왕정에 깊이 관여하던 여성들이었다.

종교적인 상징성이 중요한 정치적 의미를 가지고 있던 상고기에 여성들이 종교와 관련된 직능을 가지면서 공적인 정치 활동을 했던 전통은, 중고기에 중앙집권적 관료 체제가 정비되는 과정에서 여성 역시 일정 정도 관작官爵 질서에 편제되는 모습으로 나타났다. 진흥왕대에 세운 '단양적성비'에는 5명에게 포상으로 관官을 내렸다고 하는데, 여기에 여女, 소자小子의 존재가 포함되어 있다. 관을 내리면서 남녀 성별과 연령을 가리지 않았음을 알 수 있다. 또한 진평왕대 혼인의 신의를 지키려 했던 백운白雲·제후際厚·금천金闡 등 3인에게 포상으로 3급의 작爵을 내렸다는 기사가 있다. 여기서 제후는 백운의 약혼녀인데 관작의 포상에 여성을 배제하지 않았음을 알 수 있다.

뿐만 아니라 진흥왕 12년에는 고구려 승려 혜량을 국통國統으로 삼으면서, 그 아래 도유나랑都唯那娘, 대도유나大都唯那, 주통州統, 군통郡統 등의 승관을 두어 승니의 일체 규범을 통할하게 하였다고 한다. 이 가운데 국통 아래 최고 책임자로 승려들을 이끌었던 도유나랑의 담당자는 여성이었다. 이는 종교 직책이지만 중앙 정부에서 부여한 정치

관직으로 여성이 제도적으로 관직체계에 포함되었음을 보여주는 중요한 사례다.

또한 화랑의 전신이었던 여성 원화는 '효제와 충신을 가르쳐 나라를 다스리는 요체로 삼고자' '인재를 뽑아 등용하고자' 하는 목적으로 무리를 모으기 위해 설치된 제도였다. 청소년 무리를 이끌고 조정에 인물을 천거하기도 했던 원화에서 여성 정치지도자의 모습을 쉽게 찾을 수 있다. 조선시대 당쟁이 인사권이 있는 이조전랑의 자리를 둘러싸고 시작되었다는 점만 보아도 '인물 천거'라는 행위는 수많은 정치적 역학관계가 숨어 있는 중요한 자리이다. 이를 여성이 공식적으로 담당하였다는 것은, 실제 여성의 정치 참여가 제도적으로 보장되었음을 보여주는 사례가 아닌가 한다.

한편 왕권 성장의 상징으로 일컬어지고 있는 신라의 적석목곽분을 살펴보면 유물의 부장에서 성별에 따른 차이가 뚜렷하게 나타나지 않는다. 신분이 높은 여성의 무덤에서는 대도大刀를 비롯하여 무구류와 마구

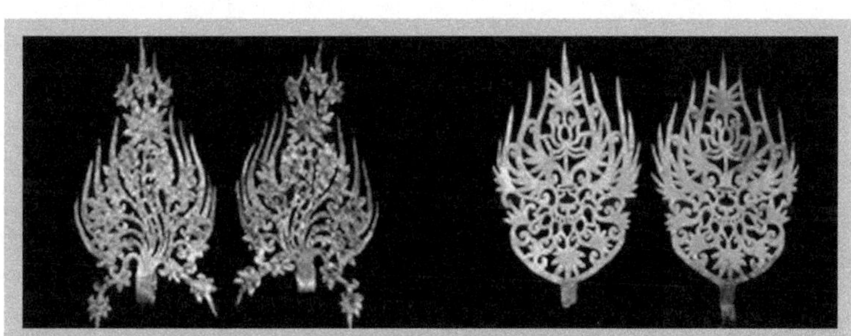

무녕왕릉에서 출토된 왕(좌)과 왕비(우)의 관식:
6세기에 조영된 백제 무녕왕릉에서는 관식을 비롯하여 출토 유물에서 왕과 왕비의 차이가 뚜렷하게 나타난다.

류가 출토된 반면, 신분이 낮은 남성의 무덤에서 무구류가 아예 없고 장신구류만 한두 점 출토되고 있어, 성별보다는 오히려 신분에 따른 차이가 크게 부각되고 있음을 알 수 있다. 뿐만 아니라 신라 금관의 경우 종래에는 왕관으로 대입시켜 남성이 썼던 것으로 치부했다. 그런데 금관이 출토된 고분 가운데 황남대총 북분이나 서봉총 등 성별을 추정할 수 있는 고분의 주인공은 모두 여성이었다. 적석목곽분에서 출토 유물의 종류와 수량에서 성별에 따른 차이가 보이지 않는다는 것은, 유물 부장에 있어서 성별 차이를 중요시 여기지 않았음을 보여준다.

그런데 남녀 성별에 대한 분화의식이 일찍 발달된 중국의 경우 신석기 말기 유물에서 이미 남성은 무기류, 여성은 장신류들이 주로 부장되는 등 성별에 따른 차이를 보이고 있다. 6세기에 조영된 백제 무

고구려 각조총에 그려진 묘주부부의 모습:
남성이 주인공으로 정면에 앉아 있으며, 부인들은 남성을 향해 앉아 있다. 그림의 크기도 남성은 크고 여성은 작게 그려져 있어 남녀 간의 질서를 엿볼 수 있다.

    한국여성사 깊이 읽기

녕왕릉에서도 왕에게서는 대도가 출토된 반면, 왕비에게서는 목걸이와 팔찌가 출토되어, 남성은 무기류, 여성은 장신구류라고 하는 중국과 같은 성별에 따른 부장 차이를 보여주고 있다. 또한 고구려 고분벽화의 〈묘주부부도〉에는 대부분 남편을 주인공으로, 부인은 남편을 향해 종속된 존재로 그려져 있어 성별에 따른 차이를 확인할 수 있다.

고고자료에서 확인되는 이러한 성별 관념의 차이가 삼국 가운데 왜 신라에서만 여왕이 있었는지에 대한 설명이 될 수 있지 않을까 한다. 신라 사회에서는 상고기부터 여성들이 종교와 관련된 직능을 가지면서 공적인 정치 활동을 했으며, 중앙집권적 관료체제가 정비된 중고기에도 관작 질서에서 완전히 배제되지 않았다. 뿐만 아니라 사회적으로 가계 계승에서 여성이라고 하는 성별이 완전히 배제되지 않았다. 이러한 사회 분위기 속에서 왕위계승 문제에서 '여성'이라고 무조건 배제되지는 않았던 것이다.

그러나 신라의 여왕 즉위는 국제 사회로부터 견제를 받았다. 특히 일찍이 부계 사회로 진입한 당나라에서는 노골적으로 여왕의 즉위를 달가워하지 않았다. 선덕여왕이 당 태종이 보낸 모란꽃 그림을 보고 '아름다우나 향기 없는 꽃'을 예언했다는 설화 이면에는 여왕에 대한 당 태종의 조롱도 숨어 있다. 뿐만 아니라 당나라에서는 즉위 4년 후에야 겨우 선덕여왕으로 하여금 진평왕의 '낙랑군공신라왕'이라는 봉작을 잇게 하며 책봉에 늦장을 부렸다.

여왕 즉위에 대한 당나라의 부정적인 인식은 백제의 침입으로 곤경에 처해 구원을 요청하러 간 신라 사신에게 당 태종이 한 다음과 같은 발언에서 최고조를 이루었다.

그대 나라는 여자를 임금으로 삼고 있으므로 이웃나라의 업신여김을 받게 되고, 임금의 도리를 잃어 도둑을 불러들이게 되니 해마나 편안할 때가 없다. 내가 왕족 중의 한 사람을 보내 그대 나라의 왕으로 삼되…….(《삼국사기》 권5, 선덕왕 12년 9월)

이는 곧 신라의 요청에 따라 파병할 수 있으나, 선제조건으로 선덕여왕을 교체하라는 엄청난 발언이었다. 어려움에 처한 선덕여왕의 요청으로 귀국하게 된 자장 역시 태화 못에서 만난 신인神人(〈황룡사구층탑찰주본기〉에는 신인이 아니라 중국의 원향선사로 되어 있다)으로부터 '여왕이기 때문에 덕은 있으나 위엄이 없다'는 지적을 받았다.

이들 설화를 살펴보면 여왕의 즉위를 자연스럽지 못한 것으로 받아들인 것은 모두 중국인들이었다. 여왕 즉위에 대한 중국인들의 부정적인 발언이 신라 내부에도 전해졌으리라 여겨지지만, 선덕여왕 당시 신라인들이 동요했다는 정황은 찾기 어렵다. 여왕 교체에 대한 당태종의 언질을 들은 사신 역시 묵묵부답이었다고 한다. 일개 사신으로서 쉽사리 답변할 수 있는 이야기가 아니었기 때문에 그런 태도를 취한 것으로 볼 수 있지만, 여왕을 교체해야 한다고 여기지 않았던 신라인들의 마음을 대변한 것은 아닐까?

그렇지만 여왕에 대한 국제 사회의 부정적인 인식은 점차 신라 내부에도 파급되기 시작했다. 앞서 살폈듯이 진덕여왕의 즉위 과정에서 상대등 비담은 '여왕은 잘 다스리지 못한다'는 것을 반대의 명분으로 내세웠다. 비담의 난에 연루된 사람이 많았던 것으로 보아, 비담의 명분은 어느 정도 설득력을 얻었던 것으로 보인다.

그러나 비담의 난을 진압했던 김유신의 발언을 보면 여왕의 즉위에 대한 이중적인 모습을 읽을 수 있다.

자연의 이치에서는 양은 강하고 음은 부드러우며, 사람의 도리에서는 임금이 높고 신하가 낮습니다. 만약 혹시 그 질서가 바뀌면 곧 혼란이 옵니다. 지금 비담 등이 신하로서 군주를 해치려고 아랫사람이 윗사람을 침범하니 이는 이른바 난신적자로서 사람과 신이 함께 미워하고 천지가 용납할 수 없는 바입니다.《삼국사기》권5, 선덕왕 16년 9월)

김유신의 발언은 여왕이라고 할지라도 왕은 왕 그 자체로서 높고 신하는 낮다는 의미를 담고 있다. 이러한 김유신의 발언은 왕위계승에 여성이라는 이유만으로 배제되어야 한다는 비담과는 차이가 있다. 결국 '여왕이 나라를 잘 다스리지 못한다'는 명분을 내세운 비담의 난은, '왕은 왕 그 자체로 높은 것'이라고 한 김유신에 의해 진압당하고 신라에서는 두 번째로 진덕여왕이 즉위할 수 있었다.

그렇지만 신라에서도 점차 여성의 정치 활동을 자연스럽지 않게 여기게 되었다. 통일기에 들어서면서 이성으로 존숭되었던 시조비의 모습이나, 종교적인 직능을 가지면서 독자적인 정치적 영향력을 행사했던 왕비의 모습은 찾기가 어렵다. 왕권강화를 추구하던 신문왕, 성덕왕, 경덕왕대에는 정치적 사건에 연루되거나 혹은 아이를 낳지 못한다는 이유로 왕비의 출궁 사례가 등장한다. 또한 혜공왕 이후 하대에는 원비, 차비 등 왕의 다처 사례가 빈번하게 나타나고 있다. 왕비가 왕의 배우자로 종속되었을 뿐 아니라, 여러 명의 배우자 중에 한 명으로 그 위상이 더욱 변화되었다.

경덕왕대 활동했던 승려 충담은 왕의 요청으로 〈안심가安心歌〉라는 노래를 짓게 되는데, 가사 중에 '임금은 아버지요, 신하는 자애로운 어머니요, 백성은 어린아이'라는 비유가 보인다. 이는 아버지와 어머니의 관계를 왕과 신하와 같이 수직적인 관계로 인식했음을 보여준다. 남성과 여성의 역할이 구분되며, 남성이 사회생활의 주도자이고 여성은 보조자로 인식한 것이다. 표훈대사가 '딸은 있을 것이나 아들은 어려우며, 딸을 아들로 바꾸면 나라가 어지러워질 것'이라고 하는 경고에도 불구하고 경덕왕이 아들 얻기를 소원하는 모습에서 남아 선호사상이 나타나고 있음을 알 수 있다.

이러한 사회 분위기는 여성의 정치 활동에 대한 부정적 인식으로도 연결된다. 통일기에도 태후의 섭정과 여왕 통치가 이루어지긴 하였다. 그렇지만 모두 파행으로 끝났다는 점에 주의할 필요가 있다. 만월태후가 섭정을 했던 혜공왕대는 96각간의 난을 비롯하여 진골 귀족들의 반란이 계속되었다. 결국 혜공왕은 재위 16년 만에 반란의 와중에 피살되고, 중대 무열왕계는 막을 내리게 되었다. 선덕, 진덕으로부터 250년이 지나 9세기 말에 즉위한 진성여왕 역시 각지에서 일어난 농민 봉기와 공부 수송 중단 등으로 국가의 기능이 마비되는 지경을 맞기에 이르렀다. 결국 진성여왕은 신라 역사상 유일하게 중도에 왕위를 양위하고 말았다.

정치 활동을 남성의 영역으로만 보게 된 상황에서, 여성의 섭정이나 여왕의 통치 자체를 인정하려 하지 않았던 것이다. 그러므로 만월태후의 섭정과 진성여왕의 즉위는 개인의 능력이나 의지와 관계없이 통치의 공백으로 여겨져 오히려 신라 멸망을 재촉하는 결과를 낳았다. 신라 하대에만 해도 여성의 정치 활동을 부정적으로 인식하여 파행으로 치닫게 되는 것을 볼 때, 이후 고려나 조선시대에 여왕 즉위가 다시 나타나기는 어렵지 않았을까 한다.

여왕 통치의 성공과 실패

신라의 세 여왕에 대한 관심은 주로 '여성이 왕이 되었다'고 하는 현상 자체에 집중되었다. 그러다 보니 정치가로서 여왕의 정국 운영 능력이나 자질에 대한 평가는 제대로 이루어지지 않았다. 진성여왕의 경우 망국의 책임자로서 비난이 집중되는 과정에서 실정자로서 평가가 이루어지긴 했지만, 실제 그의 정치적 행적을 치밀하게 평가한 결과는 아니었다. 오히려 여성이 왕위를 계승한 것 자체만으로도 비난을 했던 후대 고려나 조선시대 학자들이 평가하고 조장한 이미지를 그대로 받아들인 경우가 많았다. 여왕 역시 여성이라는 성별에서만 차이가 있을 뿐 최고 통치권자라는 측면에서는 일반 왕들과 다를 바가 없다. 이러한 측면에서 세 여왕 역시 최고 통치권자인 제왕으로서 정치력을 평가해 볼 필요가 있다.

우리 역사상 첫 여왕인 선덕여왕은 세 여왕 가운데 가장 긴 16년의 재위기간을 지냈다. 즉위 초 선덕여왕은 자신이 전면에 나서는 대신 을제라고 하는 대신을 내세워 국정을 총괄하게 하였다. 이는 비록 국인의 추대라고 하는 형식으로 왕이 되긴 하였지만, 유례 없는 여왕 즉위에 대해서 일부의 비판적인 시선을 의식했던 행동으로 보인다. 통치 내용도 진휼, 대사면, 주군의 조세 면제, 주군 순무 등 주로 대국민 위무 활동이었다. 즉위 초 집중될 수 있는 반대세력의 공격에 비켜서 있으면서 자모와 같은 모습으로 백성들의 신망들을 얻어 갔던 것이다.

즉위 3년(634)에는 인평仁平이라는 연호를 반포하고, 분황사芬皇寺를 건립하였다. 인평은 여왕으로서 어질고 공평한 정치를 하겠다는 것이며, 분황사의 이름에 보이는 향기로운 황제는 바로 여왕 자신이었다. 이후 영묘사靈廟寺를 창건하고 백좌강회를 개설하는 등 종교 행사를 통해 왕권을 확립해 갔다. 또한 대당 외교사절을 파견하여 친선을 돈독히 하는 한편 당의 국학에 유학생 파견을 요청하면서 유교적이고 현실적인 정치 체제를 정비해 나갔다. 뿐만 아니라 알천과 김유신을 중심으로 자주국방 태세를 갖추어, 즉위 5년에는 서쪽 근방까지 침입한 백제군을 격퇴하고, 7년에는 칠중성에서 고구려군을 대파함으로써 군사적인 면에서도 성공을 거두었다.

이러한 성과를 기반으로 선덕여왕은 여왕 즉위에 대한 우려를 불식시키면서 대내적인 안정과 결속을 다질 수 있었다. 또한 선덕여왕이 여근곡에 침입한 백제군을 소탕한 뒤 신하들에게, '남자의 생식기가 여자의 생식기에 들어가면 반드시 죽게 되니, 쉽게 잡을 줄 알았다'라고 한 대답은, 남성우월주의에 사로잡힌 사람들을 향한 일침이며, 여왕이라는 정체성에 대한 자신감이었다.

그렇지만 즉위 11년(642)에 선덕여왕은 군사외교 면에서 큰 시련을 겪게 되었다. 백제 의자왕의 공격에 서쪽 국경 부근 40여 성이 함락되

 　　　　　　　　　　　　　　　　　　　　　　　한국여성사 깊이 읽기

고, 서부 전선의 중요한 구심점인 대야성마저 넘어가고 만 것이다. 선덕여왕은 이를 타개하기 위해 김춘추를 고구려에 보내 협력을 타진했는데, 당시 집권자인 연개소문의 대외강경책 때문에 실패하고 말았다. 당과의 외교 역시 선덕여왕의 다각적인 외교에 촉각을 세우고 있던 당 태종에 의해 거절되고 말았다. 당 태종으로부터는 오히려 여왕을 교체하는 것이 어떻겠냐는 내정간섭에 해당하는 발언까지 들어야 했다.

그러나 통치자로서 선덕여왕의 저력은 오히려 시련 속에 발휘되었다. 백제와의 전쟁으로 국토를 빼앗기고, 고구려·당과의 외교가 결렬되는 위기 상황에서 선덕여왕은 신라가 나아가야 할 국가적인 방향을 찾았다. 한반도에서의 전쟁을 종식시키기 위한 통일에 대한 의지와 주위 강대국에 맞서 살아남을 수 있는 자주의식을 고취시켰다. 자장의 건의로 건립한 황룡사9층탑은 대내적으로는 자신감을 불어넣고, 대외적으로는 자주국으로서의 자긍심을 가질 수 있게 해 주었다.

경문왕대 중수 사실을 기록한 〈황룡사찰주본기〉에는 '탑을 세웠다. …… 과연 삼한을 통합하였고, 군신이 안락함은 지금까지 그것에 힘입음이다'라는 글귀가 보인다. 이는 신라의 통일과 국가의 안위가 선덕여왕이 세운 황룡사9층탑의 가호에 달려 있다고 인식되고 있음을 알 수 있게 한다. 당시 국제 질서에서 무법자인 당 태종으로부터 '왕을 바꾸어야 한다'는 은근한 협박을 받았음에도 불구하고 신라 내부에서 동요하지 않고 선덕여왕을 중심으로 결속을 다지면서 통일의 비전을 만들어 갈 수 있었던 것은 선덕여왕의 지도력에 대한 믿음 때문이었다.

다음 왕인 진덕여왕은 선덕여왕의 삼국통일에 대한 비전을 더욱 현실화시켰다. 진덕여왕은 뛰어난 외교가인 김춘추를 전면으로 내세워 대당외교를 적극적으로 추진하였다. 이러한 노력이 결실을 얻어서 진덕여왕 4년(650)에 드디어 당과의 나당연합군을 결성하게 되었다. 물론 중국의 의관제를 채택하고, 법흥왕 이후 고유 연호 대신 당의 연호를 쓰기 시작하게 되는 등 대가를 치루기는 해야 했지만, 국가의 존망이 걸려 있는 삼국 쟁탈 상황에서 당과의 연합군 형성은 신라로서는 살아남기 위한 생존전략이었다.

경주 황룡사지 전경과 추정복원도:
선덕여왕대 통일의 의지를 상징적으로
보여주었던 9층탑이 있던 황룡사지의
현재 모습과 추정 복원도

외교적 성과의 결정적인 계기는 진덕여왕이 직접 짜서 수놓았다고 하는 오언율시 〈태평송太平頌〉이 수놓인 비단이었다. 진덕여왕 4년에 그 비단을 보내자 당 고종은 이를 받고 기뻐하여 당 태종이 앞서 봉한 낙랑군공 대신 계림국왕이라는 격상된 봉호를 내릴 정도였다. 신라 역사상 왕실 여성의 직조는 정치적으로 중요한 의미를 가지고 있다. 아달라왕대 세오녀가 짠 세초로 제사를 지내자 해와 달이 전과 같이 회복되었다고 한다. 또한 선도산 성모가 제천선녀諸天仙女를 시켜 옷

감을 짜고 옷을 만들어 남편에게 주니 나라 사람들이 비로소 그 신험
神驗을 알았다고 한다.

세오녀와 선도산 성모의 모습은 당시 신라 사회에서 정치적 권위를
드러내는 데 있어서 종교적인 제의가 중요한 역할을 하였으며, 이를
통해 종교적 제의에서 직조 행위가 중요한 상징성을 가지고 있음을
알 수 있다. 진덕여왕의 직조 행위는 상고기 이래 직조와 관련된 여
성의 신성성을 대당외교에 활용하여 외교적 성과를 거둔 사례이다.

삼국 가운데 가장 후진적이었던 신라가 삼국을 통일할 수 있었던

진덕여왕대 활동했던 최치원 초상:
최치원은 진성여왕의 개혁의지를 뒷받침하기 위해
시무 10조를 올렸다.

원인으로 지적되는 것이 바로 대내적인 결속력과, 대외적인 외교전의
승리이다. 그렇다면 황룡사9층탑을 건립하여 통일의 꿈을 키우면서
결속력을 다졌던 선덕여왕과 나당연합군을 결성할 수 있게 한 진덕여
왕의 외교술이 다음 태종무열왕과 문무왕대에 통일의 성과를 이룬 토
대가 되었다고 할 수 있다.

선덕, 진덕여왕이 통일의 토대를 이룬 왕으로서 비교적 긍정적인
이미지를 가지고 있었던 반면, 진성여왕은 상대적으로 부정적인 평가

를 받아 왔다. 유모의 남편인 위홍과 정을 통하고 미남자를 끌어들이는 등 음란했으며, 도처에 도적과 반란이 들끓어 마침내 신라가 멸망에 이르게 되었다는 것이다. 신라 하대의 혼란과 멸망의 책임이 오로지 진성여왕에게 전가되었다. 그렇지만 진성여왕에 대한 정치적 평가가 정당한 것이었는지, 여왕이라는 점 때문에 오히려 한층 폄하된 측면은 없는지를 생각해 보아야 할 것이다.

진성여왕의 통치를 살펴보면 선덕여왕과 유사한 점이 많다. 즉위 직후에 죄수를 사면하고, 주군의 조세를 감면하였으며, 황룡사에서 백좌강회를 개최하여 호국 의지를 다지는 등 대국민 위무책과 종교 행사에 깊은 관심을 가졌다. 또한 대구화상과 위홍을 시켜 《삼대목》이라는 향가집을 편찬하게 하는 등 문화 사업에도 힘썼다. 이 문헌은 지금 전해지지 않지만, 지금까지 신라 향가가 남아 있을 수 있었던 것도 진성여왕대 향가 수집에 대한 노력이 있었기 때문이 아닌가 한다.

뿐만 아니라 기울어져 가는 신라를 되살리기 위해 정치적 혁신도 꾀하였다. 가장 대표적인 것이 대당 유학생 출신인 최치원崔致遠의 등용이다. 즉위 8년에 6두품 출신인 최치원이 올린 시무 10여 조를 가납하였다는 기록은 진성여왕의 개혁 의지를 보여준다. 최치원이 올린 개혁 내용의 골자는 골품을 초월한 인재 등용과 중앙집권의 강화였을 것으로 추측하고 있다. 유교적 개혁 정치 외에도 진성여왕은 선종 불교를 적극 포섭하여 지방세력의 반발을 회유하려 하였다. '선종禪宗'은 중앙 귀족들과 깊은 관계를 가진 '교종敎宗'과는 대조적인 입장으로 지방 호족세력들로부터 환영을 받았다. 이에 진성여왕은 선종의 대표적 인물인 수철을 초빙하여 국사로 삼는 등 노력을 기울였다.

그렇지만 여러 가지 노력에도 불구하고 진성여왕의 개혁은 성공을 거두지 못하였다. 유교적 개혁 정치는 기득권을 지키려 했던 진골 귀족들의 반대에 의해 실패로 돌아갔다. 선종 세력의 포섭 역시 힘들었다. 봉림산문을 연 진경심희眞鏡審希나, 절중折中 등은 진성여왕의 초청을 거절했다. 결국 진성여왕은 즉위 10년 만에 신라 역사상 유일하게 양위를 선언하고 은퇴하게 되었다. 결과적으로 선덕여왕, 진덕여왕이 통일의 기초를 마련한 반면, 진성여왕은 개혁에 실패하면서 신라의 멸망을 막지 못한 책임을 면할 수 없다.

이러한 차이는 어디에서 비롯되었을까? 우선 시대적인 환경 변화를 들 수 있다. 정강왕이 진성여왕을 왕위계승자로 지목하면서, '천성이 총명하고 민첩하다'는 것을 이유로 들고 있는 것으로 보아, 개인적인 자질 면에서 진성여왕이 뒤떨어진다고 보기는 어렵다. 그렇지만 진성여왕이 즉위하던 신라 하대는 선덕, 진덕여왕이 즉위하던 중고기와 달리 여성의 정치 활동에 대해 부정적이었다. 선덕여왕과 진덕여왕이 즉위하던 중고기만 해도 여성들이 종교와 정치 등 공적인 무대에서 활동하던 전통이 남아 있었고, 원화나 도유나랑과 같이 관작 질서 속에서도 편입되어 활동하는 여성도 있었다. 여왕의 즉위 역시 상황에 따라서는 가능한 것으로 여겨졌다.

그러나 진성여왕이 활동하던 신라 하대는 여성의 사회적 활동에 대한 인식이 부정적이었다. 진성여왕이 즉위한 지 7개월 만에 수도 경주에 진성여왕의 정치를 비난하는 벽서壁書가 나돌았다. 즉위한 지 1년도 못 된 시점이라는 점에서 왕 개인의 정치력에 대한 평가라기보다는 여왕의 즉위 자체를 문제로 삼았던 것으로 여겨진다. 진성여왕이 즉위한 이듬해에는 공부貢賦의 수송이 중단되었다. 이에 독촉하기 위한 사절을 파견했는데, 각지에서 농민 봉기가 일어나 신라는 내란 상황에 빠지게 되었다. 정치 활동을 남성의 영역으로만 바라보던 상황에서, 진성여왕은 개인의 능력과 상관없이 국왕으로서 권위를 아예 인정받지 못했던 것이다.

뿐만 아니라 선덕여왕은 법흥왕 이후 중고기 왕실에서 지속적으로 추진되어 진평왕대 한층 강화된 왕권을 기반으로 비교적 안정된 상황에서 즉위할 수 있었다. 진덕여왕 역시 비담의 난을 진압한 뒤 김춘추와 김유신의 보좌 속에 비교적 안정된 기반을 가지고 있었다고 할 수 있다. 그에 반해 진성여왕이 즉위한 신라 하대에는 왕권이 약해져 있었다. 원성왕을 시작으로 150년간 이어지는 중앙 귀족들의 왕위쟁탈전으로 왕이 비명에 가는 일이 많은 등 왕권이 약해져 있었다. 또한 수탈과 재해로 인한 농민들의 몰락이 나타나며 사회가 혼란에 빠져 있었다. 왕권이 약화된 상황에서 여왕의 즉위는 통치력의 공백으로 인식되었다. 후삼국시대를 열었던 견훤이나 궁예의 활약이 본격화되는 것도 진성여왕대였다. 결국 중앙과 지방세력이 거의 동시에 정부에 반기를 들면서 신라는 더 이상 손을 쓸 수 없는 혼란으로 빠지고 말았다.

즉위 당시 상황 역시 차이가 있다. 선덕여왕의 경우 아들이 없는 진평왕의 후계자로서 준비기간을 거쳐 왕이 되었다. 이 과정은 여왕이 즉위할 수 있는 정치적 작업을 하는 시기이면서, 또한 국내외에서 여왕의 즉위를 자연스럽게 받아들일 수 있는 마음의 준비를 시키는 기간이기도 하였다. 그에 반해 진성여왕은 정강왕의 유언에 의해 갑자기 왕이 되었다. 이는 진성여왕이 왕으로서 훈련할 시간을 갖지 못했다는 것을 의미하면서, 대부분의 사람들에게 진성여왕을 받아들일 마음의 준비를 할 시간이 없었다는 것을 뜻한다. 어쩌면 왕의 유언에 의해 갑작스럽게 즉위한 진성여왕도 자신의 즉위를 쉽게 받아들이기 어렵지 않았을까 한다.

진성여왕의 갑작스러운 즉위는 지지세력의 부재로도 연결된다. 선덕여왕의 경우 후계자를 거치는 동안 다각적으로 지지세력을 형성할 수 있었다. 반대세력은 대부분 숙청하거나 포섭을 하였다. 지지세력들은 즉위 시 선덕여왕을 추대했던 '국인'의 실체로서, 이후 통치 과정에서 안정적인 후원세력이 되었다. 진덕여왕 역시 즉위에서부터 통치기간 내내 김유신과 김춘추라고 하는 지지세력이 기반으로 있었다. 그에 반해 진성여왕은 정강왕의 유언으로 갑작스럽게 왕이 된 터라 지지세력을 형성할 시간적인 여유를 가지지 못했다.

지금까지 진성여왕의 실정으로 신라가 멸망했다고 보는 시각 가운데 하나로 진성여왕의 음난을 지적하고 있다. 음난의 대표적인 사례로 각간 위홍과 정을 통했다는 것이며, 위홍이 죽은 뒤에 미남자를 가까이 했다는 것이다. 각간 위홍은 경문왕의 아우로 진성여왕에게는 삼촌이 되는 인물이다. 《삼국유사》〈기이편〉에는 유모의 남편으로, 진성여왕과는 정인의 관계인 것으로만 그려져 있다. 그러나 같은 책 왕력편에는 진성여왕의 배필로 그려져 있다. 또한 《삼국사기》〈신라본기〉에는 위홍이 죽은 뒤에 진성여왕이 혜성대왕이라는 칭호를 내렸다고 하였다. 단순히 상대등이라는 신분이나 진성여왕의 정인 자격으로 대왕을 책봉할 수는 없었을 것이다. 실제 신라 왕실에서는 근친혼이 흔했으며, 특히 삼촌 간의 혼인 사례는 쉽게 찾아볼 수 있는 점에서, 위홍은 진성여왕의 정식 남편이었을 가능성이 있다.

정강왕이 진성여왕의 즉위를 유언한 이면에는 바로 자신들의 삼촌이자 진성여왕의 남편인 위홍이 진성여왕을 잘 보필해 줄 것이라는 기대도 있지 않았을까 한다. 그러나 위홍은 진성여왕 즉위 2년 만에 죽음을 맞이하게 된다. 별다른 지지 기반이 없는 상황에서 개인적으로 의지하고 있던 위홍의 죽음은 진성여왕의 통치에 타격을 줄 수밖에 없었다. 진성여왕은 위홍이 죽은 후 소년 미남자를 불러들여 요직을 주어 국정을 맡겼다고 한다. 진성여왕이 음란한 증거로 인용되는 이 자료는 오히려 위홍 사후에 새로운 정치적 지지세력을 모색한 것으로 해석할 수 있다. 그렇지만 진성여왕은 지지세력을 결집하는 데 실패하면서 더 이상 왕위를 유지하지 못하고, 신라 역사상 유일하게 중도에 양위하고 말았다.

지금까지 여왕들의 통치를 살펴보면 여왕 개인의 능력보다는 '여성이 왕이 되었다'고 하는 사회적 편견으로 인한 통치 능력에 대한 불신이 한계로 작용하였음을 알 수 있다. 선덕여왕의 경우 여성의 정치 활동에 대해 비교적 개방적인 신라의 사회적 분위기로 인해 왕이 될 수 있었다. 그러나 이미 가부장적인 사회 질서가 자리 잡힌 중국으로부터 '여왕'이라는 끊임없는 문제제기에 부딪혀야 했다. 진덕여왕 역시 즉위 과정에서 '여자 임금은 잘 다스릴 수 없다'고 하는 비담의 반대에 부딪쳐야 했다. 이러한 불신은 신라 하대 진성여왕의 즉위에 최고조로 달했다. 진성여왕은 개인의 역량과 개혁의지가 있었음에도 불구하고 '여왕'이라는 이유만으로 국왕으로서의 권위를 인정받지 못하고 지배층 내부의 반발과 지방민들의 반란에 직면해야 했다.

결국 여성이 통치력을 발휘할 수 있으려면 개인적인 능력 외에 여러 상황 혹은 조건이 뒷받침되어야 함을 알 수 있다. 특히 여성의 정치적 활동에 대해 사회적으로나 시대적으로 어떻게 받아들여지느냐에 따라 좌우될 수 있다. 선덕여왕의 경우 여성의 정치 활동을 비교적 자연스럽게 받아들이는 상황에서 개인적인 능력을 발휘할 수 있었다. 그러나 진성여왕의 경우 시대적인 변화와 함께 사회적으로 여왕의 즉위 자체를 부정하는 상황에서 전혀 개인적인 능력을 발휘할 수 없었다. 물론 여성이라고 하는 성별을 떠나 통치자로서의 준비와 지지세력 형성 여부 등 정치적 요인도 승패를 좌우했을 것이다.

사료 1.

선덕왕이 왕위에 올랐다. 이름은 덕만德曼이고, 진평왕眞平王의 맏딸이다. 어머니는 김씨金氏 마야부인摩耶夫人이다. 덕만은 성품이 너그럽고 어질며, 총명하고 민첩하였다. 왕이 죽고 아들이 없자 나라 사람들이 덕만을 왕으로 세우고 성조황고聖祖皇姑의 칭호를 올렸다. 앞 임금 때 당唐나라에서 가져온 모란꽃의 그림과 꽃씨를 덕만에게 보였는데, 덕만 이 말하기를 "이 꽃은 비록 아름답기는 하지만 틀림없이 향기가 없을 것입니다"라고 하였다. 왕이 웃으면서 말하기를 "네가 그것을 어떻게 아느냐?"라고 하자 [덕만이] 대답하기를 "꽃을 그렸으나 나비가 없는 까닭에 그것을 알았습니다. 무릇 여자가 뛰어나게 아름다우면 남자들이 따르고, 꽃에 향기가 있으면 벌과 나비가 따르기 마련입니다. 이 꽃은 무척 아름다운데 그림에 벌과 나비가 없으니, 이는 향기가 없는 꽃임에 틀림이 없습니다"라고 하였다. 그것을 심으니 과연 말한 바와 같았는데, 미리 알아보는 식견이 이와 같았다.《삼국사기》 권5 〈신라본기〉 5 선덕왕 즉위조)

사료 2.

진덕왕이 왕위에 올랐다. 이름은 승만勝曼이고, 진평왕眞平王의 친동생인 국반國飯【또는 국분國芬이라고도 하였다.】 갈문왕의 딸이다. 어머니는 박씨朴氏 월명부인月明夫人이다. 승만은 생김새가 풍만하고 아름다웠으며, 키가 일곱 자였고 손을 내려뜨리면 무릎 아래까지 닿았다.《삼국사기》 권5 〈신라본기〉 5 진덕왕 즉위조)

사료 3.

여름 5월에 왕이 병이 악화되자 시중 준흥에게 말하기를 "내 병이 위독해 다시 일어나지 못할 것이 틀림없는데, 불행하게도 대를 이을 아들이 없다. 그러나 누이동생 만曼은 천품이 명민하고 골격이 흡사 장부와 같으니, 그대들은 마땅히 선덕왕과 진덕왕의 옛일을 본받아서 왕으로 세우는 것이 좋겠다"라고 하였다.《삼국사기》권11 〈신라본기〉 11 정강왕 3년조)

사료 4.

진성왕이 왕위에 올랐다. 이름은 만曼이고 헌강왕의 누이동생이다.【《최치원문집》제2권의 사추증표謝追贈表에는 "신臣 탄坦은 아룁니다. 엎드려 칙지를 받자오니 죽은 아버지 신 응凝을 추증해 태사太師로 삼고, 죽은 형 정晸을 태부太傅로 삼았습니다."라고 하였고, 또 납정절표納旌節表에는 "신의 맏형 국왕 정이 지난 광계光啓 3년(887) 7월 5일에 갑자기 성스런 대를 잇다 죽었습니다. 신의 조카 요嶢는 태어난 지 아직 돌도 되지 않았는지라, 신의 둘째 형 황晃이 임시로 나라를 다스리던 바, 또 1년도 넘기지 못하고 멀리 세상을 떠났습니다"라고 하였다. 이로써 말하자면 경문왕의 이름은 응凝인데 본기에는 응렴膺廉이라 하였고, 진성왕의 이름은 탄坦인데 본기에서는 만曼이라 했다. 또 정강왕 황晃은 광계 3년에 죽었는데 본기에는 2년에 죽었다고 하니, 모두 어떤 것이 옳은지 알 수 없다.】《삼국사기》권11 〈신라본기〉 11 진성왕 즉위조)

정용숙, 〈신라의 여왕들〉, 《한국사 시민강좌》 15, 일조각, 1994

신라의 세 여왕이 어떻게 즉위하게 되었는지 정치 사회적 배경을 검토했다. 또한 통치자로서 세 여왕이 어떤 특징과 공과가 있는지, 여왕 통치에 대한 의식이 어떻게 변화되었는지 등을 살피며 통치자로서 여왕을 적극적으로 해석해 냈다.

김선주, 〈피장자 성별문제를 통해 본 신라 적석목곽분 사회의 성격〉, 《한국 고대의 고고와 역사》, 학연문화사, 1997

적석목곽분이라고 하는 신라의 독특한 묘제에서 출토된 출토 유물을 분석하여 신라에서는 장신구류, 무구류, 마구류 등 유물의 종류가 성별에 따라 편중하여 부장하지 않았으며, 성별을 반영한 특정 유물 부장도 이루어지지 않았다는 것을 밝혔다. 이는 중국의 경우 신석기 말기부터 유물 부장에서 성별에 따른 분화의식이 뚜렷하며, 적석목곽분과 동시대에 조영된 백제 무녕왕릉에서도 출토 유물에서 왕과 왕비의 차이가 뚜렷하게 나타난다는 점과 비교되는 현상으로, 우리 역사상 왜 신라에만 여왕이 있었는지에 대한 문제의식에 실마리를 제공한다.

조범환, 《우리 역사의 여왕들》, 책세상, 2000

신라에만 존재했던 세 여왕이 어떻게 왕위를 계승하고 각 여왕들의 통치적 특징은 무엇이었는지에서부터 여왕들에게 남편과 자녀들은 있었는지, 신라에만 여왕이 있었던 이유는 무엇인지, 오늘날 신라의 여왕이 가지는 의미는 무엇인지 등 일반 대중들이 흥미를 가질 수 있는 주제를 중심으로 신라의 여왕에 대해 다각도로 접근한 안내서이다.

어느
고려부인의 일생

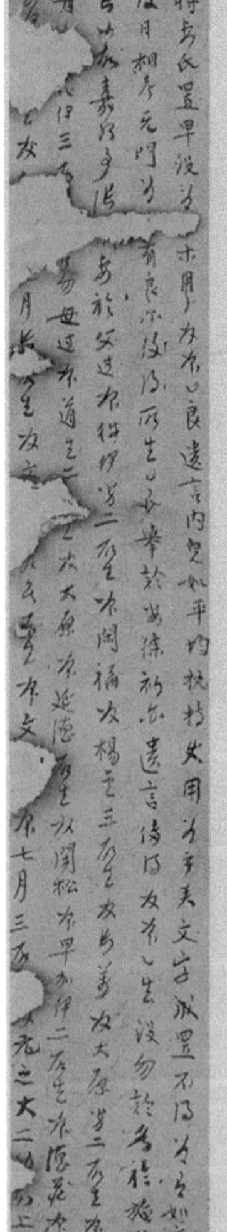

고려시대 혼인의 의미

혼인은 예나 지금이나 여성의 삶에서 매우 중요한 전환점이다. 특히 전근대 여성들은 사회 활동을 할 수 없었기 때문에 혼인이야말로 일생일대의 대사건이었다고 할 수 있다. 그런데 혼인의 연령이나 제도, 혼인 뒤의 삶 등은 시대마다 다르다. 고려 중기 염경애廉慶愛(?~1146)라는 여성이 있었다. 그녀가 죽자 관리였던 남편은 슬퍼하며 그녀의 묘지명을 썼다. 묘지명이라면 죽은 이의 일대기를 돌 같은 데 적어 무덤 속에 함께 넣어 주는 글이다. 묘지명에는 한 인간의 출생과 죽음·가문·가족관계·업적 등이 기록되어 있어 공식적인 역사서로는 알 수 없는 개인에 대한 귀중한 정보를 제공해 준다. 이 글에서는 묘지명을 중심으로 염경애라는 한 여인, 나아가서는 고려시대 여성의 일상적인 삶에 가까이 가 보려 한다.

25세에 급제자와 혼인

염경애는 봉성 염씨로 당대의 명문가에서 태어났다. 아버지(염덕방)와 할아버지, 외할아버지 등이 모두 고위 관직을 역임했으며, 그녀의 형제들도 다 관리이거나 학생이었다. 그녀의 어머니 의령군대부인 심씨(?~1162)는 총명하고 부지런하며 검소한 사람으로 아내와 어머니로서 여성의 일에 소홀함이 없었다. 어머니의 교육 덕분인지 염경애 형제들은 모두 재주 있고 현숙하다는 칭찬을 들었다. 그녀는 4남 2녀 중 맏딸이었는데, 용모가 아름답고 성격이 신중하였다. 또 글을 알아 의리에 밝았을 뿐 아니라 일솜씨와 행동도 남보다 뛰어났다.

그녀는 25세에 수주水州(지금의 수원) 지방의 향리 아들인 최루백崔婁伯(?~1205)과 혼인했다. 25세라니! 영화나 드라마에서 꼬마 신랑과 꼬마 신부를 흔히 보아 왔던 우리로서는 상당히 의아하다. 혹시 이것이 굉장히 특이한 경우는 아니었을까? 고려시대 여성들은 보통 몇 살에 혼인을 했을까? 사료에 보면 고려 전기의 여성들은 보통 15세에서 18

세 사이에 혼인을 했지만 24~25세의 만혼도 드물지 않았다. 예컨대 강릉군대부인 김씨(?~1148)는 24세에 혼인을 했는데, 그녀는 본래 신라 왕족이던 강릉 김씨 출신으로 아버지는 재상을 지냈으며, 어머니는 명문 수주 최씨 가문의 딸이다. 그녀는 사학 설립으로 유명한 해동공자 최충의 증손자 최용과 혼인했다. 역시 24세에 윤언영과 혼인한 하원군군 유씨(?~1117)는 숙종의 왕비인 명의태후의 동생이다. 이처럼 고려 최고 명문가의 딸들이 만혼을 한 것으로 나타난다.

이들의 혼인이 늦은 이유는 무엇일까? 가장 큰 이유는 혼인 상대를 구하기가 쉽지 않았다는 점일 것이다. 고려시대에는 혼인을 같은 계층끼리 했음은 물론이고, 거기에 더하여 세밀하게 가격家格을 따졌다. 이에 귀족 가문의 딸은 조건만 맞으면 10대에 혼인했지만 적합한 조건을 갖춘 상대를 찾지 못하면 20대를 훌쩍 넘기는 일도 비일비재했던 것 같다. 게다가 이 시기 승려 지망자가 많았다는 점도 배필을 구하는 데 어려움으로 작용했을 수 있다. 묘지명을 보면 대부분의 귀족 가문에서 적어도 한 명 이상의 아들이 승려가 되었으며, 승려였다가 환속해 혼인하는 경우도 있었다. 이는 혼인 대상 성비의 불균형을 가져왔을 뿐 아니라 남성의 혼인 연령을 높이는 역할도 했을 것이다. 예컨대 환속한 해주 최씨 가문의 최윤의(1102~1162)는 29세에 21세의 광양 김씨 가문 여성과 혼인했다.

아울러 불교에서 혼인을 반드시 해야 한다고 강조하지 않았다는 점과 순수한 부계 혈통으로 가문의 대를 이어야 한다는 관념이 희박했던 점 등도 혼인 연령을 늦추는 원인으로 작용했을 것이다. 불교에서는 혼인을 사적인 일로 간주해, 신도들에게 혼인을 하라거나 독신으로 순결한 생활을 하라는 등의 강요를 하지 않는다. 또 불교에서는 출생을 윤회설이 바탕이 된 계층별 환생설로 설명한다. 곧 전생의 업보에 따라 현재의 신분별 존재가 생겼으며, 다시 현생의 업보로 내세의 존재가 규정된다는 것이다. 그런데 업보는 개인의 것이므로 불교는 기본적으로 가족주의적이 아니라 개인주의적이다. 즉 '현재의 나'를 있게 한 것은 '조상 덕이 아니라 전생의 내 덕'인 것이다. 그러니 가문 의식과 대를 잇기 위한 혼인의 필요성이 적을 수밖에 없다. 이 때문에 심지어는 독신으로 살다가 죽은 사람들조차 있었다. 예컨대 인종의 외손녀인 왕영의 딸 왕씨(?~1186)는 혼인하지 않고 아버지를 정성으로 섬기며 불교를 독실히 믿다가 36세에 병으로 죽었다. 또 예종 때 관리 곽여(1058~1130)는 어릴 때부터 마늘이나 파 등 불교에서 금하는 오신채五辛菜를 먹지 않았고, 평생 혼인하지 않았다.

다시 염경애의 이야기로 돌아가 보자. 그녀는 25세에 시골의 향리 아들 최루백과 혼인했다. 남부러울 것 없는 당대의 명문가 딸이 왜 이런 혼사를 맺었을까? 최루백에게 어떤 특별한 점이라도 있었는가? 최루백에게 있어 특기할 점이라면 과거급제자라는 것과 그가 대단한 효자라는 점이다. 우선 과거급제 문제에 대해 살펴보면, 고려시대에 관리가 되는 데는 과거와 음서蔭敍 두 가지 방식이 있었다. 그런데, 음서의 경우 기회도 많았고, 또 음서로 관직에 나가도 승진에 제한을 두지 않았다. 과거시험을 치르지 않아도 관직 생활을 하는 데 전혀 지장이 없었던 것이다. 그러나 과거급제는 영예였으며, 당사자의 실력이 공인되는 계기였다. 당시 사람들이 선호하던 문한직文翰職에도 급제자들이 일차적으로 임명되었다. 급제는 선망의 대상이었고, 이에 음서로 관직에 나가서도 계속적으로 과거에 도전하는 사람들이 많았다.

혼인 대상으로 과거급제자를 선호했다는 것은 사윗감을 고를 때 좋은 집안 출신이라는 점 못지않게 그의 장래성을 고려했다는 이야기가 된다. 그리고 사위의 장래성은 단순히 '내 딸이 무능한 남편 만나서 고생하지 않는다'는 차원이 아니었다. 고려시대의 친족제도는 '양측적 친속兩側的親屬'이라 하여 친가뿐 아니라 처가와 외가도 상당히 중시되었다. 음서와 공음전시功蔭田柴 혜택이 사위와 외손주에게도 주어졌으며, 사위나 외손주의 공으로 장인이나 외할아버지가 상을 받기도 했다. 즉 사위의 출세는 아들의 출세와 마찬가지로 '가문의 영광'에 기여할 수 있었던 것이다. 목은 이색(1328~1396)이 14세의 나이로 과거에 급제하자 여러 문벌에서 사위로 삼기 위해 혼인 전날까지 다투었다는 일화는 당시 사람들의 급제자에 대한 선호도를 잘 말해 준다.

이 때문에 간혹 지방의 한미한 가문 출신자가 과거에 합격한 뒤 귀족의 사위가 되어 사회의 최상층에 진입하는 경우도 생겨났다. 귀족들은 능력 있는 인재를 사위로 삼아 가문의 성세를 더하려 했고, 가난한 천재들은 처가의 배경이 자신과 자식들에게 유리하게 작용할 수 있다는 사실을 잘 알고 있었다. 대표적인 사례로 들 수 있는 사람이 정목鄭穆(?~1105)이다. 그는 동래군의 향리 집안 출신으로, 18세에 서울에 단신으로 유학해 과거에 급제하여 이름이 나자 고위 관료였던 고익공이 사위로 삼았다. 그때 그의 나이는 무려 32세였다. 정목은 3품직까지 승진했고, 아들 4명 가운데 3명이 과거에 급제하자 그의 집안은 개경의 중앙 관료 집안으로 자리 잡았다. 그의 손자대에 이르러 이 집안은 당대의 명문이던 강릉 왕씨, 정안 임씨, 철원 최씨 집안과 혼사를 맺으며 귀족 가문으로 발돋움한다.

최루백이 염경애와 혼인할 수 있었던 것은 일차적으로 급제자라는 점 때문이었지만, 또 하나는 그가 당대에 유명한 효자였다는 점이다. 수원의 향리였던 그의 아버지 최상저는 사냥을 갔다가 호랑이에게 물려 죽었다. 이때 최루백의 나이 15세였는데, 도끼를 들고 산에 올라가 아버지를 잡아먹은 호랑이를 찾아 냈다. 그러고는 호랑이를 잡아 배를 가른 뒤 호랑이 고기는 항아리에 담아 개울 바닥에 묻고, 아버지의 뼈와 살점은 골라 모아 그릇에 넣어 매장하였다. 최루백은 그 곁에 여묘를 세우고 3년간 묘소를 지켰다. 거상이 끝난 뒤 그는 묻었던 호랑이 고기를 꺼내서 다 먹었다. 그 뒤 과거시험 준비를 하여 급제했다. 그의 이야기는 《고려사》 〈효우전〉에도 실려 있고, 조선시대에 들어와 《삼강행실도三綱行實圖》 같은 책에도 고려를 대표하는 효자로 수록되어 있다. 이에 최루백은 급제자일 뿐 아니라 당시 사회에서 중요시하던 가치관인 효를 실천한 사람, 즉 '건전한 가치관을 가진 전도유망한 청년'이라는 점에서 비록 한미한 집안 출신이었지만 봉성 염씨 집안의 사위가 될 수 있었다.

남자에게 급제자라는 것이 혼인 시 장점으로 작용할 수 있었다면, 여자에게는 어떤 요소가 강점이 될 수 있었을까. 좀 뒷시기이지만 원간섭기의 학자였던 윤택은 며느리를 구할 때 최씨녀(?~1381)가 성품이 어질며, 추운 겨울 더운 여름에도 여공女功을 쉬지 않으며 또 아우에게 가문의 명성을 떨어뜨리지 말라고 당부한다는 소문을 듣고 "내 아들의 배필이 되기에 충분하다"며 맞아들였다. 즉 여성의 경우는 집안 배경 외에 성품과 솜씨를 고려하였다 할 수 있다.

장가드는 남자, 시집에 가지 않는 여자

최루백과 혼인한 염경애는 어디에서 살았을까. 그녀가 혼인했을 때 시아버지는 이미 돌아가셨고, 홀시어머니만 계셨다. 염경애가 수원으로 가서 남편과 함께 시어머니를 모셨을까? 그렇게 볼 수는 없다. 고려시대의 관인들은 지방관으로 부임한 경우를 빼놓고는 모두 개경에서 살았다. 고려시대에 개경은 정치·경제·사회·문화의 중심지였다. 개경을 떠나 고향으로 돌아가는 것은 이 모든 것에서 소외됨을 의미했다. 고려시대에는 '귀향형歸鄕刑'이라는 독특한 처벌이 있었다. 주로 관인

《삼강행실도》 중 〈효자도〉:
세종 때 만들어진 《삼강행실도》 〈효자도〉에 최루백의 효행 사례가 그림과 함께 실려 있다.

들이 죄를 지었을 때 적용하던 처벌로 죄인을 자신의 연고지로 돌려보내는 것이었다. 즉 지배층들에게 있어 개경을 떠난다는 것은 곧 형벌을 의미했다. 때문에 염경애 부부는 틀림없이 개경에서 살았을 것이고, 이 경우 염경애의 친정에 들어가 살거나 분가하는 두 방식을 생각해 볼 수 있다. 그러나 묘지명에 보면 염경애가 홀시어머니에게 효도를 다했다는 최루백의 회상이 이어짐을 볼 때, 이들 부부가 홀시어머니를 모시고 독립된 가정을 꾸렸던 것으로 보인다.

한국여성사 깊이 읽기

일반적으로 고려의 혼인 풍속에 대해서는 '처가살이'가 많이 언급된다. 즉 고려의 혼인풍속은 서류부가혼婿留婦家婚, 남귀여가혼男歸女家婚 또는 솔서제率婿制라 하여, 여성이 혼인 뒤에도 친정에서 계속 살다가 나중에 시집으로 갔다. 이곡李穀(1298~1351)은 원나라에 올린 공녀貢女 폐지 상소문에서 "남자가 차라리 본가에서 따로 살지언정 여자는 집을 떠나지 않는 게 고려 풍속"이라고 하였다. 그러나 혼인한 부부가 처가에 머무는 기간은 일정하지 않았다. 혼례식을 처가에서 올리고 계속 처가에서 거주하다가 나중에

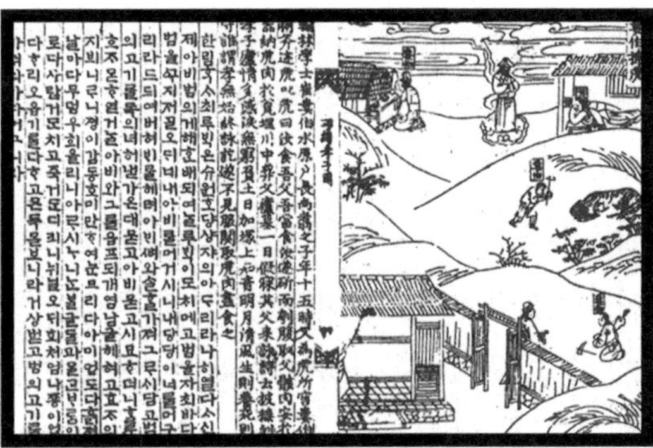

신랑 집으로 가기도 하고, 처가에 있다가 남편의 벼슬 등을 이유로 분가하기도 했으며, 시집이나 제3의 장소에서 살다가 나중에 처가 지역으로 이주해 장인·장모를 부양하기도 했다. 여기에는 양가의 경제력이나, 형제자매의 수 등이 영향을 미쳤던 것으로 보인다. 예컨대 외아들이면 상대적으로 시집에 빨리 가고(혹은 빨리 시부모를 모시고), 무남독녀는 거의 친정에서 살기도 했다. 그러나 어떤 경우든지 여자 집에서 혼례식을 올리고 얼마간이라도 머무른 뒤 이후의 거취를 결정했

다. 이는 혼례식을 남자 집에서 올리고, 혼인 첫날부터 시집살이를 하는 중국의 풍속과는 정반대였다. 염경애 부부는 남편이 다른 형제가 없고, 벼슬살이를 했으며, 홀시어머니였던 점 때문에 일찍부터 시어머니를 개경으로 올라오시게 해 모셨던 것으로 보인다.

고려시대 혼인 뒤 거주의 특징을 잘 보여주는 것으로 무남독녀의 사례를 하나 들어보겠다. 여흥군부인 민씨(?~1379)는 고려 말 문신 민사평(1295~1359)과 언양군부인 김씨(?~1374)의 무남독녀로 신라 경순왕의 18세손인 김묘와 혼인하여 3남 9녀를 낳았다. 그녀의 장남 제민(혹은 구용)은 이색의 친구로 함께 성균관에 있었다. 제민이 학생들을 가르치고 난 여가에 매일 조용한 곳에 가서 시를 한 장씩 쓰고 아무리 더워도 중단하지 않는 것을 보고 이색은, "그가 외가에서 나서 자라 외조부를 알고 사모함이 깊었고, 성품이 문묵文墨을 좋아했기 때문에 이처럼 태만하지 않은 것 같다"고 언급하였다. 또 제민은 외조모의 묘지명을 이색에게 부탁하면서 외조모가 늘 손녀들에게 "남편 섬기는 예는 오직 공경하는 마음 하나로만 할 것이며 의복과 음식에 이르기까지 반드시 정결하게 하되 오직 그때에 알맞도록 하면 될 것이다"라고 가르쳤음을 술회하였다. 즉 제민의 어머니는 자식들과 함께 친정에서 살았던 것이다. 그녀는 1361년에 홍건적을 피해 영남으로 피난할 때 어머니를 모시고 갔다가 어머니가 여흥에 머물자 함께 살며 잘 섬겼다. 어머니가 돌아가신 뒤 그녀의 아들과 사위가 서울로 올 것을 청했으나 서울로 가면 어머니 무덤을 돌보지 못한다며 끝내 여흥을 떠나지 않았다.

무남독녀가 아니라도 친정에서 산 사례도 있다. 위에서 예로 든 여흥군부인 민씨의 외할아버지 김륜(1277~1348)의 경우도 그렇다. 1290년에 합단(거란족의 일종)이 고려로 쳐들어오자 나라에서는 다시 수도를 강화로 옮기려 했다. 김륜의 외할아버지(허공)가 당시 수상이었으므로, 김륜에게 명해 가족들을 이끌고 먼저 피난을 가게 했다(김륜의 아버지 김변도 고위 공직자였다). 그때 김륜의 나이 14세였는데, 지시하고 가르치는 것이 어른 같아 온 집안이 믿고 의지했다 한다. 이를 통해 볼 때 김륜은 14세에도 외갓집에서 살고 있었음을 알 수 있다. 김륜의 어머니는 장녀였지만 무남독녀가 아니었다.

이처럼 여성들이 혼인 뒤에도 친정에서 사는 경우가 많다 보니 고려시대에는 처가나 외가와의 관계가 매우 밀접했다. 전근대시대 친족의 멀고 가까움은 상복제喪服制에서 잘 나타나는데, 고려에서는 외조부모나 장인·장모의 상복이 모두 1년으로 친조부모와 같았다. 중국이 친조부모는 1년, 외조부모는 5개월, 장인·장모는 3개월인 것과 비교할 때 그 친밀도가 어땠을지 더욱 잘 짐작할 수 있다. 또 가족 구성도 부계만이 아니라 처계나 모계 등 다양한 계보의 친척들이 포함되었다. 예컨대 고아가 된 아이의 경우 할아버지 집에서 크기도 했지만 이모 집이나 매부 집에서 자란 사례도 보인다. 또 처제의 딸을 기르는가 하면 시집갔다가 과부가 된 동생을 데리고 사는 언니도 있었다. 앞서 말했듯이 고려의 친족제도를 '양측적 친속'이라 하는데, '비단계적 부계우위非單系的 父系優位'라는 용어를 쓰는 사람도 있다.

이러한 혼인과 가족제도 아래에서 여성의 삶은 어떠했을까? 우선 여성은 혼인 뒤 꼭 시집에 갈 필요가 없고 친정 부모를 모실 수도 있었으니 '출가외인出嫁外人'이라는 관념이 적었을 것이다. 그리고 남편

과의 관계도 시집에 들어가 살 때에 비해서는 덜 일방적이었을 것이
다. 이에 삼봉 정도전은 여자들이 친정에서 혼인 생활을 하기 때문에
자기 부모 세력을 믿고 남편을 무시하고 교만하게 군다며 혼인 풍속
을 중국처럼 시집살이 형태로 바꾸자고 주장할 정도였다. 또 혼인 뒤
에도 부모를 모시는 등 딸도 아들 못지않은 소임을 할 수 있었기 때문
에 고려시대에는 상대적으로 남녀 차별이 심하지 않았다고 할 수 있
다. 그래서 자식을 호적에 기재할 때도 아들을 먼저 쓰고 딸을 나중에
기재하는 것이 아니라 출생 순서대로 기재했다. 장성한 아들이 있어
도 어머니가 호주가 되기도 하였다. 《여주 이씨 소릉공 파보》에 실려
있는 낙랑군부인 최씨 호구 자료는 이러한 사실을 잘 보여준다. 자료
에 따르면 최씨는 경주 사람으로 여주 이씨 집안에 시집왔다. 호구 자
료에는 그녀가 호주로 기재되고, 그녀의 부·조·증조·외조가 실려 있
다. 남편의 부·조·증조·외조 역시
기록되어 있으며 남편은 사망한 것
으로 되어 있다. 자식으로 32세, 28
세, 24세, 19세 아들이 관직명과 함
께 등재되어 있다.

낙랑군부인 최씨 호구 자료:
이우성 소장 여주 이씨 세보에 수록. 충숙왕
2년(1333)에 작성되었으며, 장성한 아들이
있어도 어머니가 호주가 되었음을 보여주는
사례이다.

묘지명에 보이는 여성의 이름도 이와 관련이 있지 않을까 여겨진다. 전근대시대에 여성들은 사회 활동을 할 수 없었으므로 여성의 이름은 의미가 없다. 어릴 때 집에서 부르다가 혼인하면 '아무개의 부인'이나 '아무개의 어머니'로 불렸으며, 귀족 여성들의 경우에는 '여흥군부인 민씨'처럼 그녀에게 주어진 벼슬이름에 성씨를 붙여 표현했다. 염경애도 '봉성현군 염씨'이다. 따라서 여성의 이름이 남아 전하는 경우는 상당히 드물다. 그런데, 염경애 집안의 경우 여성들의 이름이 잘 기록되어 있다. 염경애의 동생은 정애貞愛, 어머니 심씨의 이름은 지의志義, 염경애의 두 딸은 귀강貴姜과 순강順姜이다. 여성의 이름을 묘지명에 기록했다는 것은 이 시대 여성이 상대적으로 '누구의 아내' '누구의 어머니'라는 것에 완전히 매몰되어 있지 않았음을 말해 주는 것이 아닐까. 물론 이 시대 여성들에게도 사회 활동은 허락되지 않았고, 여러 법제적인 규정들을 살펴봐도 여성보다는 남성이 우위에 있었다. 그렇지만 이 시대 사람들은, 아들과 딸을 출생 순서대로 기록하던, 꼭 그 정도의 감성으로 여성의 이름을 묘지명에 남겼던 것이 아닐까 여겨진다.

남녀동등의 제사 문화와 여성들의 이식 행위

혼인한 염경애는 어떻게 살았을까? 사실 전근대 여성들에게 요구되던 덕목이나 그녀들이 한 일은 거의 대동소이하다. 부모에게 효도하고, 남편 내조 잘 하며, 자식을 잘 기르는 것, 그리고 일가친척과 우애 있게 지내며, 제사를 받들고, 살림을 잘 운영해 나가는 것이다. 이는 불교나 유교, 동양이나 서양 모두에서 요구되던 것이라 하겠다. 그렇지만 그 세부적인 내용을 보면 차이가 없다 할 수 없다. 염경애의 사례를 통해 고려시대 여성의 삶의 특징을 알아보자.

우선 염경애는 혼인한 뒤 홀시어머니를 효성으로 봉양했다. 남편이 역사에 길이 남을 효자였던 만큼 그녀 역시 시어머니의 뜻을 미리 알아 하고자 하는 바를 받들었으며, 시아버지의 제사에도 정성을 다하였다. 평소 부지런히 길쌈을 하여 옷을 만들어 두었다가 제삿날 혼령에게 이를 바쳤고, 승려들에게는 손수 지은 버선을 시주하였다. 남편 최루백은 그녀의 묘지명을 쓰면서 특히 이 일을 가장 잊을 수 없다고 이야기하고 있다. 여기서 주목해야 할 것은 고려시대 제사의 특징이다. 이때의 제사는 조선처럼 장남의 집에 사당을 만들고 부계 친척들이 모여 지내는 방식이 아니라 주로 절에서 재齋를 지내는 형태였다.

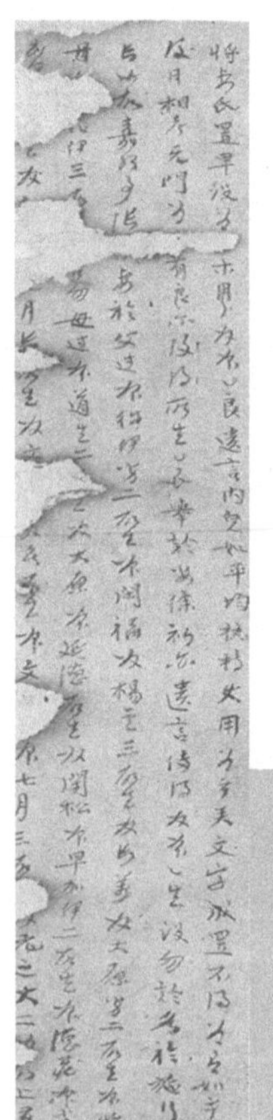

신씨자매 노비 분집 문기:
조선 태종 때 작성되었지만 그 전 유언에 의해 만들어져
고려시대의 재산상속과 소유에 대한 관행을 보여준다.
세 자매에게 상속된 노비가 아버지 소유였는지
어머니 소유였는지가 명확히 기록되어 여성이 재산을
상속받았음은 물론 혼인 뒤에도 재산 소유권이
여성에게 있었음을 보여준다.

한국여성사 깊이 읽기

또 제사의 대상도 부계 조상 4대까지 지내는 것이 아니라 부모와 처부모, 더 나가야 조부모와 외조부모 정도였다. 공양왕 때에야 증조부모 기일에 제사 지내라는 명령이 보인다. 즉 고려시대의 제사는 부계 직계의 수직적인 것이 아니라 수평적인 형태였다고 하겠다. 이는 여성들에게 어떤 의미를 가지는가?

제사를 절에서 지낸다면, 가장 중요한 것이 비용 문제일 것이다. 고려시대 인들은 제사 비용을 누가, 어떻게 마련했을까? 예컨대 남원군부인 양씨(?~1156)의 경우는 남편 김공칭과 함께 1131년 천신사에 별전別殿을 창건하여 대장경 5천여 권을 만들어 봉안하고, 미곡을 희사하여 그 이자로 불공을 드리는 비용을 쓰게 했다. 즉 부부가 함께 제사 비용을 마련했던 것이다. 여기서 '남편과 함께'라는 말은 그저 관용적인 표현이 아니다. 고려시대에는 절에 시주한 토지나 노비, 물품 등에 일일이 남편 소유인지, 부인 소유인지 명시하고 있다. 이 외에 자녀들이 공동으로 기일보忌日寶를 만들어 제사 기금을 마련하거나 자녀들이 돌아가며 제사 비용을 대는(제사를 모시는) 윤행輪行 형태도 있었다. 이것은 제사에 대한 권리와 의무가 남녀동등이었음을 말해 주는 것이다. 그리고 이는 당시 사회가 부계 조상을 특별히 강조하지 않았으며, 여성과 남성에게 동등한 몫을 상속했었던 데서 비롯된 것이라 하겠다. '제삿밥이라도 얻어먹으려면 꼭 아들이 있어야 한다'는 생각은 적어도 고려시대에는 통하지 않았던 셈이다. 또한 절에서 제사를 지내면서 여성들은 어느 정도 제사와 관련한 노동에서도 벗어날 수 있었다.

남편에 대해서는 어떠하였을까? 최루백은 그녀가 '아내의 도리를 부지런히 했다'고 말한다. 자신이 지방관으로 나갔을 때는 먼 길을 함께했고, 군사관계 일에 종사할 때는 여러 차례 군복을 지어 보내 주었다 했다. 또 자신이 왕의 측근에서 일할 때는 있는 것 없는 것 다 털어 음식을 만들어 보내 주기도 하는 등 23년간의 일을 일일이 다 기록할 수가 없다고 회상하고 있다. 그녀의 남편에 대한 내조의 성격을 가장 잘 보여주는 것은 다음의 일화이다. 1145년 봄에 최루백이 정6품직으로 승진했다. 그녀는 "우리의 가난한 살림이 구제되겠다"며 기뻐했다. 남편이 "간관諫官은 녹만 먹는 자리가 아니다"라며 나무라자 "단 하루만이라도 당신이 전각의 섬돌에 서서 임금과 시비를 다툰다면 비록 가시나무 비녀를 꽂고 베옷을 입고 삼태기를 이고 살아간다 해도 마음이 기쁘겠습니다"라고 대답했다. 즉 남편이 신하로서, 관리로서 올바른 도리만 다해 준다면 자신은 어떤 어려움도 참고 견딜 수 있다는 것이다. 다른 여성의 묘지명에도 '남편을 의義로서 섬겼다'는 표현이 많이 보이는데, 바로 이를 말하는 것이라 하겠다. 남편이 관리로서 떳떳함과 청렴함을 유지할 수 있게 하는 것, 이것이 고려시대 여성의 이상적인 내조였다.

또 그녀는 자식들이 마음 놓고 공부할 수 있게 환경을 조성해 주고자 하였다. 어느 날 그녀는 남편에게 "저는 자식들이 글만 읽고 일은 하지 않는 것이 좋다고 생각합니다. 그러나 제가 살림을 주관하는 사람으로서 의식을 맡아 힘써 하려고 하여도 되지 않는 것이 있습니다. 혹 제가 죽은 뒤 자식들이 많은 녹을 받아 무엇이든지 뜻대로 된다면 이 어미를 재간이 없다고 여기고 가난한 살림을 꾸려 가느라 고생한 것을 잊지는 않을까요?"라고 말하며 긴 한숨을 내쉬었다. 고려시대에도 살림의 주체는 여성이었다. 예컨대 최유청의 처 동래군부인 정씨(?~1170)는 집안일을 잘 처리하여 남편이 수만 권의 서적을 모아 놓고 검토와 열람에만 전념할 수 있었다. 또 민사평은 일체의 집안 살림을 부인 언양군부인 김씨에게 맡기고 날마다 술과 시로 즐겼다.

이처럼 남편과 자식 대신 살림을 온전히 책임져야 했던 염경애는 어떻게 가정 경제를 유지했을까. 넉넉지 않은 살림을 규모 있게 꾸리기 위해 여성들에게 일차적으로 요구된 덕목은 검소함과 근면함이었다. '병이 나거나 특별한 일이 아니면 집안 사람들조차 그의 게으른 모습을 볼 수 없었다'는 종류의 기사가 대부분의 여성묘지명에서 언급되고 있다. 그러나 근면함만으로는 한계가 있었고, 일부 여성들은 적극적으로 경제적 이득을 추구하기도 했다. 가장 많이 손을 댔을 법한 것이 고리대이다. 고려시대에는 고리대가 매우 성행했으며, 그 이자율은 상상을 초월한다. 980년에 제정된 법을 보면 공사채 이자율이 무려 원금의 3분의 1이다. 높은 이자율로 농민들이 파산하고, 자신과 자식들을 노비로 파는 일이 비일비재하자 국가에서는 982년 이자가 불어 원금과 같아졌을 때 더 이상 이자를 받지 못하게 하는 법을 제정하기도 했다. 권부의 처 변한국대부인 유씨(1265~1326) 묘지명을 보면 그녀가 원금과 이자 계산하는 것을 부끄럽게 여겼다는 말이 나온다. 이처럼 여성들은 부모로부터 상속받은 재산을 바탕으로 이자놀이를 통해 재산을 증식했던 것이다.

고리대라면 상당히 선입견이 좋지 않다. '자비'를 강조하던 불교에서는 '피도 눈물도 없는' 고리대에 대해 어떻게 생각했을까? 원시불교에서는 상도덕의 하나로 정직을 강조하는데, 이는 대차관계 면에서도 나타난다. 빚은 반드시 갚아야 하며, 이자 금지 같은 사상은 존재하지 않았다. 오히려 조금 뒤에는 경전 자체가 이자를 받기 위해서 대부하는 것을 세속인에게 적극적으로 장려하고 있고, 후대에는 불교 교단이 대부를 하게 된다. 앞서 든 김공칭과 양씨 부인의 사례에서 이들이 절에 시주한 미곡의 이자로 불사 비용을 쓰게 했다는데, 이 역시 고리대이다. 사찰에서는 시주로 받은 미곡을 고리대로 증식했던 것이다.

또한 여성들은 상업 활동도 했던 것으로 보인다. 예컨대 인종 때의 권신 이자겸의 어미는 욕심이 많아서 상인들에게 물건을 사고 값을 제대로 주지 않았다. 또 노비들을 시켜 횡포한 짓을 많이 했으므로 그녀가 죽자 상인들이 서로 축하했다는 기록이 있는데, 이는 단순히 그녀가 집에서 쓸 물건을 사면서 횡포를 부린 것으로는 보이지 않는다. 당시 사원이나 궁원, 양반, 토호들은 상인들의 물자를 값도 지불하지 않은 채 빼앗아 가거나 부등가교환을 했다는 데서 그녀 역시 스스로, 혹은 노비를 시켜 권력을 배경으로 수탈적인 상 행위를 했다고 여겨진다. 고려 후기가 되면 왕실이나 지배층이 본격적으로 상업 활동에 종사했으며 농민들의 물자를 수탈해 무역에 이용하였다. 당시 원에 대한 공물이나 사신 왕래, 빈번한 왕과 왕비의 원나라 방문 등으로 많은 비용이 들어 왕실도 적극적으로 경제 행위를 할 필요가 있었다. 게다가 원은 아시아에서 유럽에 걸치는 대제국을 건설했고 교통로를 열어 이전과는 비교가 안 될 만큼 대외무역이 발전했기 때문이기도 하였다. 고려 후기 여성들의 무역 활동을 잘 보여주는 것이 몽골인 충렬왕비 제국대장공주(1259~1297)의 사례이다.

어떤 여승이 흰 모시를 바쳤는데 가늘기가 매미의 날개 같으며 꽃무늬도 수놓아 있었다. 공주가 저자의 상인에게 보이니 이전에도 보지 못하던 물품이라고 모두들 말하였다. 그래서 여승에게 그 출처를 물어본즉, "제가 데리고 있는 여종 하나가 이것을 짤 줄 압니다"라고 대답하였다. 공주는 그 여종을 자기에게 줄 것을 요구하였다. 여승은 깜짝 놀랐으나 하는 수 없이 여종을 공주에게 바쳤다. 공주는 일찍이 잣과 인삼을 중국 강남으로 수출하여 많은 이익을 얻었다. 그 후로는 내시들을 각처에 보내서 그 물건을 구하였고 비록 그것이 생산되지 않는 지방에서까지도 받아들였으므로 백성들이 심히 괴로움을 당했다.

즉 제국대장공주는 백성들에게서 수탈한 잣과 인삼 및 모시 등을 교역해 많은 이익을 얻었던 것이다. 적극적 경제 활동을 한 왕비로는 충혜왕비 은천옹주 임씨의 사례도 있다. 그녀는 본래 상인 임신의 딸로 단양대군의 종이었다. 사기그릇 파는 것을 생업으로 했는데 왕이 그녀를 총애하여 옹주로 삼았다. 당시 왕이 새로 궁전을 건설했는데 기존의 왕궁과는 사뭇 달랐다. 창고가 일백 간이나 되며 곡식과 비단으로 창고를 채웠고 행랑에는 채색비단을 짜는 여공을 두기도 하였다. 또한 방아와 맷돌을 많이 설치하였는데 이것들은 모두 옹주의 뜻에 따라 설비된 것이다. 충혜왕은 무역에 관심이 많아 신하 남궁신을 시켜 포목 2만 필, 금, 은, 초화를 가지고 유주 연주 지역에 가서 무역하게 했다. 또 염장도감鹽場都監을 설치하기도 하고, 의성창·덕천창·보흥창의 포 4만 8천 필을 풀어 시장에 상점을 열기도 하는 등 국가 재정 확충을 위해 노력하였다. 왕이 그녀가 천한 신분임에도 불구하고 후궁으로 삼았다는 것은 그녀의 집안이 가진 상업적 부 및 그녀의 상 행위 능력을 높이 샀기 때문일 것이다. 그리고 이로 미루어 당시 상업에서 여성의 활동이 결코 미약한 것이 아니었음을 충분히 짐작할 수 있다. 여성들의 활발한 상 행위나 이식 활동은 내외법이 없어 여성의 활동이 보다 자유로웠다는 점과 함께 불교에서 상업을 비롯한 경제 행위를 죄악시하지 않은 때문일 것이다. 원시불교에서는 출가 수행자에게는 경제 행위가 금지되었으나 재속신자에게는 그렇지 않았다. 오히려 현세적 재물을 존중해야 한다는 것과 각자의 업무에 부지런히 애써서 영리를 추구할 것을 말하고 있다. 《고려도경高麗圖經》의 "한낮에 시장을 벌여 남녀·노소·관리·공기工技들이 각기 자기가 가진 것으로써 교역했다"는 기록에서도 당시 여성들의 적극적인 상 행위를 알 수 있다.

친정 아버지 곁에 묻힌 염경애

1145년 그녀는 병이 들었고 이듬해 정월 47세의 젊은 나이로 세상을 떠났다. 빈소가 사찰에 마련되었고, 한 달 뒤 화장되었다. 유골은 다시 절에 모셨다가 3년 뒤인 1148년 그녀의 친정 아버지 묘소 곁에 묻었다. 이를 봐도 고려시대의 장례 풍속이 조선과는 매우 다름을 알 수 있다. 모든 것이 절에서 불교식으로 이루어졌으며, 죽은 뒤에도 시집 묘역에 묻히지 않았다. 최루백은 이때 아내의 묘지명을 쓰면서 '함께 무덤에 묻히지 못하는 일, 매우 애통하다'며 아내에 대한 절절한 사랑

을 표현하고 있다. 최루백은 염경애가 죽은 뒤에도 계속 승진하여 종3
품직에까지 올랐다. 또한 그녀가 낳은 4남 2녀 중 아들 셋은 모두 관
직에 나아갔고, 막내아들은 승려가 되었다. 이로써 그녀의 가정은 나
라에서 많은 녹을 받게 되었으나 남편 최루백은 집안의 의식이 오히
려 그녀가 고생하며 살림을 꾸릴 때만 못하다고 술회하고 있다. 그런
데 그에게 아내의 빈자리가 너무 컸던 것일까. 그는 다시 유씨부인과
혼인해 3남 2녀를 낳았다.

　최루백과 염경애의 이야기는 고려 중기 지배층의 일반적인 삶의 모
습이라 하겠다. 그리고 여기에는 불교 및 비부계적인 친족구조와 연
관된 고려시대 여성 삶의 특성이 잘 드러나고 있다.

염경애 묘지명:
고려 의종 때 귀족의 딸이었던 염경애가 죽자 남편 최루백이 아내와의
혼인 생활을 추억하며 아내의 일대기를 적은 글이다.

사료 1. 염경애 묘지명

황통皇統 김희종金熙宗의 연호(1141~1149). 6년 병인(인종 24, 1146) 정월 28일 무술일에 한남漢南 최루백崔婁伯의 처 봉성현군峯城縣君 염씨廉氏가 마을의 집에서 세상을 떠났다. 순천원順天院에 빈소를 마련하였다가 2월 임인일에 서울 북쪽 박혈朴穴의 서북쪽 산등성이에서 화장하였다. 유골을 봉하여 임시로 서울 동쪽에 있는 청량사淸凉寺에 모셔 두었다가, 3년이 되는 무진년(의종 2, 1148) 8월 17일에 인효원因孝院 동북쪽에 장례 지내니, 아내의 아버지 묘소 곁이다. 루백이 다음과 같이 묘지墓誌를 짓는다.

아내의 이름은 경애瓊愛로, 검교상서우복야 대부소경檢校尙書右僕射 大府少卿 염덕방廉德方공의 딸이고, 어머니는 의령군대부인宜寧郡大夫人 심씨沈氏이다. 아내는 25세에 나에게 시집와서 여섯 명의 자녀를 낳았다. 장남은 단인端仁이고, 2남은 단의端義이고, 3남은 단례端禮인데, 모두 학문에 뜻을 두었고, 4남 단지端智는 출가하여 중이 되었다. 장녀 귀강貴姜은 흥위위녹사興威衛錄事 최국보崔國輔에게 시집갔는데 최씨가 죽자 집에 돌아와 있고, 2녀 순강順姜은 아직 어리다.

아내는 사람됨이 아름답고 조심스럽고 정숙하였다. 자못 문자文字를

알아 대의大義에 밝았고 말씨와 용모, 일솜씨와 행동이 남보다 뛰어났다.
출가하기 전에는 부모를 잘 섬겼고, 시집온 뒤에는 아내의 도리를 부지런
히 하였으며, 어른의 뜻을 먼저 알아 하고자 하는 그 뜻을 받들었다. 돌아
가신 우리 어머님을 효성으로 봉양하였고, 안팎 친척의 좋은 일과 언짢은
일, 경사스러운 일과 불행한 일에는 다 그 마음을 함께하였으니, 이로써
훌륭하다고 하지 않는 이가 없었다.

내가 패주(전남 보성)와 중원(충북 충주)의 원으로 나갔을 때 산을 넘고 물
을 건너는 어려움을 꺼리지 않고 함께 천 리 길을 가고, 내가 군사관계에
종사하는 동안 가난하고 추운 규방을 지키면서 여러 차례 군복을 지어 보
내 주었다. 혹은 근시직에 참여하는 동안에는 있는 것 없는 것을 다 털어
서 음식을 만들어 보내기도 하였으니, 무릇 나를 좇아 어려움을 겪은 23
년간의 일들은 다 적을 수가 없다.

우리 돌아가신 아버지를 섬기지 못하여서, 명절이나 복일伏日과 납일臘
日 한 해 동안 지은 농사의 형편이나 그밖의 일을 여러 신에게 제사하여
고하는 날, 동지冬至 뒤의 셋째 술일戌日이 되면 매번 몸소 제사를 드렸
다. 또 일찍이 길쌈하여 이것을 모아서 저고리 한 벌이나 바지 한 벌을 지

어 제삿날이 될 때마다 영위靈位를 모신 자리를 베풀고는 절하고 이것을 바쳤으며, 곧 재에 나아가 무리가 많든 적든 버선을 지어가서 모두 중들에게 시주하였는데, 이것이 가장 잊지 못할 일이다.

평일에 일찍이 나에게 말하기를 "그대는 독서하는 분이니, 다른 일에 힘쓰는 것이 귀중하지는 않습니다. 저는 집안의 의복이나 식량을 주관하는 것이 맡은 일인데, 비록 반복하여 힘써서 구하더라도 뜻과 같지 않은 경우가 때때로 있습니다. 설사 불행하게도 뒷날 내가 천한 목숨을 거두게 되고, 그대는 후한 녹봉을 받아 모든 일이 뜻대로 되게 되더라도, 제가 재주 없었다고 하지 마시고 가난을 막던 일은 잊지 말아 주세요"라고 하였는데, 말을 마치고는 크게 탄식을 했다.

다음 을축년(인종 23, 1145) 봄에 내가 사직司直으로부터 우정언 지제고右正言 知制誥로 자리를 옮기니, 아내는 얼굴에 기쁜 빛을 띠면서 말하였다. "우리의 가난이 가시려나 봅니다." 내가 대답하여 말하였다. "간관諫官은 녹이나 지키는 자리가 아니오." 아내는 "문득 어느 날 그대가 궁전의 섬돌에 서서 천자天子와 더불어 옳고 그른 것을 쟁론하게 된다면, 비록 가시나무 비녀를 꽂고 무명치마를 입고 삼태기를 이고 살아가게 되더라도 또한 달게 여길 것입니다"라고 하였으니, 이는 평범한 부녀자의 말 같지 않았다. 그해 9월에 아내는 병이 들었는데 병인년(인종 24, 1146) 정월에 병이 위독하게 되어 세상을 떠나니, 한恨이 어떠하였겠는가.

　나는 병인년 여름에 우사간右司諫에 오르고 12월에는 좌사간左司諫으로 옮겼다. 정묘년(의종 1, 1147) 봄에 시어사侍御史로 옮겼다가 그해 겨울에는 예부원외랑禮部員外郎으로 좌천되었다. 무진년(의종 2, 1148) 봄에 예부낭중禮部郎中으로 옮기면서 그대로 청주부사淸州副使에 임명되었다. 여러 번 벼슬이 오르면서 계속하여 후한 녹을 먹게 되었는데, 집안을 돌아보면 의식衣食은 오히려 아내가 어렵게 애써서 구할 때와 같지 못하니, 누가 아내를 말하여 재주가 없었다고 하겠는가. 아내가 장차 목숨을 거두려 할 때 나에게 유촉遺囑을 하였고 여러 자식들에게도 유명遺命을 남겼는데, 그 말들이 모두 이치에 닿아 들을 만한 것이 많았다. 세상을 떠날 때, 대개 나이가 47세이다.

　명銘하여 이른다.
　미쁨을 찾아 맹세하노니 그대를 감히 잊지 못하리라.
　아직 함께 무덤에 묻히지 못하는 일이 매우 애통하도다.
　아들딸들이 있어 나르는 기러기 떼와 같으니
　부귀가 대대로 창성할 것이로다.
　(김용선 역주, 《고려묘지명집성》, 한림대학교 아시아문화연구소, 2001, 134~137쪽)

사료 2.

최루백은 수원 아전 상저의 아들이다.

상저가 사냥 갔다가 범한테 물려 죽었다. 그때 최루백의 나이는 15세였는데도 그 범을 잡으려 하였다. 그 모친이 못 가게 하여 최루백은 말하기를 "아버지의 원수를 어찌 갚지 않을 수 있겠습니까?"라고 하고 도끼를 메고 범의 발자국을 밟아 가니 범은 벌써 배불리 먹고 누워 있었다. 루백이 바로 앞으로 나서서 "네가 내 아버지를 먹었으니 나도 마땅히 너를 잡아먹을 터이다"라고 꾸짖으니 범은 꼬리를 치며 넙죽 엎드렸다. 갑자기 도끼로 내려치고 그 배를 갈라서 범의 고기는 항아리에 담아서 개울 바닥에 묻고 그 부친의 뼈와 고깃점을 골라 모아서 그릇에 넣어 홍법산弘法山 서쪽에 매장하였다. 그 곁에 묘려墓廬를 세워놓고 지켰다. 하루는 졸고 있는데 상저가 나타나서 다음과 같은 시詩를 읊었다.

가양나무 헤치고서 / 효자 묘려 다달으니
가슴속엔 느낌 많고 / 기쁜 눈물 끝없어라!
날마다 흙 져다가 / 무덤을 꾸리나니
그 정성 뉘 알손가 / 밝은 달 청풍뿐이네
생전엔 봉양하고 / 사후엔 묘 지키니
뉘라서 너의 효성 / 시종이 없다더뇨!

시를 읊고 나서 간 곳 없었다. 거상이 끝난 후 묻었던 범의 고기를 꺼내서 다 먹었다. 과거에 급제하여 의종 때에 여러 관직을 거쳐 기거사인起居舍人 국자사업國子司業 한림학사翰林學士 벼슬을 하였다.(김종인·정인지 편저, 《고려사》 〈효우전〉)

권순형, 《고려의 혼인제와 여성의 삶》, 혜안, 2006

고려시대의 혼인과 여성의 가정 생활에 대해 연구한 책. 혼인과 이혼, 재혼, 간통 및 가정 내 여성의 지위와 역할, 생활 등을 다루고 있다. 전근대 여성의 일생에서 가장 중요한 혼인제를 통하여 고려시대 여성의 존재 형태를 짚고 있다.

권순형, 〈혼인의 다원성과 국제성〉, 국사편찬위원회 편, 《혼인과 연애의 풍속도》, 두산동아, 2005

국사편찬위원회에서 발간한 문화사 시리즈의 제1권. 고대 이래 근대까지 혼인과 연애의 변천사를 다루고 있다. 정사류 외에도 고문서나 일기, 문학작품 등을 통한 생활사 연구로서 생생한 시대상을 보여준다.

김용선, 《고려 금석문 연구—돌에 새겨진 사회사》, 일조각, 2004
금석문은 자료가 부족한 고려시대 역사 연구에 매우 중요하며, 금석문 중
가장 많은 비중을 차지하는 것이 묘지명이다. 이 책은 고려의 금석문을
통하여 고려시대 가계의 특징, 결혼과 출산, 수명 등 인구학적인 지표와
불교 등 고려 사회의 모습을 그리고 있다.

한국여성불교연합회 편, 《불교의 여성론》, 불교시대사, 1993
여성의 성불 가능성이나 불교계의 여성 차별, 결혼과 이혼, 출산 등 불교
여성관의 제문제와 여성을 위한 불교의 가르침을 제시하고 있다. 또한 여
성불교운동의 반성과 과제를 살피고 있다.

남녀상열지사:
성의 자유인가, 재혼의 자유인가?

고려시대 성과 여성

전근대 여성에 대한 통제는 성性 문제에 집중되어 있다. 가부장적 사회가 시작된 이래 여성들은 공적 영역에서 배제되어 가정 내에서 한 남성의 아내로서, 아이의 어머니로서 살아가게 되었다. 그러다 보니 그녀들에게는 남성들과 같은 정치 윤리나 사회규범 등은 전혀 필요 없고, 오직 성에 대한 통제만이 의미 있게 되었다. 전근대 역사서에서 여성 범죄의 거의 전부를 차지하는 것이 간통죄 처벌임은 이를 잘 말해 준다. 가부장적 사회가 발전해 갈수록 성에 대한 통제도 강화되고, 내용도 정교해졌다. 성에 대한 통제는 그 사회의 이데올로기와 경제적 토대, 혼인제도 등 다양한 것과 관련을 맺고 있다. 일반적으로 고려는 성적으로 자유분

방한 사회였다고 한다. 그러나 간과해서는 안 될 것이 고려도 엄연히 가부장적 사회였다는 점이다. 고려시대에도 간통죄에 대한 엄격한 처벌이 있었으며, 열녀의 존재가 보이기도 한다. 다만 그 내용과 정도에 차이가 있을 뿐이다.

남편 생전에 한했던 정절의식

고려가 성적으로 자유분방한 사회였다며 가장 많이 예로 드는 것이 고려가요이다. "얼음 위에 댓잎자리 보아 / 임과 나와 얼어 죽을망정 / 정을 준 오늘밤 더디 새어라"라는 유명한 〈만전춘〉이나, "쌍화점에 쌍화 사러 갔더니 / 회회아비 내 손목을 쥐더이다"라는 〈쌍화점〉이 대표적이다. 임과 함께라면 얼어 죽어도 좋다는 사랑지상주의, 만두 사러 온 여인네의 손목을 덥석 잡는 이슬람상인 등은 사회 전반에 넘쳐나는 성 개방 풍조를 설명하기에 손색이 없다. 이뿐이랴.《고려도

경》에는 남녀가 냇가에서 함께 목욕했다는 기사도 보인다. "아침에 일어나면 먼저 목욕을 하고 문을 나서며, 여름에는 날마다 두 번씩 목욕을 하는데 시내 가운데서 많이 한다. 남자 여자 분별없이 의관을 언덕에 놓고 물 구비를 따라 몸을 벌거벗되 괴상하게 여기지 않는다"라하였다. 이러한 사례들을 보면 고려는 그야말로 아무런 제약 없이 남녀가 사랑을 주고받았던 사회였던 것 같다.

그런데 한편 고려시대에는 성에 대해 규제했던 사실도 보인다. 유부녀가 간음하면 자녀안恣女案에 이름을 올려 바느질하는 공인[針工]으로 삼았다는 기록이 그 예이다. 자녀안은 음탕한 여자의 이름을 기록한 명부로서 거기에 이름이 오른 여성의 자식들은 벼슬자리를 규제받았다. 또한 귀족 부인들의 묘지명을 보면 '비록 형제 간일지라도 문턱을 넘어 더불어 이야기하지 않았다'거나 '큰일이 아니면 문밖 출입을 하지 않아 자매와 형제라도 얼굴을 잘 볼 수 없었다'는 등 내외한 이야기가 나온다. 여기서 일단 고려시대 여성의 성에 대한 규제가 신분에 따라 달랐을 것을 짐작할 수 있다. 자식들의 관직 진출을 걱정하거나 문밖 출입을 하지 않고도 살 수 있는 여성은 지배층뿐이기 때문이다. 또 하나 주목되는 것은 자녀안에 기록된 여성이 '부녀'가 아니라 '유부녀'였다는 점이다. 그렇다면 남편이 없는 여성, 즉 미혼녀나 과부는 자유롭게 성을 추구할 수 있었다는 뜻인가?

어느 시대 어느 사회나 성에 대해서는 일정한 규제가 있다. 그리고 거기에는 당시 사회의 규범이나 이데올로기가 큰 영향을 미친다. 고려의 주요 사상은 불교와 유학이었다. 불교에서는 쌍무적 정절이데올로기를 강조한다. 즉 부부 간에 서로 도리를 지켜 간음은 물론 자기 아내

　　　　　　　　한국여성사 깊이 읽기

와 남편 이외의 사람에게 마음을 두지 말라 한다. 고려의 유학은 한·당 유학으로서 송학(성리학)과는 다르다. 《춘추좌전》에서는 부부관계의 덕목으로 신信을 제시했는데 이는 정貞과 통하는 것으로서 부부가 함께 지녀야 할 쌍무도덕이었다. 중국에서 한나라 이후 국가의 절대주의 이념이 강화되면서 가정 내 정절 관념도 점점 강화되어 갔지만 성리학이 보편화되지 않았던 송나라시대까지 재혼은 흔한 일이었다. 즉 고려의 주요 이데올로기였던 불교와 유학에서는 모두 정절을 '상대방에 대한 신의' 차원으로 보고 있다. 신의를 지켜야 할 때는 상대방이 세상에 존재할 때이다. 아예 신의를 지켜야 할 대상을 만나기 전이라든지, 배우자가 죽어 신의를 지킬 대상이 없어지면 더 이상 신의를 지켜야 할 의무는 없을 것이다. 그래서 고려시대 성적인 규제의 주 대상은 유부녀와 유부남이었고, 미혼자나 홀아비·과부는 여기서 한 발 떨어져 있었다. 또한 재혼도 일반적이었고, 수절도 강요되지 않았다.

그런데, 이러한 정절관과 달리 《고려사》에는 절부節婦 포상 사례가 보인다. 절부라면 절개를 지킨 부인, 즉 남편 사후 수절한 여성을 말

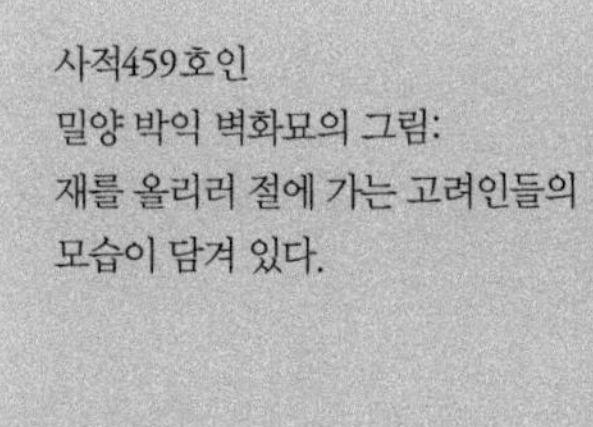

사적459호인
밀양 박익 벽화묘의 그림:
재를 올리러 절에 가는 고려인들의
모습이 담겨 있다.

한다. 정절이 배우자가 생존했을 때에 한한 것이라면서, 무슨 절부 포상인가? 고려시대의 절부는 후대와 달리 수절이 아니라 효도에 초점이 있었던 것으로 보인다. 예컨대 성종 때 경주민 정강준의 딸 자이自伊와 개경 송흥방에 살던 최씨는 모두 일찍 과부가 되었으나 개가하지 않고 효성스레 시부모를 모시고 아이를 길러 절부로 포상되었다. 성종은 즉위 후 효도를 강조하며 효행이 있는 사람들을 대대적으로 표창했는데, 이들 역시 다른 효자들과 함께 상을 받았다. 즉 고려시대의 절부는 후대와 달리 수절했다거나 남편을 따라 죽었다는 것보다 시부모에게 효도했다는 데 방점이 찍혔던 것이다. 이를 더 명확히 보여주는 것이 아래의 사례이다.

신씨는 영산사람 낭장郎將 신사천의 딸이다. 우왕 8년에 왜적 50여 명이 말을 타고 영산을 침범하였을 때 신사천이 가족을 데리고 피난하였다. ……적이 쫓아와서 배에 탄 사람들을 거의 다 살해해 신사천도 죽임을 당했다. 왜적 한 놈이 신씨를 잡아 배에서 끌어내리니 신씨가 거절하였다. 적이 칼을 뽑아 위협하였으나 신씨는 적을 향해 욕하기를 '이놈아, 죽일 테면 죽여라, 네놈들이 우리 아버지를 죽였으니 나의 원수다. 죽으면 죽었지 너희 말은 안 듣겠다'며 적의 멱살을 잡고 발로 차서 쓰러뜨리니 적이 노해 신씨를 죽였다. 그때 나이 16세였다. 체복사 조준이 그 사실을 조정에 보고하고 비석을 세워 정표하였다. (《고려사》 〈효우전〉 신사천 딸)

이 이야기는 《고려사》 〈효우전〉에 실려 있는데, 조선 성종 때 만들어진 《동국여지승람》에는 그녀가 경상도 영산현의 열녀로 수록되어 있다. 즉 고려시대에는 아버지를 죽인 원수에 저항했다는 것이 이야기의 초점이었는데, 후대에는 그녀가 정절을 지켰다는 사실이 더 의미 있었던 것이다. 또한 고려시대에는 수절녀에 대한 포상도 제대로 이루어지지 않았던 것으로 보인다. 이색은 자신의 문집에서 '절부 조씨'라는 여성을 소개하고 있다. 그녀는 13세에 대위隊尉 한보와 혼인해 딸 하나를 낳았는데, 1281년에 시아버지가, 1291년에는 남편이 모두 전쟁에서 죽었다. 그녀는 언니와 함께 살다가 딸이 혼인한 다음부터는 딸과 함께 살았다. 딸이 1남 1녀를 낳고 일찍 죽자 다시 손녀와 살았다. 그녀는 50년 동안 과부로 살면서 여공에 힘써 딸과 손자들을 먹이고 입혔다. 이곡은 그녀의 일을 소개하며 자신이 과거 중국을 유람할 때 마을에 열녀문이 서로 마주보고 있을 만큼 많은 것을 보고 처음에는 괴이하게 여겼다고까지 하고 있다. 그러면서 그녀가 늙을 때까지 절조를 지켰으나 관아에서도 불쌍히 여기지 않고, 사람들도 알아주지 않았으니 슬프다고 적었다. 이처럼 고려시대에도 수절한 여성에 대해 표창을 하긴 했지만 그 내용도 후대와는 다르고, 그들에 대한 포상이 제대로 이루어지지도 않았던 것이다.

《고려사》〈열녀전〉 역시 이를 반영한다. 여기 수록된 여성들은 모두 남편을 위해, 혹은 절개를 지키기 위해 목숨을 바쳤다. 그런데 이들은 전부 몽고 침입 이후의 사례이며, 총 12건 중 3건을 빼고는 모두가 고려 말 왜구 침입 시 죽음으로 정절을 지킨 여성들이다. 고려 전기에도 전쟁이 없었던 게 아닌데, 열녀가 고려 말에만 있다는 것은 여성의 정절관에 변화가 있었음을 시사한다. 그리고 이들의 이야기를 적극적으로 수집하여 자신들의 문집에 싣고 국가에 보고한 이들이 이숭인이나 조준 등 성리학적 윤리를 강조하던 신진사대부라는 점에서 이후 사회의 지향점을 알 수 있다.

　경산부(성주) 사람 배씨는 낭장 이동교의 처였다. 1380년 왜구가 마을에 침입했을 때 남편은 합포(마산)에 있었다. 배씨는 어린아이를 업고 강을 건너려 했으나 물이 불어 건널 수 없었다. 배씨는 적의 추격을 벗어날 수 없다고 생각해 물에 뛰어들었다. 왜적이 활에 화살을 끼우며 물에서 나오면 살려주겠다고 했다. 그러나 배씨는 "어찌 빨리 나를 죽이지 않느냐. 나는 서생의 딸로 일찍부터 열녀는 두 남자를 섬기지 않는다는 말을 들어왔거늘 내가 어찌 적에게 더럽혀지겠느냐"라고

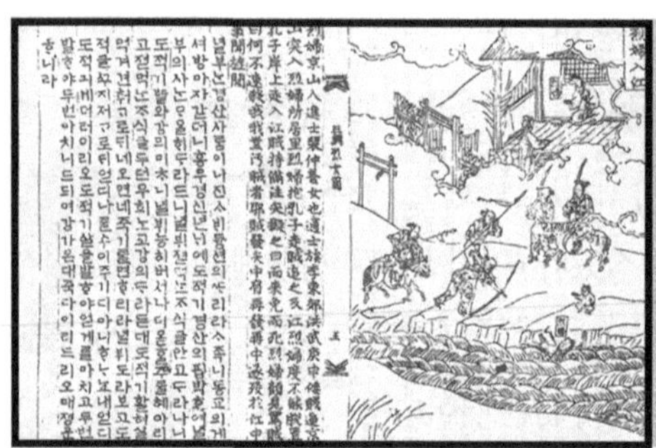

《삼강행실도》 중 〈열녀 배씨〉:
조선시대 여성들에게
정절의식을 고취하기 위해 펴낸
《삼강행실도》에 고려시대
열녀로 이동교의 처 배씨의 이야기가
수록되어 있다.

했다. 적은 활을 쏘아 어린아이를 맞히고, 또 활을 당기며 전의 말을 되풀이했으나 배씨는 끝내 물에서 나오지 않고 죽음을 택했다. 배씨의 사례는 조선 건국의 주역이었던 조준이 조정에 보고해 상을 주도록 청했고, 이숭인의 《도은집陶隱集》에 내용이 실려 있다. 도은은 이 이야기 말미에 "사람들은 늘 신하가 되어서는 신하의 도리를 다하고 아들이 되어서는 아들의 도리를 다하고 아내가 되어서는 아내의 도리

　　　　　　　　　　　한국여성사 깊이 읽기

를 다해야 한다고 말하지만, 큰 난국에 이르러 이를 실천하는 사람은 드물다. 그런데 배씨가 일개 부인으로서 자기 죽음을 전혀 두려워하지 않고 적을 꾸짖었다. 옛날 충렬한 선비라도 이보다 더하지 못할 것이다"라며 칭찬하고 있다. 이와 아울러 고위관료 부인들에 대해 재혼을 규제하는 규정도 마련되었다.

> (공양왕) 원년 9월에 도당에서 제의하기를 '산기散騎 이상 관리의 처로서 봉작을 받은 자는 재가를 하지 못하게 하며 판사 이하 6품관원의 처는 남편이 죽은 후 3년 이내에는 재가를 하지 못하게 하되 위반하는 자는 절개를 잃은 것으로 논죄할 것이며, 산기 이상 관원의 첩과 6품 이상 관원의 처첩으로서 수절하기를 자원하는 자는 마을 거리에 정문旌門을 세워 그를 표창하는 동시에 상을 주게 하십시오'라 하였다.(《고려사》 권84 지38 형법1 호혼)

《도은집》:
도은 이숭인(1347~1392)은 고려 말의 학자로 삼은三隱 중의 한 명이다. 《도은집》은 도은의 문집으로 열녀 배씨의 이야기를 수록, 성리학적 정절관을 강조하고 있다.

재혼 규제가 고려 멸망 직전인 공양왕 때, 게다가 고위관료 부인들에 한했다는 점은 고려시대의 정절이 피차 배우자의 생전에 한한, 부부 간의 신의에 입각한 것이었음을 잘 보여주고 있다.

여성에게 불리했던 간통죄 처벌

부부 간에 신의를 저버리고 다른 사람과 간통을 했을 때는 어떤 처벌을 받았을까? 간통은 쌍벌죄로서 〈당률唐律〉에 의하면 남녀 모두 도형徒刑 1년 반, 유부녀일 경우에는 1등급 가중하여 도형 2년에 처하였다. 전근대시대의 형벌체계는 태형, 장형, 도형, 유형, 사형의 5형 체제였다. 도형은 죄인에게 매를 치고, 1년에서 3년까지 일정 기간 노역에 종사시키는 것이었다. 만일 간통 대상자가 친척 간이었다면 이보다 더 무겁게 처벌하였다. 또 주인과 종이 간통을 했을 때도 엄중 처벌했다. 부곡인 및 노비가 주인 또는 주인의 가까운 친척과 간통하면 교수형, 강간하면 목을 베어 죽였다. 화간한 여성은 남성보다 1등급을 감해 곤장 1백 대를 치고 3천 리 밖으로 유배했다. 그런데 여기서 짚고 넘어가야 할 것은 이러한 처벌 규정이 여성주인과 남성노비 간의 간통에만 해당된다는 점이다. 남성주인과 여성노비의 경우는 아예 처벌규정이 없다. 즉 여성이 자기 집 남성노비와 간통한 것은 거의 죽을죄이지만, 남성이 자기 집 여성노비와 간통한 것은 죄도 아니었던 것이다.

이뿐이 아니다. 남성은 자기의 처가 다른 남성과 간통하는 현장을 목격하면 그들을 잡아 관아에 넘길 수 있었다. 그러나 여성은 같은 경우 남편을 관에 고발할 수 없었다. 남편은 부모나 마찬가지로 고발 대

한국여성사 깊이 읽기

상이 아니었던 것이다. 게다가 간통죄의 형벌 뒤에 여성은 자녀안에 올랐다. 이것은 경시안京市案이라고도 하며 경시안에 오른 자녀의 경우 간통 전에 낳은 자식은 6품관까지, 간통 뒤에 낳은 자식은 벼슬길에 나가지 못하게 하였다. 또 관직에 있는 남편이나 아들, 동생 등에게도 연좌가 미쳤다. 예컨대 이자겸의 누이는 순종의 왕비였는데, 왕이 죽은 뒤 궁의 노비와 간통했다. 그녀는 궁에서 쫓겨났고, 이자겸도 연좌되어 파면되었다. 이 모든 것을 볼 때, 간통이 쌍벌죄라 하나 여성에 대한 처벌이 더 가혹했음을 알 수 있다.

불가피하게 성폭행을 당한 경우는 어떠했을까? 강간은 화간보다 무겁게 처벌되었고, 당한 여성은 무죄였다. 그러나 강간당한 유부녀가 이후 혼인관계를 지속할 수 있었는지는 의문이다. 장군 나유는 원수 김방경을 따라 삼별초를 진도에서 토벌하는 데 전공을 세웠다. 당시 조정 관원의 처들이 반란군에게 붙잡혀 갔기 때문에 대개 새로 혼인을 했다. 반란군이 평정되자 그 처들 중 돌아온 사람들도 있었지만 모두 내버렸다. 이에 반해 나유는 새로 처를 얻었으나 맨 먼저 적군 속에 들어가 옛 처를 찾아 내었다. 귀환한 후 다시 처음과 같이 부부가 되어 사니, 그 소식을 들은 사람들이 모두 의리가 바른 사람이라고 하였다. 하지만 대부분 당시 여성들은 적의 포로가 되어 부득이 정절을 잃었음에도 불구하고, 남편에게 버림을 받았다. 고려도 어김없이 가부장적인 사회였고, 때문에 여성의 정절에 대해서도 당연히 가부장적인 잣대가 적용되었다.

지금까지 유부녀 혹은 유부남이 간통을 하면 처벌되었음을 보았다. 그렇다면 배우자가 없는 사람들, 즉 과부나 홀아비, 미혼자들은 어떠했을까? 일단 정절이 부부 간의 신의 차원이라는 의식을 반영하듯 과부나 미혼여성의 적극적인 행동이 여럿 눈에 띈다. 예컨대 충렬왕 때 높은 관직을 지낸 허공이 젊은 시절 달밤에 거문고를 타고 있었는데 이웃집 처녀가 담장을 넘어 왔다. 허공이 예의에 어긋난 짓이라며 타일렀더니 그녀는 뉘우치면서 돌아갔다. 또 원 간섭기의 유명한 학자였던 김태현은 용모가 단정하고 눈매가 그린 듯 고왔다. 일찍이 동무들과 함께 선배의 집에 가서 공부했는데 선배가 그를 매우 사랑하여 가끔 데리고 들어가 식사를 함께하기도 했다. 그 집에는 과부가 된 딸이 있었는데 시를 약간 이해했다. 어느 날 그 딸이 시를 지어 창틈으로 김태현에게 던져 주었다. 그 시에는 "말 탄 소년의 얼굴 깨끗도 하이 / 석 달 동안 누구신지 이름 몰랐네 / 이제사 알고 보니 김태현이란다 / 가는 눈, 긴 눈썹 은근히 마음에 들어요"라고 씌어 있었다. 김태현은 이후 그 집에 가지 않았다. 이 사례들은 사랑이 불발에 그친 경우이지만 실현된 사례도 있다.

(김혼은) 충렬왕 때 대장군이 되어 상장군 김문비와 친하게 지냈다. 하루는 그의 집에 가서 바둑을 두는데 문비의 처 박씨가 문틈으로 몰래 엿보고 혼의 아름다움과 장대함에 감탄하였다. 혼이 그 소리를 듣고 마침내 뜻을 두었다. 얼마 되지 않아 문비가 죽고 혼의 처도 죽었다. 박씨가 사람을 보내어 청하기를 '첩은 아이가 없으니 그대의 아들 한 명을 얻어 기르기를 원하옵니다'하고 또 말하기를 '직접 면대하여 할 말이 있으니 한 번 오시기를 바랍니다'라고 하였다. 혼이 마침내 가서 간통하니 감찰·중방이 글을 올려 끝까지 캐어 논하였다. 왕은 선후先后의 친척이라 하여 그를 용서하려 하

                                                한국여성사 깊이 읽기

였으나 부득이하여 섬으로 유배시키고 박씨는 죽산의 친정으로 돌려보냈다. 처음에 왕은 인구가 날로 줄어들기 때문에 선비와 백성들에게 모두 서처庶妻를 두도록 하였는데 이들은 바로 양갓집 딸들이라 그 자손에게 벼슬길을 허락하였다. 만약 신의를 생각하지 아니하고 옛 부인을 버리고 새 부인을 따르는 자가 있으면 즉시 벌하게 하였다. 해당 관청에서 바야흐로 이 법을 시행하려고 의논하는 때인데 혼이 예禮를 범하자 마침내 그 법안이 폐기되었다.《고려사》권103 〈열전〉 16 제신 김경손金慶孫 부附 혼琿)

이 이야기에 의하면 박씨부인과 김혼은 처음 만났을 때부터 서로 호감을 갖고 있었으나 둘이 실제로 관계를 시도한 것은 각자 배우자가 죽고 난 뒤였다. 그러나 이들의 사랑은 예를 범했다는, 즉 혼인을 하지 않았다는 이유로 간통죄로 처벌되었다. 비슷한 사례가 더 있다. 경종의 왕비였던 헌정왕후는 왕이 죽은 뒤 궁 밖에 나와 살다가 종친이었던 안종과 간통했다. 이 사실이 발각되자 안종은 귀양 가고 만삭의 헌정왕후는 아이를 낳다 죽었다. 그녀의 언니이며 역시 경종의 왕비였던 헌애왕태후도 친척인 김치양과 추문이 있어 김치양이 유배되었다. 안종은 부인이 있었는지 여부를 잘 알 수 없지만 김치양은 승려였으니 아내가 없었던 것이 확실하다. 즉 피차 배우자가 없는 상태라도 혼인관계 이외의 성관계는 간통으로 규제되었던 것이다.

그런데 사실 미혼남녀나 과부, 홀아비가 자기들끼리 관계를 맺었다 해도 이를 증명하기도 어렵고 문제 삼아 처벌하기도 쉽지 않았을 것이다. 게다가 고려시대에는 처녀성이 절대적 가치를 갖지 않았다. 이혼녀나 과부가 왕비가 되었다는 사실이 이를 말해 준다. 예컨대 문덕왕후는 본래 종친이었던 홍덕원군과 혼인했다가 성종과 재혼했다. 숙창원비 김씨는 과부였는데 충렬왕의 왕비가 되고, 다시 그 아들 충선왕의 비가 되었다. 순비 허씨도 과부로서 충선왕의 왕비가 되었다. 물론 이들이 왕비가 된 데는 정치적인 원인이 일차적으로 작용했다. 성종은 경종 사후 그 아들이 겨우 돌이 지나 왕위를 이을 수 없자 대타로 왕위에 올랐다. 당시의 왕위계승 원칙에서 왕실의 사위라는 자격이 필요했기에 그는 광종의 딸과 혼인할 필요가 있었고, 이에 문덕왕후와 혼인하게 되었다. 당시 그녀가 남편과 사별한 상태였는지 아니면 남편과 이혼하고 재혼한 것인지는 잘 알 수 없다. 숙창원비 김씨는 소문난 미인이었다. 충선왕이 정치적 이유로 아버지 충렬왕의 후궁이었던 무비를 죽인 후 부왕을 위로하기 위해 그녀를 후궁으로 들여 주었고, 부왕 사후 다시 자신의 왕비로 들였다. 여기에는 그녀의 미모도 작용했겠지만 유력한 언양 김씨 가문과 연계할 필요가 있었던 충선왕의 욕구가 컸다. 순비 허씨도 마찬가지이다. 그녀 역시 빼어난 미모를 갖고 있었지만 이미 7남매의 어머니였다. 그런 그녀를 후궁으로 택한데는 공암 허씨 집안과의 유대가 가장 큰 이유였다고 하겠다.

이처럼 재혼녀가 왕비가 된 사례들은 정치적 원인이 일차적이었지만 후대와 달리 처녀성이 절대적 기본조건이 아니었다는 점은 주목할 만 하다. 그러니 단오 때 그네를 밀고 당기다가, 혹은 탑돌이 하다가 눈이 맞은 남녀가 으슥한 곳에서 정을 통하는 일도 결코 드문 일은 아니었을 것이다. 게다가 유난히 야외행사가 많은 불교와 무속의 종교의례 및 내외법이 없어 남녀노소 없이 어우러지던 명절 풍속을 생각하면 남녀가 사랑을 나눌 기회가 많았으리라 여겨진다. 조선시대에

한국여성사 깊이 읽기

들어와서까지 ‘예로부터 단옷날 술을 사고 안주를 사다가 남녀가 무리지어 마시며, 도시의 한가운데서 노래하고 춤추니, 마땅히 금하라’거나 ‘대보름날 저녁 고려 때부터 시작된 답교놀이를 선비와 부녀들이 밤새도록 그치지 않아 나라에서 금지하고 채포하기까지 했다’ 하니 고려시대에 놀이가 얼마나 성했을지를 짐작할 수 있다. “사족의 부녀로서 산간이나 물가에서 놀이 잔치를 하거나 야제野祭, 산천, 성황의 제사를 직접 지낸 자 …… 모두 장1백에 처한다”는《경국대전》의 규정은 이러한 배경에서 나왔던 것이다.

그렇지만 내외법이 없었다 하여, 또 처녀성이 절대적이 아니었다 하여, 미혼자나 과부의 성이 열려 있었던 것은 결코 아니다. 어쨌든 발각되면 간통죄로 처벌되었을 뿐 아니라 여성의 혼전 성관계는 나중에 이혼 사유가 될 수도 있었다. 예컨대 호군 송천우는 지문하성사 도길봉의 딸과 혼인했다. 당시 우왕은 무절제하게 색을 탐해 신하의 딸들을 많이 범했다. 도길봉의 딸 역시 그 대상이었다. 송천우도 이 사실을 알고 있었고, 아내가 이미 정조를 잃은 여자라고 드러내놓고 말을 하면서도 처가의 세력을 두려워하여 감히 버리지 못하였다. 또한 여자들 스스로 과부가 되었을 때 자유로운 성을 구가하기보다는 재혼하는 것을 선호했을 수도 있다. 이 시대에 여성은 어디까지나 누구의 딸, 누구의 아내, 누구의 어머니로서만 사회적 존재의미가 있었기 때문이다. 과부로 산다는 것은 대부분의 경우 절대적인 가난과 주변인들의 끊임없는 성적 호기심 및 폭력의 대상이 됨을 의미했다. 이들에게 선택 가능한 길은 죽은 남편의 아내로서 ○○부인이라는 직함을 계속 유지하며 정절을 지키든가, 아니면 새로운 남편을 만나 다시 그의 부인으로서 살아가든가 둘 중 하나였다. 평생 혼인하지 않고 독신으로 산 여성의 존재도 보이지만, 그렇다고 그녀들이 성적으로 자유로웠던 것은 아니다. 고려시대의 미혼여성이나 비혼여성, 과부는 사랑을 추구할 수는 있었지만 그것은 어디까지나 혼인으로 귀결될 수밖에 없었다.

성적 욕망과 실천의 사이

고려시대에 안전한 사랑은 부부 간의 것이었다. 그러나 남성의 경우는 부인 외에도 합법적으로 사랑을 할 수 있는 대상들이 있었다. 첩과 기녀, 노비 등이 그들이다. 그러나 그녀들은 어디까지나 남자의 요구에 의해 취하고 버려졌던 노리개였을 뿐, 자신이 사랑의 주도자가 될 수는 없었다.

우선 노비는 일상적으로 성적 수탈에 노출되어 있었다. 얼굴이 고운 노비는 주인의 침해를 받았고, 이 경우 질투에 불타는 주인마님의 손에 죽기도 하였다. 예컨대 최충헌의 여종 동화는 얼굴이 아름다워 마을 사람들이 많이 간통하였고, 최충헌 역시 그리하였다. 이의민의 처는 남편과 관계한 노비를 때려죽였다. 또 당시 남성들이 흔히 접할 수 있는 존재가 기녀였다. 기녀, 특히 관기는 당시 여성들 중 가장 공부를 많이 한 부류였고, 미모와 시, 음률 등 여러 면에서 탁월한 존재들이었다. 예컨대 팽원 기생 동인홍動人紅은 문장을 제법 알았다. 어느 날 한 서생에게서 한유의 문장을 배울 때, 서생이 시를 짓지 않으면 가르쳐 주지 않겠다고 하자 그녀는 즉석에서 "술을 사려고 비단 치마

                                        한국여성사 깊이 읽기

를 풀고 / 그대를 부르려 옥 같은 손을 흔드네"라는 시를 지었다. 그러나 그녀는 "좋은 집 따님과 기생의 사이 / 그 마음 사이가 얼마나 다를까/ 가엾다 백주栢舟의 굳은 절개여 / 두 마음 안 품기로 맹세했노니"라는 시를 지어 절개를 지킬 수 없는 자신의 신세를 한탄했다.

기녀의 처지를 잘 보여주는 것으로 다음의 사례가 있다. 남쪽 고을에 자색과 기예가 모두 뛰어난 기생이 있었다. 한 군수가 그녀에게 정을 듬뿍 쏟았는데 임기가 차 돌아가게 되었다. 군수는 술에 크게 취해 옆 사람에게 '만약 내가 군을 떠나 몇 발자국만 가면 곧 딴 사람의 소유가 될 것이다'라며 촛불로 그녀의 두 볼을 지져 성한 곳이 없게 했다. 혹은 임지를 떠날 때 불법이지만 기녀를 데리고 가는 경우도 있었다. 예종의 총애를 받았던 곽여는 홍주洪州를 다스릴 적에 한 기생과 가까이 지냈다. 그는 임기가 차자 몰래 기녀를 데리고 서울로 왔다가 그녀의 인물이 쇠하자 돌려보냈다. 이 때문에 기녀들은 늘 이별을 준비해야 했다. 유명한 고려가요 〈동동〉에는 바로 이런 기녀의 심정을 읊은 서글픈 구절이 보인다. "분지나무로 깎은 아! (임께) 차려드릴 소반 위의 젓가락 같구나 / 임의 앞에 들어 놓았더니, 손님이 가져다가 입에 물었나이다."

한편 기녀나 노비는 관리의 첩이 되기도 했다. 그러나 이들은 천한 신분 때문에 멸시를 받았다. 예종 때 의술로 관직에 오른 최사전에게는 최변과 최열이라는 두 아들이 있었다. 최사전이 생전에 아들들에게 금 술잔을 하나씩 주었는데, 그가 죽은 뒤 첩이 하나를 훔쳤다. 최변이 노하여 첩을 채찍으로 치려 하자 최열이 '이 사람은 아버지가 사랑하던 사람'이라며 형에게 자신의 금 술잔을 가지라 했다. 감히 아비의 첩을 때릴 생각까지 한다는 데서 첩이 얼마나 천한 존재인지를 잘 알 수 있다. 이처럼 기녀와 노비, 첩은 신분제 사회에서 남성들에게 성적으로 수탈당한 대표적인 여성들이었다. 그녀들은 스스로 정조를 지킬 수도 없었고, 남성을 선택할 수도 없었다. 하지만 성적 자기 결정권을 가질 수 없었던 것은 그녀들이나 일반 여성들이나 마찬가지였다.

남편이 있는 일반 여성들은 어떻게 자신의 사랑을 지켜 나갔을까? 혼인 생활을 하던 중 여성이 다른 남성에게 마음이 끌리는 경우를 가정해 보자. 이때 여성들은 어떤 행동을 취할 수 있을까? 첫째, 남편에게 이혼을 해 달라고 요구하는 것이다. 그러나 과연 현실적으로 이혼이 가능할 수 있을까? 이 시기의 혼인은 당사자의 애정에 기초한 게 아니라 집안끼리의 약속이었다. 부인이 남편에게 애정을 이유로 헤어지자 할 수도 없고, 또 이를 부모들이 허락할 리도 없다. 특별한 사유가 있지 않는 한 여성측에서 이혼을 요구하기는 어려웠던 것으로 보인다. 예컨대 충숙왕의 왕비였던 수비 권씨는 처음에 밀직상의 전신의 아들과 혼인했다. 그러나 그녀의 아버지는 사돈집이 마음에 들지 않아 이혼시키고 싶었으나 방법이 없었다. 그러다 마침내 왕의 뜻이라고 주장해 이혼시키고는 그 딸을 왕에게 바쳤다. 즉 '왕의 뜻' 정도로 특별한 사유가 아니면 여성측이 이혼을 주도하기는 쉽지 않았던 것이다.

반면 남성들은 상대적으로 이혼이 쉬웠다. 칠거지악을 이유로 이혼을 하기도 하고, 별 이유 없이(혹은 어떤 식으로든 이유를 대서) 아내를 버리기도 했다. 정치적 변동기에 목숨을 구하기 위해 이혼을 하거나, 혹은 부귀와 권력을 탐해 이혼을 하기도 했다. 그러나 여성의 경우는 그렇게 할 수 없었다. 사회적으로 남자의 능력은 간혹 취할 필요성이 존재하나 여자는 그렇지 못했기 때문이다. 아무리 부덕婦德이 훌륭한 여성이라 해도 그녀가 부덕을 무기로 현재의 남편을 버리고 더 나은 남편에게 시집갈 수는 없었다. 여성은 자신의 친족과 떨어져 개인으로 존재할 수 없었다. 이것이 고려시대 여성이 이혼에서 주도성을 가질 수 없는 가장 큰 이유였다.

한편 여성이 친족의 막강한 배경을 가졌을 때는 원하는 것을 얻을 수도 있었다. 판서 김세덕의 처 윤씨가 수년 동안 과부로 지내면서 행실이 깨끗하지 못하자 그녀의 어머니는 그녀를 전 홍주목사 서의와 재혼시켰다. 그러나 며칠 뒤 윤씨는 서의를 미워하여 쫓아 냈다. 사헌부에서는 이 일을 추궁하며 나졸을 보내 그 집을 지키기까지 했다. 이인임 등은 윤씨에게서 후한 뇌물을 받고는 그것을 그만두게 하려고 꾀한 끝에 '이두란은 누차에 걸쳐 변경을 지키는 공로를 세운 사람이다'라고 말하고 윤씨를 그에게 시집보냈다. 즉 윤씨는 돈과 권력을 무기로 남편과의 이혼을 관철시킬 수 있었던 것이다.

이혼이 어렵다면 다음 방식으로 남편을 피해 도망가는 것을 생각해볼 수도 있다. 그러나 이것은 중죄로, 처가 남편을 피해 도망하면 도형 2년, 도망해 개가하면 유형 2천 리에 처하였다. 전리총랑 배중륜의 처가 친척인 승려 운규와 사통하여 연안부로 도망갔다. 그러나 이들은 붙잡혀 중륜의 처는 매를 맞고 노비가 되었으며, 운규는 문초를 받다 옥중에서 죽었다. 사랑의 도피는 성공 가능성이 희박한, 매우 위험한 방법이었다 하겠다.

마지막 방법으로는 남편을 살해하는 것을 들 수 있다. 남편을 죽이면 미수에 그쳐도 목을 베어 죽였다. 그러나 발각되지만 않는다면 합법적으로 원하는 상대와 재혼할 수 있어, 최선의 방법일 수도 있었다. 이에 여성들은 위험을 무릅쓰고 이를 시도했다. 황주목사 이집의 처 반씨는 호위병 김남준과 간통하고 남편을 죽였다. 극형에 처하려는데 반씨의 친척인 승려 굉민이 충선왕의 총애를 받고 있으므로 여러 번 명령을 내려 저지하였다. 얼마 가지 않아 사면이 있어 형을 면하니 나라 사람들이 모두 이를 갈았다 한다. 최이의 딸은 종과 간통하다가 남편 김약선에게 발각되자 남편을 다른 사건으로 아버지에게 참소하였다. 최이는 사위를 죽였다. 그러나 오랜 뒤에 무고인 것을 알고는 그 종을 죽이고, 그 딸을 죽을 때까지 보지 않았다. 구영검의 처 장씨는 음탕하다고 남편에게 이혼당하자 원망을 품었다. 당시 구영검이 참소를 받아 옥에 갇혀 있었는데 장씨는 외삼촌을 움직였다. 외삼촌인 판사 김성은 안우, 신청 등과 함께 왕에게 고소하고, 또 왕의 명령이라고 속여 구영검을 처형했다. 왕이 잘못됐음을 알고 사람을 보내 중지하게 하였으나 사자가 순군에 도착하니 이미 그 목을 거리에 내건 뒤였다.

이같이 남성은 첩이나 기녀, 노비 등을 통해 합법적으로 다른 여성과 관계할 수 있었던 데 비해 여성은 남편 이외의 남성과 교제할 수 있는 수단이 없었다. 또 자신들의 사랑을 관철하기 위해서는 남편 살해나 도망 등 비상한 방법을 쓸 수밖에 없었다. 죽음을 각오하지 않으면 성적 욕망을 추구하는 것이 불가능했다는 점에서 고려 사회의 성차별적인 성격을 알 수 있다. 그런데 사실 이것은 어느 정도 전근대시대에 공통되는 점이다. 고려의 특징이라면 이러한 규제가 남편 생전

에 한했다는 점이다. 가부장적인 사회였지만 재혼의 자유는 열려 있
던 사회, 특히 가문 같은 것을 까다롭게 따질 필요가 없던 서민들이라
면 좀 더 자유롭게 새로운 사랑을 시작할 수 있었던 사회, 그것이 고
려의 특징이었다.

사료 1.

어름우희 댓닙자리 보와

님과 나와 어러주글만뎡

어름우희 댓닙자리 보와

님과 나와 어러주글만뎡

정情둔 오놌밤 더듸 새오시라 더듸 새오시라

경경고침상耿耿孤枕上애 어느 즈미 오리오

서창西窓을 여러ᄒ니 도화桃花ㅣ 발發ᄒ두다

도화桃花ᄂ 시름업서 소춘풍笑春風ᄒᄂ다 소춘풍笑春風ᄒᄂ다

넉시라도 님을 ᄒ듸

녀닛경景 너기다니

넉시라도 님을 ᄒ듸

녀닛경景 너기다니

벼기더시니 뉘러시니잇가 뉘러시니잇가

올하 올하 아련 비올하
여흘란 어듸 두고
소해 자라 온다
소콧 얼면 여흘도 됴ᄒ니 여흘도 됴ᄒ니

남산南山에 자리 보와
옥산玉山을 벼여 누어
금슈산錦繡山 니블 안해
사향麝香각시를 아나 누어
약藥든 가슴을 맛초ᇘ사이다 맛초ᇘ사이다

아소 님하 원대평생遠大平生애 여힐술 모ᄅᇘ새.(작자 미상, 〈만천춘〉, 《악장
가사》)

사료 2.

쌍화뎜雙花店에 쌍화雙花사라 가고신딘

휘휘回回아비 내손모글 주여이다

이말솜이 이뎜店 밧귀 나명들명

다로러거디러

죠고맛감 삿기광대 네 마리라 호리라

더러둥셩 다리러디러 다리러디러 다로러거디러 다로러

긔자리예 나도 자라 가리라

위위 다로러거디러 다로러

긔잔디ㄱ티 덦거츠니 업다

삼장ᄉ三藏寺애 블혀라 가고신딘

그뎔 샤쥬事主ㅣ 내손모글 주여이다

이말ᄉ미 이뎔밧긔 나명들명

다로러거디러

죠고맛간 삿기 샹좌上座ㅣ 네 마리라 호리라

더러둥셩 다리러디러 다리러디러 다로러거디러 다로러

긔자리예 나도 자라 가리라

위위 다로러거디러 다로러

긔잔디ㄱ티 덦거츠니 업다

드레우므레 므를길라 가고신딘
우믓룡龍이 내손모글 주여이다
이말ᄉ미 이우믈밧긔 나명들명
다로러거디러
죠고맛간 드레바가 네 마리라 호리라
더러둥셩 다리러디러 다리러디러 다로러거디러 다로러
긔자리예 나도 자라 가리라
위위 다로러거디러 다로러
긔잔딕ᄀ티 덦거츠니 업다

술풀지븨 수를사라 가고신딘
그짓아비 내손모글 주여이다
이말ᄉ미 이집밧씌 나명들명
다로러거디러
죠고맛간 싀구바가 네 마리라 호리라
더러둥셩 다리러디러 다리러디러 다로러거디러 다로러
긔자리예 나도 자라 가리라
위위 다로러거디러 다로러
긔잔딕ᄀ티 덦거츠니 업다.(작자 미상, 〈쌍화점〉, 《악장가사》)

권순형, 《고려의 혼인제와 여성의 삶》, 혜안, 2006
고려시대의 혼인과 여성의 가정 생활에 대해 연구한 책. 혼인과 이혼, 재혼, 간통 및 가정 내 여성의 지위와 역할, 생활 등을 다루고 있다. 전근대 여성의 일생에서 가장 중요한 혼인제를 통하여 고려시대 여성의 존재 형태를 짚고 있다.

국사편찬위원회 편, 《혼인과 연애의 풍속도》, 두산동아, 2005
국사편찬위원회에서 발간한 문화사 시리즈의 제1권. 고대 이래 근대까지 혼인과 연애의 변천사를 다루고 있다. 정사류 외에도 고문서나 일기, 문학작품 등을 통한 생활사 연구로서 생생한 시대상을 보여준다.

이숙인, 《동아시아 고대의 여성사상》, 여이연, 2005
여성주의 시각에서 유교 사상을 바라본 책. 유교는 전근대시대에 중국뿐 아니라 동아시아 삼국에 큰 영향을 끼친 사상이다. 일반적으로 남성중심적이라는 유교 사상의 본질 및 역사적 변천을 여성과 관련해 다루고 있다.

김창현, 《고려의 여성과 문화》, 신서원, 2007
고려시대 여성 문화를 전한다. 여성의 사랑과 결혼, 외가와 처가의 위상,
여성의 불교 신앙 및 고려 기녀와 후비 등 다양한 주제를 다루고 있다.

이경복, 《고려시대 기녀 연구》, 민족문화문고간행회, 1986
고려시대 기녀에 대해 다룬 책. 기녀의 발생과 성립, 유형 등 기녀에 대해
개괄한 뒤 기녀의 복식과 미용, 주거 등 생활풍속, 그리고 기녀의 문학에
대해 고찰하였다. 고려시대 기녀에 대한 가장 종합적인 책이다.

딸에서 며느리로: 여성 정체성의 변화

'출가외인'은 언제부터?

1613년(광해군 5) 계축옥사 당시 인목대비는 다음과 같이 광해군과 협상을 한다.

> 대군(영창대군)으로 말미암아 이런 화가 부모와 동생에게 미치니 어찌 차마 들을 수만 있으리까? 내 머리를 베어서 표를 보이니 대군을 데려다가 아무렇게나 처치하고 아버님과 동생을 놓아주옵소서.

《계축일기癸丑日記》에 나와 있는 인목대비의 협상 요지는 아들 영창대군을 데려가 어떻게 하더라도 자신의 친정을 보호해 달라는 것이다. 모성이라는 부분을 놓고 볼 때 이것이 과연 어머니로서 할 수 있는 말인가? 인목대비는 무슨 생각으로 이런 협상을 하고 있는 것일까?

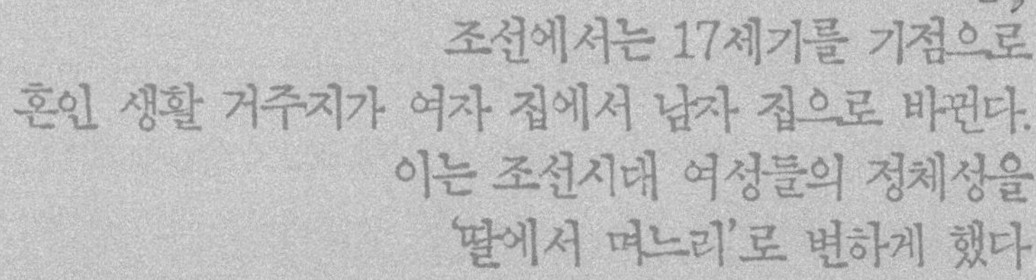

여기에는 물론 복잡다단한 정치적 역학관계가 있다. 적자인 영창대군을 의식한 광해군의 압박이 가중되고 있었고, 대북세력이 한창일 때였다. 인목대비는 이미 영창대군의 목숨은 구할 수 없다는 생각을 하고 있었는지 모른다. 그러나 그렇다고 해도 이런 협상안은 기본적으로 인목대비가 친정에 상당한 무게 중심을 두지 않고서는 나올 수 없는 것이다. 인목대비는 왕실의 대비이고, 대군의 어머니이기 이전에 외척인 연안 김씨 집안의 딸로 보인다. 왕실의 며느리이기보다는 친정 집안의 딸로서의 정체성이 더 강해 보인다는 뜻이다. 왜 인목대비는 이렇게 며느리이기 보다 딸이고자 했던 것일까?

조선시대 여성들은 이 무렵까지도 딸로서의 정체성을 강하게 유지할 수밖에 없었다. 조선시대에는 남귀여가男歸女家—혼인 후 남성이 여자 집에서 생활하는 것—라는 혼인 풍속에 따라 여자들이 혼인을 해도 친정에 머무는 경우가 많았다. 이에 여자들은 자신이 남의 집의 며느리이기보다는 그저 자기가 살던 집의 딸이라는 의식이 더 강했다. 인목대비가 살고 있던 17세기는 남귀여가혼이 점차 줄어들고, 남자 집 거주가 일반화되어 가는 시점이라고 할 수 있다. 그러나 그래도 여전히 여자들의 의식 속에는 친정에 대한 소속감과 딸로서의 정체성이 강하게 자리 잡고 있었다. 특히 왕실 여성은 자기 집안의 대표자로서의 역할을 쉽게 포기할 수 없었다. 이것이 인목대비로 하여금 아주 적극적으로 자기 친정을 보호하도록 한 이유라고 생각된다.

조선의 여성들은 누구나 그렇듯이 자신이 처한 생활 여건 안에서 가능한 자신에게 유리한 위치를 확보하려고 노력했다. 자신의 근거가 친정이냐 시댁이냐에 따라 여자들이 중시해야 할 역할이나 관계 맺음이 달라지는 것은 당연하다. 혼인 후에도 주로 친정에서 생활했다면 친정과의 관계를 돈독히 했을 것이고, 삶의 조건이 시댁에 의해 결정된다면 시댁에 적응하고 거기에서 자신의 위치를 확보하고자 노력했을 것이다. 조선에서는 17세기를 기점으로 혼인 생활 거주지가 여자 집 쪽에서 남자 집 쪽으로 바뀐다. 이는 조선시대 여자들에게 커다란 변화였다. 즉 여자들은 '딸에서 며느리로' 정체성의 변화를 겪지 않을 수 없었다.

인목대비 친필 족자:
인목대비가 계축옥사로 사사된 아버지 김제남과 아들 영창대군을 위해 칠장사를 중건하면서 쓴 글이다.

달라지는 혼인

전근대시기 여성들은 대부분 혼인했고 공적인 직업을 갖지 않았다. 그렇기 때문에 대다수 여성의 삶에서 혼인이 차지하는 비중은 절대적이었다. 조선시대 여자들의 정체성이 딸에서 며느리로 바뀌는 데 가장 결정적인 요인이 된 것은 바로 혼인제도의 변화였다. 조선 초기 사림파의 종장이었던 김종직은 어머니의 고향인 밀양에서 태어났다. 아버지 김숙자의 고향이 선산이었지만, 김숙자가 밀양 박씨와 혼인한 후 계속 밀양에서 생활했기 때문이다. 김종직 자신도 21세에 금산金山(지금의 김천)의 조씨와 혼인한 후, 관직으로 서울 생활을 한 외에는 대체로 처가가 있는 금산에 머물렀다. 아들 목아木兒가 죽었을 때 금산에 있는 장모, 즉 아이 외할머니 묘 곁에 묻었으며, 벼슬살이를 쉬게 될 때나 어머니에 대한 여묘살이를 마친 후에도 늘 금산의 집으로 돌아가서 지냈다. 즉 김종직의 혼인 후 거주지는 금산이었던 것이다. 그러나 모든 관직을 그만둔 후에는 노년을 금산이 아닌 밀양에서 보내게 되는데, 이는 처 조씨가 먼저 죽어 재혼을 하게 되었기 때문이다.

김종직은 52세에 부인을 잃고 3년 후 18살의 문극정文克貞 딸과 재혼한다. 이때는 서울 명례동에서 생활하게 됐는데, 혼인 후 바로 부인을 우귀于歸(신부가 시집으로 오는 것)하게 했다. 김종직의 연보에서 문씨의 우귀를 특별히 기록하고 있는데 이는 당시 이처럼 바로 우귀하는 것이 흔한 일이 아니었기 때문으로 보인다. 대개 우귀는 혼인 후 몇 년은 있어야 하며 때로는 평생 하지 않는 경우도 많았다. 김종직이 문씨를 바로 우귀하게 한 것은 본인이 나이가 많고, 지역이 고향이 아닌 서울이었으며, 재혼이라는 특수한 상황이었기 때문으로 생각된다.

원래 우귀란 《시경》〈주남周南〉 편에서 '여자가 시집가는 것'을 의미했다. 남편 집이 곧 여자들의 본래 집이기 때문에 혼인하고 남편 집으로 가는 것이 진짜 자신의 집으로 돌아가는 것이라는 의미에서 '귀'라고 했던 것이다. 이렇게 해서 시집간 중국의 여자들은 다시 자기가 자란 집에 가기가 어려웠다.

졸졸 흐르는 저 천수泉水도

기수淇水로 흐르는구나

위衛나라를 그리워하여

〈신행〉:
혼인 후 친정에 머물던 신부가 시집으로 가는 것을 말하며, 우귀于歸라고도 부른다.

날마다 생각하지 않는 날이 없으니

예쁜 저 여러 언니들과

애오라지 상의하노라

《시경》의 이 구절은 다른 나라[齊]로 시집간 여자가 고향인 위나라를 날마다 그리워하면서도 가지 못해 어떻게 하면 다시 돌아갈까를 시집올 때 같이 온 여성들과 의논한다는 얘기다. 이어지는 시구에서는 '여

　　　　　　　　　　　한국여성사 깊이 읽기

자가 한 번 시집가면 부모 형제로부터는 멀 수밖에 없다女子有行 遠父母 兄弟' 라는 말도 나온다.

《시경》의 이 구절들은 중국 고대의 혼인 형태와 그로 인해 여자들이 갖게 되는 감정 상태를 잘 보여준다. 즉 혼인이란 여자가 남자 집으로 시집[于歸]을 가는 것이고, 그렇게 한 번 시집을 가면 여성이 친정에 가는 것이 좀처럼 쉽지 않아서 여성들은 늘 친정을 그리워하게 된다는 것이다.

중국에서는 남자 쪽 가족이 며느리나 아내를 맞아들이는 것을 취取한다고 하고, 신부 쪽에서는 누군가에게 '딸을 주었다' 거나 누군가에게 '신부' 로 주었다고 말한다. 따라서 《시경》에서와 같이 여자가

혼인하는 것은 남자 집안으로 '돌아왔다' 가 되는 것이다.

송宋의 정이程頤는 부모들이 며느리 선택보다 딸의 남편을 찾아 주는 일에 더 신경 쓰는 것을 못마땅하게 생각했다. 가문 유지를 위해 후손을 잘 키울 며느리 선택이 더 중요하다고 봤기 때문이다. 그러나 송나라의 부모는 딸의 혼인에 신경을 쓰지 않을 수 없었다. 딸이야말로 집을 떠나 다른 집안으로 가서 적응해야 했기 때문이다. 즉, 남자들이 결혼에 상관없이 같은 집에 계속 머무는 반면, 여자들은 아무리

좋은 환경에 있었다고 하더라도 결혼하기 위해 한 번은 움직여야 했는데, 그것이 부모에게는 대단히 우려되는 일이었다. 이와 같이 중국에서는 고대부터 여자들은 '남편 집으로 가는' 혼인 형태였고, 따라서 혼인 및 가족관계는 부계 중심, 부권 중심, 시가媤家 중심이었다.

그런데 중국과 달리 '귀歸', 즉 '시집간다'는 개념이 조선 중기까지도 보편화돼 있지 않았다. 왜냐하면 조선 중기까지 여자가 혼인 후에도 움직이지 않고 그대로 자신의 집에 머물렀기 때문이다.

혼례는 삼강의 근본이요, 바른 시작의 도이므로 성인이 대혼大婚의 예를 중히 여겨 친영親迎의 의식을 마련한 것이나 우리나라의 풍속은 남자가 여자 집으로 장가가는 것으로 그 유래가 오래 되어, 인정이 이를 편안하게 여기고 있다. 하루아침에 이것을 갑자기 변하게 한다면 젖어 내려온 습관을 버리지 아니하고, 반드시 싫어하고 꺼리는 마음이 생길 것이니, 억지로 명령을 내려 거행하게 함은 불가할 것이나, 이제부터는 왕자·왕녀의 혼인에는 한결같이 옛 제도를 따라서 바른 도

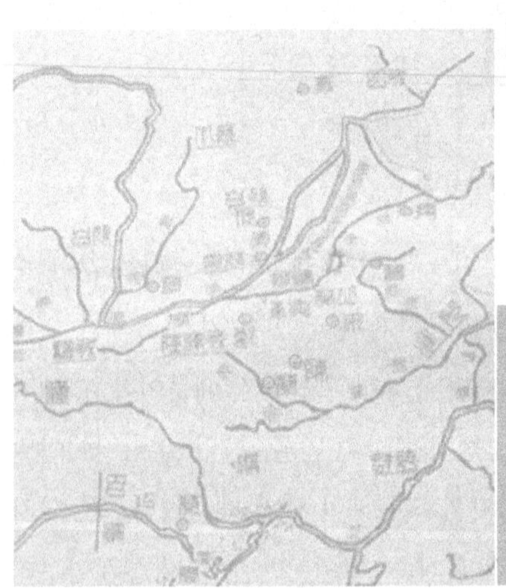

춘추전국시대 지도:
중국의 경우 한번 시집을 가면
자기 집에 다시 가보는 일
자체가 어려웠다.

한국여성사 깊이 읽기

를 삼가 행할 것이니, 그 친영의주를 옛것을 참작하여 시의에 맞게 상정하여 아뢰라. 혹 사대부의 집에서도 역시 이를 행하고자 한다면 의주가 없을수 없으니, 아울러 정하여 아뢰라.(《세종실록》64권, 16년 4월 17일)

1434년 세종이 예조에 내린 명령이다. 혼인 예제를 새로 만든 것이다. 조선에서는 남자가 '아내를 취하는' 것이 아니라 남자가 장인 집으로 들어가는 이른바 '장가를 드는 행위'였다. 우리 문화에서 혼인은 오랜 기간 남자가 움직이는 시스템이었기 때문이다. 세종 눈에 이것은 문제였다.

그런 의미에서 조선 초기 '남귀여가' 논쟁이 조정에서 자주 나타났던 것은 당연한 일이었다. 즉 중국 혼인에서 '귀'란 여성이 시집으로 오는 것을 뜻하는데, 조선에서는 이 '귀'라는 말이 남자에게 적용되고 있었으니 조정에서 이와 관련한 많은 논쟁거리가 있을 수밖에 없었다.

예조에서 복제식을 올려 말하기를 "전조(고려) 구속에 혼인례는 남자가 여자 집으로 가서 아들과 손자를 낳아 외가外家에서 자라게 하니 그런 까닭에 외친의 은혜가 중하게 여기게 되어 외조부모·처부모의 상복에 휴가를 30일을 주었는데 본조에 이르러서도 구습을 그대로 따라 친소에 차이가 없으니 실로 편치 않습니다. 바라옵건대 이제부터 외조부모의 상[大功]에 휴가 20일, 처부모 상[小功]에 15일을 주십시오"라고 하였다.(《세종실록》15년 1월 을미)

예조에서 우리가 남귀여가혼으로 외가와 관계가 두텁고 그래서 외조부모나 친조부모에 대한 상례 휴가가 같으니 문제라고 지적하고 있다. 외조부모나 처부모 상喪의 휴가일을 줄이자는 건의이다. 혼속으로 인해 중국제도와 차이가 나는 것은 하나둘이 아니었다. 국가는 혼속을 바꾸면 그에 따라 많은 것이 달라질 수 있다고 생각했다.

세자가 전 총제 김한로의 집에 친영하였다. 임금이 비가 왔으므로 임시로 임헌 초계를 면제하였다. 을시乙時에 세자가 공복 차림으로 연을 타고, 내시 한 사람으로 하여금 기러기를 가지고 앞에서 인도하게 하고, 서연관·숙위사가 모두 공복 차림으로 따랐다. 김한로의 집에 이르러 연에서 내려 악차幄次에 들어갔다가, 정시丁時에 빈을 맞아 돌아왔다.《태종실록》 7년 7월 13일)

태종 7년(1407) 세자 양녕대군이 김한로의 딸을 친영으로 맞아들이는 장면이다. 그야말로 여자 집에 가서 여자를 데려와 남자 집으로 가는 모습이 잘 나타나 있다. 그러나 이것은 역시 아직 하나의 시도에 불과했다. 조선 초기 친영을 실시한 사례는 왕실 밖에서는 보기 어렵다. 거의 왕자, 공주에 한정돼 있다. 특히 세종이 많은 노력을 했으나 변화는 쉽지 않았다. 훗날 중종이 "세종대왕께서 옛 제도를 흠모하여 왕자와 왕녀의 혼인을 모두 친영으로 하고 사대부들에게도 본받게 하였는데, 근래 들으니 구습을 그대로 쫓아 여전히 '남귀여가' 하니 천도天道에 역행하는 것이다"라고 개탄하고 있는 모습에서도 알 수 있다.

　　　　　　　　　　　　　　한국여성사 깊이 읽기

명종 때에는 친영 보급에 진척이 없자 절충안으로 반친영을 제기하지만, 혼인식을 친영에 가깝게 조금 변화시켰다는 것 외에는 별다른 성과가 없었다. 친영이라는 의례 자체는 왕실을 제외하고는 조선 말기까지도 정착되지 못했다. 여자 집에서 혼인식을 하는 것은 거의 불변이었기 때문이다. 그러나 친영의례는 완전히 정착되지 않는다고 하더라도 여자가 혼인 후 친정에서 거주하는 기간은 점차 짧아져 간 것이 사실이다.

1828년(순조 28) 10월 22일 노상추는 네 번째 손자 명탁의 신부를 맞이한다. 이 신부는 혼인한 지 6개월 만에 처음으로 시댁으로 오는 이른바 신행新行을 하였다. 남자가 여자 집에 가서 혼인을 할 때도 신행이라고 하고 여자가 처음으로 시댁으로 오는 것도 신행이라고 한다. 즉 신행은 여러 가지 의미로 쓰였음을 알 수 있다. 여자들의 신행은 우귀于歸로 더 많이 표현되기도 한다. 같은 해 4월, 명탁이 신부 집에 가서 혼인식을 했고 신부는 그대로 자기 집에 머물다가 이때에 비로소 시댁으로 오는 것이다.

노상추는 명탁이 혼인하러 갔을 때, 따라 갔던 노비들이 돌아와서 '신부 집의 접대가 후하고 신부가 아름답다'고 하는 말을 듣고는 아주 다행이라며 좋아했다. 그러니까 노상추는 손자며느리를 얘기로만 듣고 직접 보지는 못하다가 이때에 이르러 비로소 만나보게 되는 것이다. 신부는 신행 이틀 후 정식으로 시부모를 뵙는 의식新婦見舅姑禮을 치르고 할아버지인 노상추에게는 사흘째 되는 날에 인사를 했다. 노상추는 거듭 신부가 믿을 만한 됨됨이를 가졌다며 좋아한다.

노상추 손자의 경우는 혼인 후 여자가 친정에 머무는 기간이 6개월에 불과했지만, 이 기간은 상당히 유동적이다. 18세기 권상일 집안의 경우에는 며느리가 2년 여가 지나서 손자까지 낳은 후에 시댁으로 오는 것을 볼 수 있기 때문이다. 조선 후기는 조선 초와는 달리 여자가 혼인 후 친정에 머무는 기간이 짧아지는데, 그것이 대개 1~2년, 즉 이른바 해묵이라고 불릴 정도가 된다. 해묵이는 신부가 자신의 집에서 해를 넘긴 후에 시댁으로 온다는 뜻에서 비롯된 말이다. 이제 남귀여가혼은 '해묵이' 정도의 유제로 남게 된 것이다.

이러한 혼속의 변화는 당시 사람들의 생활에 어떤 변화를 미쳤을까? 김종직의 경우를 다시 보자. 김종직이 62세의 나이로 죽었을 때 상례 절차를 책임진 것은 그의 처남과 생질이었다. 당시 문씨부인과의 사이에 낳은 아들은 7세에 불과했다. 그래서 주관자가 부인이 됐으나 실제 상례를 진행시킨 사람들은 따로 있었다. 김종직의 첫 번째 부인의 동생인 조위曺偉와 김종직의 누이의 아들들, 즉 생질甥姪 강백진康伯珍과 강중진康仲珍 등이 그들이었다.

이때에 김종직에게 부계 조카가 없었던 것은 아니다. 그러나 당시 누구도 처남이나 생질이 아닌 친조카가 상례 절차를 담당해야 한다고 주장한 사람은 없었다. 처가나 외가쪽에서 상례에 관여하는 것이 전혀 문제가 되지 않았다. 물론 평소에 조위와 김종직은 학문적으로 가까웠고, 또한 조위가 예법에 밝기 때문에 상례를 잘 치를 수 있는 것은 사실이었다. 그리고 누이의 아들들 역시 장성했으며 학문에 조예가 깊었다. 그러나 그렇다고 하더라도 두 번째 부인이 주관자로 있는데, 첫 번째 부인의 동생이 모든 상례 절차를 담당하고, 또 친조카가 있는데 생질들이 나선다는 것은 후대의 관념으로는 잘 납득되지 않는 일이다. 남귀여가혼 내에서는 분명 부계 일변도와는 다른 친족관계가 작동하고 있었다고 볼 수 있다.

그에 비해 남귀여가혼이 쇠퇴한 조선 후기에는 부계적인 친족체계가 확고해진다. 18~19세기의 《노상추일기盧尙樞日記》(1763~1829)에서 작자 노상추는 만년에 끊임없이 손자항렬의 종손과 갈등한다. 이 종손은 노상추의 일기 내용에 의하면 임의로 종답을 팔아치우고 자신의 어머니도 돌보지 않았다. 노상추는 이 종손에 대한 비난으로 말년의 일기를 채우고 있을 정도다. 왜 노상추는 젊은 종손과 이렇게 갈등할 수밖에 없었을까? 노상추는 품계가 종3품에까지 이를 정도로 말하자면 당시 출세한 관직자였다. 더구나 그의 아들도 무과를 해서 흥덕 현감을 지낼 정도로 노상추 직계 집안은 번성했다. 그러나 이러한 세력에도 불구하고 종가의 종손에게는 꼼짝 못했다. 일기에서 노상추가 '종손이 못됐다'는 말을 입에 달고 살기는 하지만 막상 종손을 앉혀 놓고 나무라지도 못하며 오히려 마주치는 것을 피했다. 부계적인 가족제도의 특성대로 종손의 막강한 위치가 잘 드러나 있다. 김종직 집안 분위기와는 사뭇 다른 모습이다.

이렇게 사회 분위기가 변화되는 속에서 여성들의 정체성도 달라지게 된다. 앞에서 예로 든 김종직의 어머니 경우와 노상추 손자며느리의 삶의 조건은 다르다. 김종직의 어머니 밀양 박씨는 가끔 남편 고향의 선산을 방문하기는 했지만, 시집으로의 정식 이동 없이 내처 자신이 태어난 집에서 살았다. 그에 비하여 권상일의 며느리는 혼인 후 얼마간 친정에 머물렀지만, 결국 시댁으로 갔고 본격적인 시집살이를 했다. 박씨부인과 권상일 며느리의 삶의 태도는 다를 수밖에 없었을 것이다. 김종직의 어머니 박씨부인은 친정에서의 생활에 주안점을 두고 살았을 것이고, 노상추나 권상일 집안의 며느리는 며느리로서의 역할에 더 집중했을 것이기 때문이다. 박씨부인과 노상추 집안 며느리의 자기 정체성은 각각 딸과 며느리로 다르게 나타날 수밖에 없었다.

딸로서의 신사임당

조선시대 대표적인 현모양처로 이미지화되어 있는 신사임당은 사실은 가장 딸로서 살았던 사람이라고 할 수 있다.

신사임당의 아들 율곡은 강릉에서 태어났다. 그런데 율곡이 아버지 이원수의 근거지인 파주나 서울이 아닌 강릉에서 태어났다는 사실은 꽤 흥미로운 사실이다. 신사임당은 19세에 혼인해서 38세가 되기까지 근 20년간 거의 자신의 친정인 강릉 또는 그 주변에서 살았다. 흔히 이렇게 오랫동안 친정에 머문 것이 아버지 신명화申明和가 사임당을 특별히 아껴서 보내지 않으려 했다든가, 아버지의 상喪을 마쳐야 했기 때문이라고 알려져 있으나, 사실은 당시 남귀여가혼으로 혼인 후 여자 집에서 생활하는 것이 일반적이었기 때문에 가능했던 것이다. 아버지 신명화가 서울 사람인데도, 혼인한 뒤에 서울과 강릉을 오가다가 끝내 강릉에 살게 된 것이라든지 신명화의 막내 사위 권화權和가 결국은 장모 이씨부인을 모시고 살았다든지 하는 것은 모두 당시 혼인 후 처가에서 사는 경우가 많았기 때문에 가능했던 일이다.

이러한 혼인 생활에서는 재산이나 제사상속법이 당연히 달랐다.

가정嘉靖 45년 병인 5월 20일에 형제자매가 부모의 재산을 나누는 일을 의논했다. 이 의논은 부모 양쪽의 토지와 노비를 분급하고 누락된 노비를 찾아오는 사람에게는 먼저 한 명을 준 후에 장유長幼의 순서에 따라《경국대전》에 의해 시행할 일이다. 이제 제사에 따른 일들은 함께 의논하여 마련해서 다음에 기록할 것이다. …… 무릇 기제사忌祭祀는 윤행輪行하지 않고 종자宗子 집에서 행하되 매년 자손들이 각기 쌀을 내서 제사를 돕고 친자녀는 10두를 내고 친손자녀는 5두를 내고 친증손자녀와 외손자녀는 2두를 낼 일이다.(보물 제477호,《율곡선생남매분재기》)

이는《율곡선생남매분재기》의 서문이다. 우선 첫 번째 인용문에서는 부모 양쪽으로부터의 재산을 나이 순서대로《경국대전》에 따라 나눈다는 사실을 알 수 있다. 이는 곧 자녀균분상속을 말한다. 즉 아버지 이원수의 재산만이 아니라 어머니 신사임당이 가지고 있던 재산까지 모두를 율곡과 그 남매들이 똑같이 나누어 갖는다는 것이다. 실제로 각각의 분재 몫을 보면, 토지는 20~40복으로 자녀들 간에 차등이 있으나 노비는 대개 15~16구로 균등하게 분배된 것을 볼 수 있다. 토지 상속분에 차이가 있는 것은 땅의 비옥도나 집안 형편 등을 감안한 것으로 보이며 특별히 아들, 딸에 대한 차등으로 보이지는 않는다. 즉 같은 딸이라도 2녀에게는 많이 3녀에게는 적게, 또 율곡에게는 많이 막내 위瑋에게는 좀 적게 분배된 것을 알 수 있기 때문이다. 이러한 자녀균분상속은 16세기 당시 율곡 집안에서만 행해졌던 것이 아니다. 16세기 대부분의 분재기는 이처럼 정확한 균분상속을 보여주고 있다.

그리고 위의 두 번째 인용한 문장을 통해서는 제사도 공동 담당했다는 사실을 알 수 있다. '기제사는 윤행하지 않고 종자 집에서 행하되' 라는 얘기가 있는데, 이는 이제까지 기제사를 윤행했다는 말이다. 아니 적어도 당시 윤행이 많이 행해졌다는 사실을 반증해 준다. "사직골 대기大忌에 제물을 차려서 보냈다. 닷젓골댁의 차례지마는 우리가 했다"라는 17세기 전반 어느 양반가 여성의 일기 내용도 윤행이 조선 중기까지도 비교적 유행하던 제사 형태였다는 것을 잘 보여준다.

제사는 일견 의무로 보이지만, 사실 재산상속권을 가져올 수 있는 권리이기도 하다. 그런데 그 제사를 돌아가면서 지낸다는 것은 윤행자들 간에 동등한 권리가 있었음을 의미한다. 즉 조선 전기 사회에서는 제사에 있어서도 아들과 딸 간에 구분이 별로 없었다는 사실을 알 수 있다. 딸들에게 출가외인의 의식이 아직은 없었을 것이다.

신사임당은 38세에 서울로 온 후에도 강릉과 어머니에 대한 강렬한 그리움에서 벗어나지 못했다.

자당이 평소에 항상 임영臨瀛(강릉)을 그리워하여 밤중에 사람 기척이 조용해지면 반드시 눈물을 흘리며 울고 어떤 때는 새벽이 되도록 잠을 이루지 못했다. 하루는 친척 어른 되는 심공沈公의 첩[侍姬]이 찾아와 거문고를 뜯자 자당께서는 그 소리를 듣고 눈물을 흘리며, '거문고 소리가 그리움이 있는 사람을 느껍게 한다' 고 하셨는데, 온 방 사람들이 슬퍼하면서도 그 뜻을 몰랐다.

율곡에게 강하게 남아 있는 어머니 신사임당의 이미지다. 언제나 강릉을 그리워하여 거문고 소리만 들어도 눈물을 흘리는 모습이다.

여자들이 시집으로 온 후에 친정을 그리워하는 것은 인지상정이지만, 이 정도면 신사임당은 거의 몸만 시댁에 와 있다고 할 수 있다.

자당은 평소에 묵적이 뛰어났는데 7세 때에 안견의 그림을 모방하여 산수도를 그린 것이 아주 절묘하다. 또 포도를 그렸는데 세상에 시늉을 낼 수 있는 사람이 없다. 그리고 그 그림을 모사한 병풍이나 족자가 세상에 많이 전해지고 있다.

율곡은 신사임당의 그림이 세상에 시늉을 낼 수 있는 사람이 없을 정도이고, 또 그 모사품이 많았다고 말한다. 신사임당의 그림이 상당한 수준이었다는 것을 의미한다. 이는 물론 일차적으로 신사임당의 능력에 기인하는 것이겠지만, 주변 환경의 영향도 무시할 수 없었을 것이다. 자신의 재능에 집중하는데, 시댁보다는 친정이라는 환경이 더 유리하지 않았을까?

뒤에 서술할 장씨부인과 달리 신사임당은 그림 그리는 일이 여성 일이 아니므로 그만두어야

신사임당의 〈포도〉:
아들 이이가 따를 사람이 없다고
평가했던 신사임당의
포도 그림이다.

한다는 의식이 없었다. 자신의 감수성을 따르는 일에 그다지 주저하지 않았다. 흉내 낼 사람이 없을 정도의 포도 그림을 그리려면 그림에 투자한 시간이 결코 적지 않았을 텐데 그것은 역시 친정에서의 생활 기간이 길었던 것과 무관하지 않을 것이다. 시집살이가 길었다면 불가능했을 일이다.

신사임당의 자녀 교육도 그녀의 삶의 태도와 관련이 있어 보인다. 신사임당 행장이 그렇게 길지 않기 때문에 자녀 교육 얘기가 짧을 수밖에 없다고는 하지만, 그래도 그 언급이 "자녀가 잘못이 있으면 훈계를 하였으며⋯⋯"라는 딱 한 줄에 그쳐 있는 것은 의외이다. 율곡은 어머니의 자녀 교육과 관련하여 기억할 만한 사실이 거의 없는 듯하다. 흔히 자녀 교육은 며느리의 역할에서 가장 중요한 덕목 중 하나다. 자식을 통해 가문이 빛날 수 있기 때문이다. 신사임당은 이를 의식하고 여기에 시간을 투자하려는 의지가 강력해 보이지는 않는다. 신사임당과 관련한 여러 기록들을 볼 때 신사임당은 시댁의 며느리로서보다는 친정의 딸로서의 존재감이 더 크다. 즉 딸로서의 정체성이 더 강했다. 그러나 이것은 신사임당이 굳이 며느리로서의 역할에 만족하지 못했다거나 의식적으로 그것을 피하고자 해서 생긴 문제로 보이지는 않는다. 다만 당시의 사회 상황, 즉 남귀여가의 혼인 생활이 신사임당의 삶을 그렇게 이끌었다고 할 수 있다.

며느리로서의 장씨부인

정부인 안동 장씨(1598~1680)는 19세에 아버지의 제자인 이시명과 혼인했다. 장씨부인이 태어난 곳은 안동이었고, 시집간 곳은 안동에서 2백 리 이상 떨어진 영해 인양리였다. 그런데 장씨부인은 해묵이 등과 같이 친정에 머무는 기간이 없었다. 장씨부인은 재취로서 곧바로 남편 집에 가서 집안을 관리하고 또 전처 자식 2명을 돌봐야 했다. 장씨부인은 전처의 자식을 포함해 모두 10명의 자녀를 키웠는데, 그중에 둘째 아들 이현일이 정치적으로 또 학문적으로도 널리 알려졌다.

정부인 안동 장씨는 조선 후기 성리학에서 일정한 위치를 차지하는 인물인 장흥효의 무남독녀이다. 이 무남독녀라는 조건은 장씨부인이 어려서부터 성리학에 관심을 갖게 하는 중요한 배경이 되었다. 조선에서는 자녀 교육이 일정 기간 집안에서 이루어지는 경우가 많았는데, 장씨부인은 학자인 아버지로부터 교육을 받을 수 있는 오직 하나밖에 없는 딸이었다.

"경당敬堂 선생께서 다만 딸 한 분만 두었으므로 기특하게 사랑하여 《소학》과 《십팔사략》을 가르쳤더니, 애를 쓰지 않는데도 글 뜻을 통달하게 되었다"라는 기록은 안동 장씨에 대한 아버지 장흥효의 친밀한 교육 과정을 보여준다. 이런 장씨부인이었기 때문에 그녀가 학문에 상당한 조예가 있었을 뿐만 아니라 '시 짓고 글씨 쓰는' 재능이 뛰어난 것은 어쩌면 당연한 일이었다. 아마도 개인적인 능력에 있어서 신사임당에 결코 뒤지지 않았을 것이다.

그러나 장씨부인은 이러한 능력에도 불구하고 어느 시점에 이르자

'시 짓고 글씨 쓰는 것은 모두 여성이 할 일이 아니다' 라고 하여 마침 내 딱 끊어 버리고 하지 않았다고 한다. 장씨부인은 과연 어떤 생각에 서 이런 결단을 내리게 되었을까? 장씨가 생각한 여자들이 해야 할 일이란 어떤 것일까? 그에 대한 행장이나 그가 지은 요리서《음식디 미방》등을 종합해 본다면, 그것은 '봉제사 접빈객' 으로 대표되는 집 안 관리와 훌륭한 자녀 교육으로 요약될 수 있다.

장씨부인은《음식디미방》에 150여 가지의 음식을 수록했는데, 그 중 3분의 1에 해당하는 50종이 술 담그는 법이다. 음식 중에서도 술은 봉제사 접빈객의 핵심이라고 할 수 있다. 술 없이는 제사와 손님접대 는 원천적으로 불가능하기 때문이다.《병자일기》의 조씨부인이 손님 과 관련하여 "이현 승지와 임판사가 와서 술을 석 잔씩 잡숫고 어두워 질 무렵에 권집의가 와서 술을 여섯 잔씩 잡수셨다", "정인동과 이첨 지가 와서 약주 잡수셨다", "식사 후에 사직골 이판서 댁에 가서서 취 하여 어둡게야 들어오셨다"라고 기 록하고 있어 양반 남성들의 방문과 교류에는 늘 술이 빠지지 않는다는 것을 알 수 있다.

안동 장씨의《음식디미방》:
장씨부인이 집안의 주인, 즉 며느리로서의
책임을 다하면서 만든 요리책이다.

송시열은 딸을 위해 쓴 《계녀서》에서 손님접대 잘할 것을 강조하고 있다. 손님을 박대하여 손님이 찾지 않는 집은 하루아침에 문지가 낮아질 수 있다고 했다. 집안의 품격 유지를 위해 손님접대를 잘해야 하는 것은 역시 그 집안 며느리인 부인의 몫이다. 장씨부인은 이러한 사실을 인식하고 있었던 것으로 보이며 시댁 집안을 위해 50여 가지의 술 담그는 방법을 연구했던 것이다.

그런데 재미있는 것은 장씨부인은 《음식디미방》을 완성한 후 딸들에게 이 책을 베껴가기는 하되 가져가지는 말라고 엄명했다는 사실이다. 그는 이 책이 집안의 며느리들에 의해 전수되어야 한다고 생각하며, 남의 집안의 며느리인 딸들은 관계외자라고 보았던 것이다. 여기에서 장씨부인의 며느리로서의 위치, 며느리에 대한 인식 등이 확인된다.

그리고 장씨부인은 어머니의 역할에 아주 적극적이었다. 둘째 아들 이현일이 쓴 장씨부인 행장에는 부인이 늘 자식에게 선善을 권하고 나아가 성인이 되기를 바랐다는 내용이 풍부하게 들어 있다. "너희들이 비록 글을 잘 짓는다는 명성은 있지마는 나는 귀중하게 여기지 않는다. 다만 한 가지 선행이 있다는 말을 듣는다면 나는 문득 기뻐하면서 잊지 않고 있을 뿐이다"(《정부인안동장씨실기貞夫人安東張氏實記》)라든가 이현일이 "내가 노둔하고 우매하여 볼 모양이 없었기 때문에, 비록 능히 지극한 가르침을 따라 실행하지는 못하였으나, 평소에 일찍이 야비한 말과 버릇없이 구는 말로써 나의 입에 올려 말하고 남에게 함부로 하지 않은 것은 실로 부인께서 어릴 때부터 금지하고 경계해서 그렇게 된 것이다"라고 말한 것 등을 보면, 장씨부인이 얼마나 자녀 교육에 깊이 개입했는지를 알 수 있다.

이러한 장씨부인의 모습은 시댁이라는 배경이 없으면 그림이 잘 그려지지 않는다. 제사와 손님접대를 위해 음식과 술을 잘 만드는 방법에 심취했으며, 시댁 집안이 잘되기 위해 자식이 잘돼야 한다는 생각을 가진 전형적인 현모양처의 모습을 엿볼 수 있기 때문이다. 따라서 장씨부인을 유교적인 의미의 현모양처라고 부르는 데에는 거의 이론의 여지가 없어 보인다.

장씨부인의 자녀 교육에 대한 태도는 그녀의 정체성과 관련하여 좀 더 주목해 볼 필요가 있다.

네가 벗을 작별한 시를 보니 見爾別友詩

그 속에 성인을 배우려는 말이 있었다 中有學聖語

내 마음이 기뻐서 다시 칭찬하여 余心喜復嘉

짧은 시 한 편을 지어 너에게 준다 一筆持贈汝

이는 장씨부인이 손자 신급에게 준 시이다. 요지는 손자가 성인聖人을 배우려는 뜻이 있어서 기쁘다는 것이다. 이외에도 "선행은 사람들이 다 하고자 하는 바이다. 지금 어린아이에게도 가리키면서 말하기를 '네가 착하다'고 하면 아이가 기뻐할 것이고 '네가 착하지 못하다'고 하면 아이가 성을 낼 것이니, 선행을 당연히 해야 할 것은 사람들 마음이 다같이 그렇게 여기는 바이다"라는 등의 말을 하고 있다. 장씨부인은 '성인되기'라는 주제에 깊이 빠져 있는 것을 볼 수 있다. 성인이 된다는 것은 성리학에서 가장 큰 목표인 도덕성의 완성을 뜻한다. 장씨부인은 왜 이토록 성인이라는 주제에 깊은 관심을 가졌던 것일까?

그것은 성리학이 당시 사회에서 주류로 살아가는 방법이었기 때문이다. 성리학은 조선시대 모든 남성들이 추구하는 절대적인 가치였다. 그것을 통하여 남성들은 권력을 얻고, 민을 지배했으며 또한 학문을 연구하고 인격을 수양했다. 어느 것 하나 성리학 내에서 이루어지지 않는 것이 없었다. 이러한 사실을 인식한 장씨부인은 자신의 후손들에게 이를 강조하지 않을 수 없었던 것이다.

이러한 장씨부인의 삶의 태도는 신사임당의 그것과는 많이 다르다. 신사임당이 자신의 일에 몰두하여 자녀 교육에 깊이 관여하지 않은 데 반하여 장씨부인은 '성인되기'라는 당시의 트렌드를 자녀에게 강하게 권했다. 또 '시 짓고 글씨 쓰는 일'에 대해서도 신사임당은 그것이 여성이 할 일이 아니라는 의식이 없는 데 반하여, 장씨부인은 이것이 여자로서는 다시 말하자면 며느리로서는 해야 할 일이 아니라고 보았던 것이다.

신사임당과 장씨부인은 개인적인 능력에 있어서는 차이가 있어 보이지는 않는다. 두 사람 모두 총명하고 재능이 뛰어났다. 다만 그 능력을 어디에 썼느냐의 차이가 있었다. 장씨부인이 비록 시 짓고 그림 그리는 일을 그만두었다고 해서 반드시 그가 성취한 것이 신사임당 보다 떨어진다고 할 수도 없다. 왜냐하면 장씨부인은 사임당처럼 개인적인 취향에서 성취를 하려고 하지는 않았지만, '성인되기'라는 또 다른 영역에서의 성취가 있기 때문이다. 당시 성인이 된다는 것은 조선의 모든 남성들이 목표로 하는 것이었던 만큼 장씨부인이 여기에서 성취를 보인 것은 또 다른 의미에서 여성의 영역을 넓힌 것이기도 하다.

또한 두 사람의 차이라면 신사임당이 친정에 오래 거주하면서 개인적인 취향에 몰두할 수 있었던 것이고 장씨부인은 며느리의 덕목이 요구되는 사회 변화 속에서 그 요구에 좀 더 가까운 성리학적 도덕성의 실천에 의욕을 보인 차이가 있을 뿐이다. 그것은 그들이 처한 여건이 친정살이였느냐 시집살이였느냐, 또 그들의 정체성이 딸에 있었느냐 며느리에 있었느냐에 따라 달라졌던 것이다.

조선은 초기부터 부계적인 가족제도를 지향했고 그것은 여성들에게 딸에서 며느리로의 변화를 요구했다. 그러나 조선에서 결과적으로 완벽한 며느리상이 완성되었는지는 의문이다. 조선의 여자들은 끝내 딸로서의 면모를 버리지 않았기 때문이다. 장씨부인 역시 매우 착종된 모습을 보인다. 출가외인의 관념이 있으면서도 친정 일에 매우 적극적이었다. 어머니가 죽은 후 아버지의 재혼을 주선하고 어린 이복동생들이 자랄 동안 친정 제사를 감당했다. 이는 '효'라는 이름으로 실행되었는데, 시댁의 입장에서 보면 충실한 며느리가 할 일은 아니었다.

어쩌면 조선의 여성들은 끝내 딸에서 며느리로 가지 않았는지도 모른다. 출가외인이라는 말이 그렇게까지 강조된 것은 여자들이 결국은 출가외인이 되지 않았기 때문일 수도 있다. '사돈과 측간은 멀수록 좋다' 는 말은 사돈끼리의 관계가 돈독했다는 것을 말해 준다. 가까운 사이이니 갈등이 생기고 갈등이 생기다 보니 멀리 있으면 좋다는 표현이 나온 것이다. 사돈 간에 왕래가 잦은데 여자들이 출가외인으로 고정되는 것이 과연 가능했겠는가? 조선의 여자들은 끝내 딸로서의 정체성을 포기하지 않았던 것으로 보인다.

사료 1.

대군을 곱게 있게 해주시마 하고 여러 날 말씀을 해주시고 내전에서도 속이지 않겠노라고 극진한 투로 글월에 적으셨으니, 나의 이 서러움을 어디다 견주어 말할 수 있으리까마는 대군을 선왕의 유자遺子라 너그럽게 생각하사 하늘이 준 명을 고이 부지하여 살게 해주마고 거듭거듭 말씀을 하셨으니 이 말을 표로 알고 내어 보내 주겠습니다마는, 아버님과 동생을 죽게 하였으니 그 서러움인들 무엇으로 다 측량하여 말할 수 있으리까? 이제 둘째 동생과 어린 동생이 살아남았다 하니 바라옵건대 이 두 동생이나 살려주시면 대군을 내어 보내리다. 서럽게 죽은 가운데서나마 절사絕祀나 되지 않도록 하여 주시기를 비나이다.(인목대비, 《계축일기》)

이때의 인목대비를 보면 왕비이기 이전에 연안 김씨 집안의 딸이라는 느낌을 먼저 받게 된다.

사료 2.

늙으신 어머님을 고향에 두고
외로이 서울로 가는 이 마음
이따금 머리 들어 북촌을 바라보니
흰 구름 떠 있는 곳에 저녁 산만 푸르네(신사임당의 시)

사임당이 고향을 떠나 시댁으로 가면서 지은 시로 추측된다.

전영대·박경신 역주,《병자일기》, 예전사, 1991
병자호란 당시와 그 후 몇 년간의 생활을 기록한 남평 조씨부인의 한글
일기이다. 이미 60세가 넘은 양반가 부인이 집안을 어떻게 관리하는지
또 그 의식세계는 어떠한지를 잘 보여주는 기록물이다.

장병인,《조선 전기 혼인제와 성차별》, 일지사, 1997
고려의 혼인 형태를 시작으로 조선 초기 일부일처제의 강화 과정, 혼인에
대한 규제, 이혼의 유형, 그리고 간통 또는 강간에 대해 제도적으로 상세
히 서술한 연구서이다.

패트리샤 버클리 에브레이Patricia Buckley Ebrey 저, 배숙희 역,《중국
여성의 결혼과 생활》, 삼지원, 2000
중국 송대 여성 생활을 혼인을 중심으로 서술한 연구서이다. 기존 연구에
서 중국 여성을 희생자로 간주하는 것에 대해 여성을 과소평가한 것이라
고 전제하며, 역사 속에서 여성들이 현실에 어떻게 대응하면서 자신의 영
역을 넓혀 갔는지 흥미롭게 서술하고 있다.

이순구, 〈정부인 안동 장씨의 성리학적 삶〉,《조선시대 사회의 모
습》, 집문당, 2003
조선 후기 당시 사회에서 최고 가치였던 성리학을 체득하고 실천함으로
써 여성도 남성과 같이 완성된 인격체에 도달할 수 있다고 하는 가능성

한국여성사 깊이 읽기

을 열어놓은 정부인 안동 장씨에 대한 연구논문이다. 장씨부인은 성리
학적인 삶을 통해 조선시대 여성의 영역을 확대하는 역할을 했다고 할
수 있다.

국사편찬위원회 편,《혼인과 연애의 풍속도》, 두산동아, 2005
혼인을 중심에 놓고 한국여성사를 조명해 본 대중학술서이다. 성은 개방
적이나 혼인은 패쇄적이었던 고대부터 다원적이며 국제적이었던 고려의
혼인, 정비된 혼인을 지향했던 조선, 과거 전통에서부터 달라지는 근대
의 혼인까지를 서술하고 있다.

문숙자,《68년의 나날들, 조선의 일상사》, 너머북스, 2009
무관 노상추의 68년간 일기를 통해 조선 후기 무관 양반들의 일상생활을
보여준 대중학술서이다. 조선 후기 양반들의 일생, 가족관계, 생활 방식
등이 잘 드러나 있다.

이순구,《조선의 가족, 천개의 표정》, 너머북스, 2011
조선시대 가족을 중심으로 생겨난 여러 이야기를 통해 조선 가족관계의
특성을 이야기한 책이다. 처가·외가와의 긴밀성, 집안 내 여성들의 위치,
소외층인 첩과 서얼, 기생 등의 생활상 그리고 조선시대 가족들이 중시한
도덕성 등에 대해 알 수 있다.

열녀:
죽음인가, 죽임인가?

열녀는 누구인가?

장자는 일찍이 "신농神農씨의 시대에는…… 사람들은 어머니는 알아도 아버지는 모른다民知其母, 不知其父"라고 하였다. 즉 인류 역사 초창기에는 어머니는 알 수 있으나 아버지는 잘 알 수 없었다는 뜻이다. 이는 원시에는 성관계가 남녀 공히 배타적이지 않았으며 따라서 지속적인 일대일 대응관계가 보편적인 남녀관계로 자리 잡지 않았음을 의미한다. 이때는 인류가 모계를 통해 계통을 확인하는 것이 비교적 자연스러운 일이었다. 아마도 여자들이 반드시 한 남성만을 고집할 필요가 없었을 것이다. 이른바 열녀의식이 아직 없었다고 할 수 있다.

그러나 문명사회로 넘어와 권력과 국가가 발생하고 그것

이 남자들에 의해 전유되면서 이러한 자연 상태의 남녀관계는 더 이상 유지될 수 없게 되었다. 남자들은 자기 자식의 출생을 통해 자신의 권력을 확인하고자 했고, 또한 자기 자식임이 확실한 자에게 권력을 물려주고자 했다. 따라서 그것을 위해서 혼인은 자신 외의 남자가 끼어들 여지가 없는 배타적인 일부일처제(다처를 포함한)일 필요가 있었다.

중국은 기원전 10세기 주周나라 때부터 부계 중심의 가족제도인 종법宗法을 정착시키기 시작했다. 종법이란 적처嫡妻의 맏아들에게 모든 상속권이 돌아가는 것을 말하는데, 이러한 상속법은 여자들의 의식을 환기시켰다. 자신이 적처여야, 즉 적장자의 아내로서의 위치를 확보해야 자신의 아들이 다음 세대의 권력자가 될 수 있다는 것을 알게 됐다. 따라서 스스로 한 남자에게 완전하게 귀속되고자 하는 마음이 생길 수 있었다. 이는 여자들에게 남편에 대한 절의가 곧 도덕적이라는 인식을 갖게 했을 것으로 보인다.

역사 기록 속에서 열녀라는 말이 처음 쓰인 것은 중국 전국시대 제나라 왕촉王蠋에 의해서였다. 그는 "열녀불경이부烈女不更二夫"라는 말을 했는데, 이는 '열녀는 두 번 남편을 갈지 않는다' 는 뜻이다. 즉 열녀란 '개가할 수 있어도 개가하지 않는 여자'를 뜻하는 것이었다. 종법에서 시작된 열녀의식이 하나의 개념으로 이론화된 것을 볼 수 있다.

그러나 이렇게 이론화된 열녀 개념이 곧바로 널리 보편화된 것은 아니다. 여성에 대한 최초의 교훈서라고 하는 한나라 유향의《열녀전列女傳》에서는 모의, 현명, 인지, 정순, 절의를 여성의 삶의 기준으로 제시했지만, 이때의 절의는 열녀의 개념이기보다는 어떤 경우에서든 신의를 지키는 것을 의미했다.

교훈서에서 열녀의 의미가 명확해진 것은 반소의《여계女戒》에서라고 할 수 있다.

남편은 재취의 뜻을 가질 수 있어도 부인이 두 번 시집갈 수 있다는 글귀는 없다. 그러므로 '남편은 하늘이다. 하늘은 피할 수 없는 법이니 남편도 거스를 수 없다'고 하는 것이다. 행실이 천지신명의 뜻에 어긋나면 하늘이 벌을 내릴 것이다. 예의에 잘못됨이 있으면 남편이 소박을 놓을 것이다. 그러므로 남편 섬기기를 하늘을 섬기듯 하고, 효자가 아버지를 모시듯 하고, 충신이 임금을 모시듯 해야 한다.

《여계》는 이후 열녀에 대한 규범서에서 하나의 전범이 되었다. 그러나《여계》가 열녀의 양산에 곧바로 기여하지는 못했다. 당에서는 여자의 수절이 권장되었지만, 현실적으로 재혼도 많은 편이었다. 그

     한국여성사 깊이 읽기

러던 것이 송대에 오면 달라진다.

어떤 사람이 '도리 상 과부를 아내로 맞을 수 없다고 했는데 어째서 그런가요?'라고 묻자 정자程子는 '그렇다. 무릇 아내로 맞는다는 것은 배필로 삼는 것이다. 만약 절개를 잃은 사람을 맞아서 배필로 삼는다면 자신도 절개를 잃게 된다'라고 말했다. 그러자 '어떤 과부가 가난하고 궁핍하며 의지할 곳이 없다면 재가하는 것이 어떻겠습니까?'라고 물었다. '그것은 후세 사람들이 춥고 굶어 죽는 것을 두려워해서 그렇게 말한 것이다. 굶어 죽는 일은 아주 작은 일이지만 정조를 잃는다는 것은 매우 큰 일이다'라고 대답했다.

'굶어 죽는 일은 작은 일이고, 정조를 잃는 것은 큰 일'이라는 정자의 이 생각은 송대 열녀관에 결정적인 영향을 미쳤다. 송대의 성리학이 도덕을 최고의 가치로 삼고, 그것의 실천에 의미를 두면서 여자들은 열녀에 집중했다. 열녀가 되는 것은 사회로부터 도덕성을 인정받는 것이며 주류로 살아가는 방법이었기 때문이다. 여성들이 열녀가 되고자 하는 것은 당시 사회의 경향성을 따라가는 것이었다. 그러나 송대까지도 아직은 열녀가 양산되었다고는 말할 수 없다. 열녀의 의미가 여성들에게 체화되는 데는 시간이 필요했기 때문이다. 열녀되기의 트렌드는 송을 이어 원, 명에서 심화되었고, 청에 이르러서는 드디어 하나의 병폐가 되기에 이르렀다.

조선 이전의 열녀

중국에서는 고대에 종법이 성립하고, 전국시대에 이르러 남편이 죽은 후 개가하지 않는 열녀들이 나타나는 반면, 한국에서는 그보다 한참 후인 삼국시대에도 아직 열녀 개념이 성립하지 않았던 것으로 보인다.

고구려 건국신화에서 유화는 해모수와 관계를 가져 주몽을 낳은 후 새로 만난 금와왕과 함께 살고 있다. 물론 해모수가 머문 기간이 오래지 않은 것으로 나타나 있기는 하지만, 유화는 해모수와의 관계에 집착하는 모습을 보이지 않는다. 그리고 주몽이 고구려를 건국하는 데 결정적인 도움을 준 인물로 알려진 소서노 역시 과부였으나 주몽과 긴밀한 관계를 맺고 있었다. 만일 부여로부터 유리가 오지 않았다면, 소서노가 전남편 우태와의 사이에서 낳은 아들인 비류와 온조 중에 주몽의 후계자가 나올 수도 있었다. 즉 주몽과 소서노는 실질적인 부부관계에 있었다고 할 수 있다.

유화와 소서노를 통해 알 수 있는 사실은 이 시기 남녀관계가 매우 유동적이라는 점이다. 이미 종법이 형성된 중국에서와 같이 남녀의 일대일 대응관계가 확고하지는 않다. 중국에서는 혼인 상대에 대한 선택권이 주로 남자 집안에 있고, 또 두 집안의 결합 후 여자 집안의 영향력이 미미한데 반하여 우리의 경우에는 여자 집안에도 선택권이 있으며 혼인 후에도 그 영향력이 크다. 이는 남녀관계를 유동적이게 할 수 있다. 상대 남자가 사라지거나 죽었을 때 여자 집안은 새로운 남자 집안을 선택할 수 있는 것이다. 이런 관계에서는 열녀가 출현할 이유가 없다.

한국 역사상 최초의 열녀로는 《삼국사기》 〈열전〉의 설씨녀와 도미부인을 꼽을 수 있다. 설씨녀는 늙은 아버지 대신 전쟁에 나간 약혼자를 기다리며 아버지가 다른 사람에게 시집보내려 한 것에 끝까지 굴하지 않았던 인물이며, 도미부인은 왕의 유혹을 끝내 거절하고, 왕에 의해 장님이 된 남편을 찾아간 것으로 유명하다. 그런데 과연 이들은 왕충이 정의한 대로 '개가할 수 있는데, 개가하지 않은 여성', 즉 열녀로 정의될 수 있는가?

일차적으로 이 둘은 완전한 과부가 아니다. 열녀의 개념은 어디까지나 남편 사후에 수절을 하는 여자이다. 그런데 이들은 약혼남을 기다린다든지, 남편이 살아 있어서 왕의 유혹을 물리친다는 등의 사례이다. 따라서 이것은 사람 사이의 신의의 문제이지 열녀의 문제는 아니다. 이들은 열녀보다는 신의 있는 여성으로 평가되는 것이 더 맞지 않나 생각된다.

고려에서도 이는 크게 다르지 않다. 고려에서 여자들의 재혼은 빈번했다. 문덕

《삼국사기》 〈열전〉 제48 권13 '설씨녀 편' :
《삼국사기》 〈열전〉에 나오는 설씨녀 기록이다.
설씨녀는 약혼자에 대한 신의를 지켰던 것이지
과부로서 수절한 사람은 아니었다.

왕후 유씨는 광종의 딸이고 어머니는 대목왕후 황보씨이다. 처음에는 종실인 흥덕원군과 혼인했다가 후에 성종의 왕비가 되었다. 성종은 유씨와 혼인함으로써 왕위에 오를 수 있었다. 고려는 초기 왕위계승에서 태조의 왕비집단으로 유력했던 황보씨와 유씨가 교대로 그 계보를 이어 갔다. 왕위가 한 가계에서 타 가계로 이행될 때는 반드시 전왕 가계의 사위로서의 지위를 얻음으로써 가능했다. 그래서 성종은 유씨와의 혼인이 필요했던 것이다. 목종도 성종 사후에 성종 사위의 자격으로 왕위에 올랐다. 왕위계승에 여자 집안의 영향력이 이 정도라면 남자 집안의 순수성 또는 부계성 때문에 요구되는 여자의 수절이 그렇게 큰 의미를 지닐 수는 없다.

또한 고려는 통치의 근간이라는 이유로 효를 적극 권장했지만, 여자의 수절에 대해서는 아직 그다지 주목하지 않았다. 고려 여성들의 묘지명에 "60년을 홀로 살았는데, 친척에게 화목하고 노비나 첩에게 인자한 것이 마치 부군이 살아있을 때와 같이 하였다. 당시 두 아들이 모두 어렸으나 잘 가르치고 길러 어른이 되게 하였으니"라든가 "정읍 부군이 세상을 떠난 다음 40년간 과부로 수절하였는데, 총명하고 자상하면서도 엄해 두 아들이 공부를 열심히 해서 모두 학문으로 출세하도록 하였다"는 등의 기록은 이 시기 여성 행적이 수절 자체보다 집안을 잘 다스리고 자식을 잘 기르는 것에 더 의미를 두고 있음을 보여 준다. 조선에서 여자가 수절했을 경우 수절 자체에만 초점을 맞추는 것과 비교된다.

고려에서는 재혼이 법으로 금지되어 있지 않았고, 실제로 많이 재혼을 했다. 조석견의 처 장씨는 자신의 집에 놀러온 강윤충을 보고 반해 남편이 죽자 그를 불러들여 사통하였다. 그런데 강윤충이 장씨가 음란하다는 소문을 듣고 그녀를 버리자 이번에는 다시 억지로 구영검을 맞아들여 간통하고 결국 부부가 되었다. 이 경우는 장씨가 자신의 애정에 적극성을 보인 경우였고, 이외에도 고려에서는 생계 때문에 혹은 정치적인 이유에서 또 부모가 적극 권장해서 재혼하는 경우가 많았다.

고려에서 수절은 물론 권장 사항이었지만, 그것이 여성들 삶의 기준이 될 정도로 비중이 크지는 않았다. 아직 열녀가 양산될 사회적 배경이 형성되지 않았던 것이다.

열녀를 권하는 사회

그러나 조선에 들어오면 상황은 달라진다. 《경국대전》〈예전〉에는 "재가했거나 실행한 부녀자들의 아들과 손자는 문과를 볼 수 없다"는 조항이 있다. 이 조항이 만들어지기까지의 과정은 조선에서 열녀가 왜, 어떻게 권장되었는가를 알 수 있게 한다.

부부는 인륜의 근본입니다. 그러므로 부인은 삼종의 의미는 있지만 다시 시집가는 이치는 없는 것입니다. 그런데 지금 사대부의 정식부인들 중에 남편이 죽었거나 남편에게 버림을 받았을 경우, 혹 부모의 뜻에 따라 혹은 스스로 매파를 두어 그 남편이 둘, 셋에 이르니 이는 절개를 잃고도 부끄러워 할 줄 모르는 것으로 풍속에 누가 됩니다. 바라옵건대 양반의 부인 중에

세 번 시집간 자는 고려의 법에 따라 자녀안에 기록하여 부인의 도를 바로
하십시오.

태종 연간 수절에 신하들의 대한 건의가 등장하기 시작한다. 그러
나 이때는 어디까지나 '세 번 시집가는 자'를 문제 삼는 정도였다.

그러던 것이 조선 성종대에 이르면 강도가 심해진다. 《경국대전》이
완간되기 8년 전(1477) 조정에서는 며칠간에 걸쳐 격렬한 논쟁이 벌어
졌다.

양반 여자로서 일찍 과부가 된 데다가 부모마저 돌아가셔서 살아갈 방도
가 막연하고 돌아갈 곳조차 없어 부득이 재가한 사람이나 또는 부모의 명
령으로 수절할 수 없게 된 사람은 어쩔 수 없습니다. 그러나 이미 자식도
있고 또 집도 가난하지 않은데 스스로 재가한 여자들은 세 번 시집간 예로
논하는 것이 어떠하겠습니까?

친정에도 본인 혼자뿐이고 자식도 없이 일찍 과부가 된 여자가 부득이 개
가한 경우나 보호해 줄 사람이나 자식 없이 일찍 과부가 된 여자를 그 친
척들이 의논해서 재가하게 한 경우 등을 제외하고는 나머지는 모두 세 번
시집간 예로 논하십시오.

법전에서도 재가녀는 봉작하지 않는 선에서 그치고 세 번 시집간 경우에
만 실행과 같이 취급하여 그 자손을 벼슬길이나 과거에 나아가지 못하게
하였습니다.

이때 논란의 요지는 삼가녀三嫁女는 반드시 법으로 다스려야 하지만

　　　　　　　　　　　　　　　　　　　　　　한국여성사 깊이 읽기

재가녀는 경우에 따라 선처할 수 있다는 것이다. 의견은 대체로 재가는 반드시 금지할 필요는 없다는 쪽이 많았다. 특히 일찍 과부가 되고 의탁할 곳이 없는 경우에는 더욱 재가를 금할 수 없다는 것이다. 이에 비하여 어떤 경우든 부녀자의 재가는 실절이며 따라서 금지해야 한다는 것은 소수 의견이었다. 그러나 다수의 반대 의견에도 불구하고 성종 16년(1485)에 반포된 《경국대전》에는 재가녀 자손에 대한 금고의 법이 실리게 되었다.

조선에서 이렇게 재가금지법까지 만들어지게 된 이유는 무엇일까? 조선은 이제까지의 가족 형태와는 다른 부계 중심의 가족제도가 정착하기를 바랐다. 즉 고대 이래 모계나 처계가 가족제도에 미치는 영향력을 축소하고자 했다. 조선은 중국의 부계 중심의 가족제도가 더 선진적이라고 생각했던 것이다. 가족관계에 있어서 부계와 모계가 대등한 영향력을 가지면 힘은 분산될 수밖에 없다. 조선은 더 이상 힘이 분산되는 가족 형태를 원치 않았던 것으로 보인다. 부계 중심 사회로의 전환은 그래서 필요했다.

열녀란 재혼하지 않는 여자로서 부계를 확고히 하는 데 필요하다. 여자가

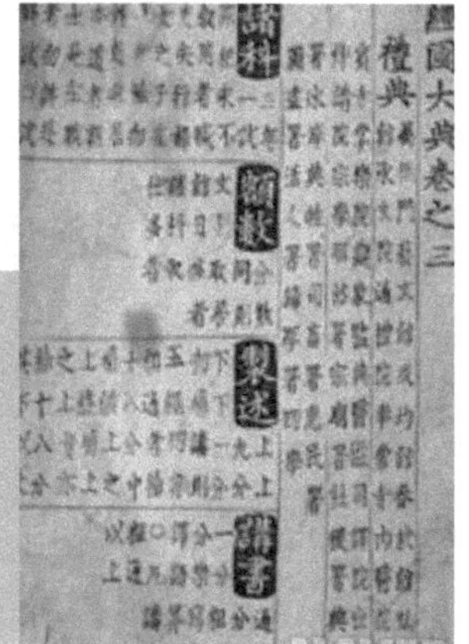

《경국대전》 〈예전〉 '제과' 재가녀 과거금지조항:
《경국대전》 〈예전〉 '제과'에서 '재가하거나
실행한 부녀의 아들 및 손자는 문과,
생원·진사시에 응시하지 못한다'는
조항을 확인할 수 있다.

남편 사후 남자 집안을 떠나지 않고 계속 머물면, 부계 가계 구성이 흐트러지지 않는다. 그러나 여자가 재혼을 하면 전남편의 아들을 어떻게 할 것인가 등의 복잡한 문제가 발생할 수 있다. 부계 가족의 순수성 유지와 권력의 일원화는 불가분의 관계이며 이를 위해 여자의 수절이 요구될 수밖에 없었다.

조선은 부계적인 가족제도의 정착을 위해 열녀를 원했고, 그것을 위해 재가녀에게 불이익을 주는 방법을 택했다. 재가에 대한 제재법은 효과가 있었다. 조선에서 과거는 양반 남성들의 삶을 결정짓는 가장 중요한 요소였다. 관직에 나아가고, 그것을 통해 양반 신분을 유지할 수 있었기 때문이다. 과거를 볼 수 없는 양반은 더 이상 양반이 아니다. 따라서 자신의 아들이 과거를 볼 수 없다는 데도 불구하고 재혼을 할 수 있는 양반 여성은 많지 않았다.

조선은 물론 불이익을 주는 정책만 썼던 것은 아니다. 조선은 성리학에 기초한 국가이다. 성리학은 송 이전의 유학에 비해 인간의 도덕적 수양을 강조했다. 즉 인간은 도덕적 수양을 통해 완성된 인격체인 성인에 도달할 수 있다고 보았다. 이는 인간의 자율의지의 확대를 가져왔다. 누구나 도덕을 실천하면 성인이 될 수 있다는 신념은 인간에게 자부심을 주었고 스스로 노력하는 효과를 낳았다. 조선은 자발성이 사회를 안정적으로 운영하는 데 중요한 자원이 된다는 것을 알았다. 자발적 동의, 즉 내면화에 의한 에너지는 강요에 의한 것보다 훨씬 강력하기 때문이다. 처음에는 국가가 도덕성을 강조하고 통제를 했지만, 점차 사람들이 스스로 도덕의 실천에 앞장섰다. 국가에는 충신이 집안에는 효자와 열녀가 양산되기 시작했다.

내면화되는 열녀의식

처음 조선에서 열녀는 재혼하지 않는 여자를 의미했다. 굳이 더 나가자면 남편을 위해 목숨을 아끼지 않는 여자 정도를 뜻했다. 젊어서 남편과 사별한 뒤 개가하지 않고 수절하여 3년간 남편의 묘를 지키고, 제사를 잘 받들거나, 시부모를 잘 봉양하고 시부모가 죽은 뒤에도 그 제사를 친어버이의 것처럼 잘 받드는 것이 조선 초기 열녀의 일반적인 모습이다.

그러나 17세기에 접어들자 단순히 재가하지 않았다고 해서 열녀가 될 수 있는 것이 아니었다. 점차 열녀는 남편을 따라 죽는 여자를 의미하게 됐다. 조선시대 이옥은 "나라 안의 소복 입은 홍안의 여인들은 모두 옛날 개념으로는 열녀인데, 요즘에는 남편을 따라 죽어야만 나라에서 정문을 세워 주니 따라서 조선의 열녀는 모두 죽은 자 뿐이다"라고 말했다. 열녀의 개념이 변화된 것이다. 즉 '재가하지 않는 여자'에서 '남편을 따라 죽는 여자'로 변화했다.

왜 이런 변화가 나타났을까? 이옥은 '나라에서 남편을 따라 죽어야만 정문을 세워 줬다' 고 했으나 이는 그 주체를 바꿔 생각해 볼 수가 있다. 국가는 왜 남편따라 죽은 여자에게만 정문을 주게 됐을까? 그것은 이미 재혼하지 않는 여자들이 너무 많아서 더 이상 그들에게 열녀로서의 정문을 줄 수 없게 됐기 때문이 아닐까? 조선 후기에는 과부면 누구나 재혼하지 않는 것이 일상화되었다. 재혼하지 않는 것만으로는 정문을 줄 요건이 될 수 없게 된 것이다. 이에 여자들은 수절이 아니라 죽음까지 택했다. 그런데 거꾸로 생각해 볼 수도 있다. 국가가 남편을 따라 죽는 여자에게만 정표를 하기 때문에 여자들이 남편을 따라 죽게 된 것이 아니라, 남편을 따라 죽는 여자들이 많아져서 국가가 이들에게 정표를 하게 된 것은 아닐까? 양자는 별 차이가 없는 듯 보이지만, 사실상 큰 차이가 있다. 어느 쪽이 열녀 양산을 주도했는가의 문제이기 때문이다.

열녀의 양산을 주도한 것은 여자들 쪽이라고 할 수 있다. 더 이상 재혼하지 않은 것만 가지고는 인정받을 수 없다는 사실을 감지한 여자들이 더 심하게 죽는 쪽을 택했기 때문이다. 죽음을 불사하면서까지 여자들이 원했던 것을 무엇일까?

화순옹주가 졸卒하였다. …… 월성위月城尉 김한신金漢藎에게 시집가서 비로소 궐문을 나갔는데, 심히 부도를 가졌고 정숙하고 유순함을 겸비하였다. 평소에 검약을 숭상하여 복식에 화려하고 사치스러운 것을 쓰지 않았으며, 도위都尉와 더불어 서로 경계하고 힘써서 항상 깨끗하고 삼감으로써 몸을 가지니, 사람들이 이르기를, '어신 도위와 착한 옹주기 아름다움을 짝할 만하다'고 하였다. 도위가 죽자, 옹주는 따라서 죽기로 결심하고, 한 모금의 물도 입에 넣지 아니하였다. 임금(영조)이 이를 듣고, 그 집에 친히 거둥하여 미음을 들라고 권하자, 옹주가 명령을 받들어 한 번 마셨다가 곧 토하니, 임금이 그 뜻을 돌이킬 수 없음을 알고는 슬퍼하고 탄식하면서 돌아왔다. 음식을 끊은 지 14일이 되어 마침내 자진하였다. 정렬하다. 그 절조여! 이는 천고의 왕희王姬 중에 있지 아니한 바이다.

사람이 제 몸을 버리는 것은 모두 어려워한다. 그렇기 때문에 신하가 그리

                                   한국여성사 깊이 읽기

하였을 경우에는 충신이 되고 자식이 그리하였을 경우에는 효자가 되고 부녀자가 그리하였을 경우에는 열녀가 되는 것이다. 어떤 사람은 '지어미가 지아비를 따라 죽는 것은 교훈으로 삼기 어렵다'고 하였다. 그러나 효도에 지장이 없다면, 지어미가 지아비를 위하는 것이 충효와 무엇이 다르겠는가? 부부의 의리를 중히 여겨 같은 무덤에 묻히려고 결연히 뜻을 따라 죽기란 어렵지 않은가, 매섭지 않은가? 여염의 일반 백성들도 어렵게 여기는데 더구나 제왕의 가문이겠는가? …… 아! 참으로 매섭도다. 옛날 제왕의 가문에 없었던 일이 우리 가문에서만 있었으니, 동방에 곧은 정조와 민

화순옹주홍문: 화순옹주에게 내려진 정려문이다. 대문 위에 "烈女綏祿大夫月城尉兼五衛都摠府都摠管 贈諡貞孝公金漢藎配和順翁主之門[월성위 김한신의 부인 화순옹주의 열녀문]"이라는 문구가 적혀 있다.

음이 있는 여인이 있다는 근거가 있을 뿐만이 아니라, 어찌 우리 가문의 아름다운 법도에 빛이 나지 않겠는가? 더구나 화순 귀주는 평소 성품이 부드럽고 고우며 덕의가 순일하게 갖추어져 있었으니, 대체로 본디부터 죽고 사는 의리의 경중을 잘 알고 있으므로 외고집의 성품인 사람이 자결한 것과는 비교가 되지 않는다. 아! 참으로 어질도다.

이는 실록에 나와 있는 영조의 딸 화순옹주의 졸기卒記와 정조가 화순옹주에게 열녀문을 내리면서 지은 교서의 일부분이다. 이 기사들은 비록 여성 자신이 쓴 글은 아니지만 왜 조선시대 여성들이 스스로 열녀가 되고자 했는지를 추측할 수 있게 한다.

우선 화순옹주는 왜 자결을 했을까? 열녀가 되고 정표를 받으면 잡역을 면제받는 혜택이 있었다. 그러나 화순옹주는 왕실의 몇 안 되는 옹주인 터라 이런 경제적인 이유와는 거리가 멀다. 또 성품이 외고집이지도 않았다고 했다. 쉽게 말해서 그다지 부러울 것이 없는 왕의 딸이 왜 이런 자진의 방법을 택했냐는 것이다. 도대체 무엇이 화순옹주가 죽음을 택하도록 했는가?

정조는 조선의 역대 왕들 중에 유일하게 개인문집을 갖고 있을 정도로 감수성이 뛰어난 왕이다. 그런 정조가 화순옹주의 도덕적 행위에 대해, 마음으로부터의 존경심을 표하고 있다. 《공자의 이름으로 죽은 여인들》에서 전여강田汝康은 중국 명나라 때에 열녀가 양산되었던 것은 당시 과거에 계속 불합격하는 남성들이 증가하면서 그들이 자신의 불우한 처지를 여성들의 순절에 투사하여 여성의 도덕성을 그야말로 눈물 나게 찬양했기 때문이라고 했다.

정조의 글은 명대 불우한 문사들의 글만큼 의도적이거나 공개적이지는 않다. 그러나 화순옹주의 자결을 전무후무한 왕실의 도덕적 행위로 높이 평가하고 있다. 여기에 화순옹주를 포함한 여성들이 왜 열녀가 되고자 했는가의 해답이 있다고 생각된다. 조선에서든 혹은 중국에서든 여성들이 원했던 것은 그들 자신에 대한 이러한 찬양이었다. 왜냐하면 그것은 바로 도덕이라는 것에 있어서 여성들 스스로 완성된 인격체에 도달했다는 생각을 가질 수 있도록 하기 때문이다.

조선시대 열녀는 부계 중심의 가족제도를 순수하게 유지하기 위해 권장되었지만, 시간이 지나면서 여성들은 열녀를 자신들의 방식으로 해석하기 시작했다. 여성들은 남성들이 그랬던 것처럼 성리학에서 최고 목표로 하는 도덕적 인격체의 완성이라는 커다란 틀 안에 자신을 위치하게 하려 했다. 이것은 조선 여성들이 도덕성을 내면화하는 과정이라고 말할 수 있다. 도덕이 최고의 가치로 인정받는 사회에서 도덕적 존재로 추앙받는다는 것은 최고의 현달이었다. 여성들은 열녀되기에서 자신을 드러내는 방법을 찾았던 것이다.

정조도 말했듯이 사람이 제 몸을 버리는 것은 어려운 일이다. 적어도 그 시대가 요구하는 최고의 덕목을 실현한 인격체로 대접받는다는 보장이 없다면 이루어질 수 없는 일이다. 조선의 여성들은 사실상 최고의 도덕적 인격체가 되기 위해서 열녀가 되었던 것이다. 열녀의 양산은 도덕성의 내면화와 자발성에 좀 더 깊은 연원을 두고 있다.

열녀 열전

1826년(순조 26) 6월 13일 노상추의 적통 손자 명숙明琡이 갑자기 죽었다. 명숙이 혼인한 지 몇 개월 만이다. 이때 그의 처 정씨는 '해묵이'로 친정에 있었다. 조선 후기 혼인은 혼인 후 1~2년간 신랑이 신부 집을 오가고 신부는 자신의 집에 그대로 머무는 해묵이를 했다. 친정에 있던 정씨는 남편이 죽었다는 말을 듣고 그날로 길을 나서려고 했다. 그러나 친정 아버지가 만류하는 바람에 하루를 지체하고, 이튿날 오후에야 출발할 수 있었다. 그러고는 200리 길을 이틀 만에 달려 시댁에 도착했다. 첫째 날은 오후에 출발한 터라 40리밖에 갈 수 없었고, 그래서 그 다음날 160리를 하루 만에 달려간 것이다. 보통 지방에서 서울에 갈 때 아무리 빨리 가도 하루에 100리를 넘지 않는다. 그런데 정씨는 160리 길을 달린 것이다. 말 한 마리로 안 돼서 세 번 말을 갈아탔다고 한다. 노상추는 손자며느리가 무사히 도착한 것은 하늘이 도운 일이라고 했다. 여기에서 이미 정씨가 대단히 의지가 강한 인물이라는 사실을 엿볼 수 있다.

그런데 정작 특기할 일은 그 후에 일어났다. 손부 정씨가 남편이 죽은 지 석 달 여 만인 9월 29일에 자결을 하고 만 것이다. 집안의 정원수에 목을 매달았다. 이때 노상추는 큰아들을 따라 홍덕에 머무르고 있었다. 그가 홍덕으로 떠나올 때 손부 정씨는 다른 손부들과 함께 배웅을 했었다. 그런 손자며느리가 죽은 것이다. 노상추는 그 죽음에 대해 "그 탁절은 아름다우나 집안의 화는 참담하도다. 옛 열행 중에 이와 같은 이가 적었다"라고 술회했다. 정씨는 죽은 지 일 년 후 이 지역

한국여성사 깊이 읽기

의 효열 추천에서 첫 번째로 올라갔다.

노상추 집안에서 직접 손부에게 자결을 부추긴 정황은 보이지 않는다. 노상추가 '집안의 화가 참담하다'고 말하고 있는 것을 보면 손자며느리가 자결한 것이 반가운 일은 아니었던 것 같다. 물론 이 손자며느리의 앞길이 막막하다는 생각은 했을 것이다. 그래도 죽음을 바란 흔적은 없다. 그런데 이 손부의 제사는 노상추의 일기에 계속 기록된다. 여타의 며느리들과 달리 기억되고 있는 것이다. 권장하지는 않았지만, 어려운 행위를 했다는 것만큼은 인정하는 분위기이다. 이 인정은 물론 사회적인 강요의 다른 모습이다. 그러나 그러한 강요에 적극 응하고 안 하고는 역시 개인의 의지에 달린 문제라고 할 수 있다. 200리 길을 하루 반 만에 달려오는 정씨의 성격을 볼 때, 정씨는 사회적인 강요의 자기 내면화에 매우 적극적인 인물이었음을 알 수 있다. 도덕성의 내면화 과정에 따른 선택으로 보인다. 노상추의 이 손부는 조선 후기 전형적인 열녀라고 할 수 있다.

17세기 후반 경북 의성현의 우열녀 이야기는 또 다른 열녀 사례로서 흥미롭다.

네가 사람의 자식이 되어 상중喪中에 여색을 탐하니 가히 사람이라고 할 수 있겠는가. 남의 아버지를 겁박해서 그 딸의 절개를 빼앗는 것이 차마 할 수 있는 일인가. 또한 네가 일찍이 신녕新寧 여인을 괴롭혀 3년을 감옥살이 하고 거듭 또 관가에 문초를 당한 일이 있었는데, 오히려 부족하게 여겨 또 나를 난행하고자 하느냐. 나의 절개를 지키는 일은 천지에 내 마음으로 맹세하였다. 차라리 내가 죽을지언정 내 목숨 보전하기를 원치 않는다. 비록 나를 만 갈래로 목을 베더라도 또한 너를 따르지 않겠다. 짐승 같은 놈아!
어찌 나를 속히 죽이지 않는가.

우열녀가 자신을 강제로 부인으로 삼으려고 했던 남성을 꾸짖는 일
같이다. 사건의 전말은 이렇다. 우조이禹召史라는 평민 여성이 도둑의
침입으로 남편을 잃고 딸 하나를 데리고 친정으로 돌아가 혼자 살고
있었다. 그런데 이웃 마을의 군인 신분인 이영발이라는 남성이 강제
로 우조이를 부인으로 삼으려 했다. 우조이는 비록 평민이었지만 스
스로 절개를 지키며 사는 것이 인간으로서 중요한 덕목이라고 생각했
다. 따라서 이영발의 요청을 받아들일 생각이 없었다. 이영발은 우조
이의 아버지 막복莫卜을 위협했다. 아버지가 시달리는 것을 본 우조이
는 사태가 이미 틀렸다는 생각을 하고, 이영발의 청혼을 받아들이기
로 한다.

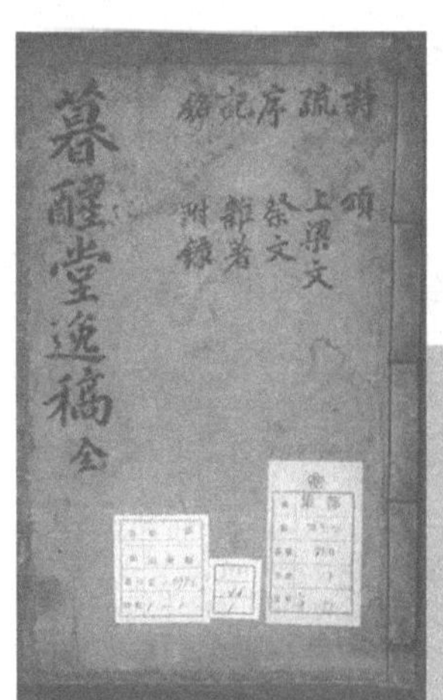

    혼인하기 며칠 전, 우조이는 온 동네
사람들을 불러 잔치를 했다. 그런데 그
마을의 나이든 사람 중에 김석을동金石乙
同이라는 사람이 잔치에 청해도 끝내 사

《모성당일고慕醒堂逸稿》:
조선 후기 학자 임세장의 시문집으로 〈우열녀전〉이
수록되어 있다.

양하고 가지 않았다. 이유는 그녀가 그렇게 장차 죽으려는 뜻을 품고 마을 잔치를 한다는 것을 눈치챘기 때문이다.

혼인날 우조이는 이영발, 친정 오라비와 함께 집을 나섰는데, 조용히 따라가면서 이영발의 허리에 찬 칼을 자주 보았다. 그러고는 이영발의 집에 도착해 시어머니에게 배례를 하는 듯하더니 돌연 앞서 살핀 바와 같이 이영발을 꾸짖고는 이영발의 칼을 빼어 들고 스스로를 찌르고자 한 것이다. 그때 우조이의 손놀림이 전광같이 빨라 옆의 사람들이 손쓸 여지가 없었다고 한다. 한 번 찌르고 난 후에 영발한테 욕을 당할까봐 또 자기가 칼을 뽑아 다시 찌르려고 했으나 몸에 미치지 못하였다. 영발이 칼을 빼앗은 후에 오라비가 보니 우조이는 뜰에 쓰러져 피를 흘린 채 기절해 있었다.

이 장면을 보고 있던 마을 사람들은 이영발 모자에게 "이렇게 흉괴한 일을 지어서 사람들의 이목을 놀라게 하는가. 비록 혹 이 여인이 죽지 않았으나 더불어 한집에 살지 못할 것이다. 빨리 돌려보내라"고 하였다. 우열녀는 집으로 돌아와 치료를 하고, 결국 자신의 친정에서 계속 살게 되었다. 이영발의 강권에서 벗어날 수 있었던 것이다. 이 일련의 과정을 보면, 이영발에 의해 곤욕스러운 상황을 겪기는 했지만, 결과적으로는 우열녀 자신에게 유리한 형편을 만들게 된 것을 볼 수 있다. 〈우열녀전〉을 쓴 신덕함의 이 부분에 대한 평가가 재미있다.

혹 말하기를 이 열녀가 자기 집에서 죽지 않고 영발의 집에서 죽으려고 한 것은 흠이 된다고 하나 이것은 그렇지 않다. 만일 이 여인이 영발을 거절하고 자기 집에서 죽는다면 친정 아버지가 반드시 슬퍼하고 상심하였을 것이다. 이렇게 되면 불효가 된다. 또한 영발이 반드시 놀라고 원망하여 성낼 단서가 될 것이니 이것도 근심이 될 뿐이다. 또한 열녀가 깊은 방에 들어가서 아무 말 없이 남몰래 죽는다면 그 마음은 비록 정결하나 그 자취는 나타나지 않을 것이다. 이렇게 되면 영발의 죄를 바로잡을 수도 없다. 여기에서 이 열녀가 지혜 있음을 알 수 있다.

여기서 우열녀의 지혜를 재해석해 볼 필요가 있다. 방에서 죽지 않고 만인 환시리에 자결 행위를 했다는 것은 만인에게 보여줘서 증명을 받고자 하는 의도가 있었다고 볼 수 있다. 우열녀는 '열녀 행위'를 통해 이영발에 대한 자신의 도덕적 우위를 확보할 수 있다는 사실을 알고 있었을 것이다. 현실에서 자신보다 위세가 있는 이영발이지만, 당시 사회 최고의 가치인 도덕성의 잣대를 활용하면 이영발을 물리칠 수 있다고 판단했던 것이 아닐까? 어쩌면 우열녀는 열녀라는 기제를 이용하고 있었던 것이 아닌가 생각된다. 우열녀는 노상추 손자며느리 같은 조선 후기 전형적인 열녀와는 또 다른 모습이다. 열녀를 이용하는 단계에까지 이르고 있는 것이다.

또 다른 열녀를 보자. 남편을 따라 죽지는 않았지만, 조선 초기라면 열녀로 평가됐을 과부들을 거론할 필요가 있다. 노상추의 맏형수는 과부였다. 남편이 언제 죽었는지는 정확히 알 수 없으나 아들이 하나 있었다. 그녀는 종부宗婦였고, 그 아들은 종손宗孫이었다. 그런데 이 형수에 대해 노상추가 인상 깊게 기억하는 것은 형수의 근행覲行이다. 양반집 여성들의 친정 근행 때는 대개 집안 남성들이 배종陪從을 한다. 시동생인 노상추도 형수를 배종한 경험이 있다. 누군가 배종을 해야 한다는 것은 근행이 하고 싶을 때 언제나 마음대로 할 수 있는 것이 아니라는 사실을 알려 준다. 그런데 이 형수의 근행은 아주 잦다.

1764년(영조 40) 11월 26일 형수의 근행은 노상추에게 몹시 불편한 일이었다. 당시 노상추 부인은 산후증으로 사경을 헤매고 있었다. 또 노상추의 계모는 갓난쟁이를 두고 죽은 지 얼마 안 됐다. 그런데 형수는 근행을 청했다. 형수의 심중이 서술돼 있지는 않지만, 형수는 아마도 이 복잡한 상황을 피하고 싶었는지 모른다.

그런데 재미있는 것은 시아버지가 이 근행을 막지 못한다[不能防塞]는 사실이다. 막지 못할 뿐만 아니라 떠날 수 있도록 차비를 잘 갖춰 준다. 동서가 사경을 헤매고 있고, 계모의 상청이 있으며 갓난쟁이 시누이가 안방에 누워 있는 상태에서 집안의 종부가 근행을 청한다는 것은 누가 봐도 무리한 일이 아닐 수 없다. 그럼에도 불구하고 시아버지는 이를 막지 못하고 있는 것이다.

노상추 집안에는 여러 층위의 며느리들이 있고, 그들에 대한 근행 기록이 있지만, 형수의 근행만큼 빈도가 잦은 경우는 찾아보기 어렵다. 그리고 점차 세월이 갈수록 형수에 대해서는 근행이라는 표현을 쓰지 않고, 그냥 '백씨白氏가 기동耆洞에 갔다'라고만 쓴다. 시집온 지 오래됐기 때문이기도 하겠지만, 한편으로는 친정에 가는 것이 거의 일상화된 때문으로 보여진다. 1799년 64세에 돌림병으로 죽을 때까지 형수는 근행을 반복했다. 이 형수는 이렇게 친정에 가는 것을 제외하고는 특별히 관심 보이는 일이 없었다. 자신이 종부이고 아들이 종손이지만 종가 주인으로서의 의식이 그다지 드러나지 않는다. 친정에 자주 간다고 하는 것 자체가 종부 역할에 철저한 모습과는 거리가 있다. 기본적으로 의욕적인 삶의 모습을 보인다고 할 수 없다.

그렇다면 노상추의 형수는 왜 열녀를 선택하지 않았을까? 가장 중요한 이유는 아들이었을 것이다. 종손 아들을 두고 남편을 따라 죽을 수는 없었기 때문이다. 이는 열녀를 권장하는 쪽에서도 금기시하는 일이다. 즉 조선시대 열녀가 되는 것은 자식이 있느냐 없느냐에 따라 크게 좌우될 수 있다. 앞의 노상추 손자며느리의 사례에서 보듯이 혼인한 지 얼마 안 되고 또 자식이 없는 경우 훨씬 더 '열녀되기'가 쉽다. 자식 키우는 의무는 남편 따라 죽는 것보다 우선한다고 봐야 한다. 노상추 형수는 일단 자식에 대한 의무에서 자유로울 수 없었고, 따라서 열녀가 되기보다는 수절하는 과부로서의 삶을 영위했던 것이다. 그러나 이 과부는 집안의 배려에도 불구하고 의욕적인 삶의 자세를 보이지는 않는다.

과부들 중에는 재가를 하는 과부도 있었다. 노상추의 손자며느리가 정원수에 목 매달아 죽은 그해에 노상추와 같은 항렬의 노상집盧尙集 집안에서는 전혀 다른 모습의 청상과부를 만날 수 있다. 노상집의 딸은 처음에 풍기의 이관순李觀淳 집에 시집을 갔는데, 그 남편이 일찍 죽어 청상이 되었다. 그러자 시아버지는 이 청상을 압박하여 재산을 가로채려고 했다. 청상은 이 상황을 피하려고 신분이 다른 상민常民과 갑자기 재혼해 버렸다. 그런데 그 사는 곳이 바로 시댁 근처였다. 이에 이관순 집에서는 아침저녁으로 그 재산을 돌려받으려고 청상을 괴롭혔다. 기록의 내용은 여기까지인데, 이 과정에 대해 노상추는 "그 청상의 행실도 문제이고, 또 그 시아버지의 탐욕도 문제라고 했다."

노상추 집안이 18세기 이후, 주로 무과로 이름 있는 집안이라고는 하나 엄연한 양반 집안이었다. 그런데 이 집안의 딸이 물론 자신의 재산을 지키기 위해서라고 하지만, 재혼을 그것도 자신보다 신분이 낮은 사람과 했다는 것은 주목할 일이다. 노상추가 특별히 기록하고 있는 것도 이유가 있다. 이를 보면 조선 후기 양반 집안에서도 재혼이 전혀 없었던 것은 아님을 알 수 있다.

조선 후기 과부들은 자신이 처한 상황에 따라 다른 선택을 했다. 매우 한정된 범위이기는 하지만, 이들에게는 몇 개의 선택지가 있었던 것이다. 재혼하지 않고 그냥 과부로 사는 것, 남편을 따라 죽어 열녀가 되는 것, 열녀를 이용하는 것, 또 어떤 이유에서든 재혼을 하는 것 등이다. 이들 중 아마도 가장 많이 선택된 방법은 과부로 한평생을 사는 것이었을 것이다. 그것은 주어진 상황을 일단 받아들이는 방법이었다. 이들은 자식을 키우고 시부모를 봉양하고, 제사를 잘 받드는 것을 의무로 했다.

남편을 따라 죽는 것은 대단한 자기 의지가 개입되지 않고는 실행하기 어려운 일이었다. 열녀에 대해 비판하는 쪽에서 흔히 이들을 외고집이라고 표현하는 이유도 이는 과부로서 사는 것에 비교해서 또 다른 결심을 요하는 일이었기 때문이다. 따라서 대개 자식이 없을 경우에 더 가능했으리라 보인다.

그런데 이러한 몇 가지 선택 중 기억되는 것은 남편을 따라 죽는 열녀이다. 이것에 대한 기억과 기념은 열녀 행위를 부추겼음이 틀림없다. 즉 이데올로기적인 강요가 분명히 존재한다. 그러나 당시 이 강요는 도덕성이라는 이름하에 자발성에 기초를 두도록 되어 있었기 때문에 여성들은 그것을 강요라기 보다는 자신의 도덕적 실천으로 받아들

이는 경우가 많았다. 열녀를 선택하는 것은 최고의 가치를 실현해서
사회로부터 인정받는 것이며 결국 주류로 사는 방법이라고 생각됐던
것이다. 과부들은 상당수 의지적으로 이러한 선택을 했다. 강렬한 자
기 의지와 목적의식을 가진 여성들이 열녀가 되었다. 조선에서 열녀
는 이데올로기적 강제와 여성들의 내면화가 묘하게 맞물려 이루어진
결과물이었다. 즉 조선의 열녀는 여성들의 선택, 여성 스스로의 결정
인 측면이 없지 않았던 것이다.

　기본적으로 조선의 여성들은 외부적인 조건에 의해서만 좌우될 만
큼 허약하지는 않았다. 오랜 기간 집안의 배경이 강력하게 영향을 미
치는 삶의 조건 속에서 여성들은 허약하기보다는 자기 의지적인 면모
를 드러낼 수 있는 가능성이 높았다. 조선의 열녀 읽기에도 이 부분이
간과돼서는 안 된다는 생각이다.

　　　　　　　　　　　　　　　　　　　한국여성사 깊이 읽기

사료 1.

사헌부에서 영돈녕부사 이지李枝를 탄핵하였으니, 죽은 중추원 부사 조화趙禾의 아내 김씨에게 장가든 때문이었다. 김씨는 문하시랑 찬성사 김주金湊의 딸인데, 아름답고 음란하여 늙을수록 더욱 심하였고, 형제와 어미가 모두 추한 소문이 있었다. 기묘년에 헌사에서 형에 처치하고자 하였는데, 세력을 인연하여 벗어나고 외방에 귀양갔다. 이때에 이르러 헌사에서 또 탄핵하니, 임금이 듣고 헌부에 전지하기를, "아내 없는 남자와 남편 없는 여자가 스스로 서로 혼인하는 것을 어찌 반드시 묻겠는가? 하물며 이지가 계실을 취한 것을 내가 실로 아니 다시는 핵론하지 말라" 하였다. 처음에 김씨가 이지에게 시집가기를 꾀하면서 아들 조명초趙明初 등에게 알지 못하게 하였다. 어두운 저녁에 이지가 이르니, 조명초가 그제사 알고 이지의 목덜미를 잡고 함께 땅에 쓰러져서 목놓아 슬피 울며 말리었으나 어쩔 수가 없었다. 김씨가 이미 동뢰同牢하고 나서 이튿날 사람에게 말하기를, "나는 이 분이 늙었는가 하였더니, 참으로 늙지 않은 것을 알았다" 하였는데, 김씨의 그때 나이 57세였다. 조선에서 재가금지법이 생기기 전 재혼은 비교적 자유로운 면이 있었다.

사료 2.

태현은 10세 때 고아가 되었는데 배우기를 열심히 하고 숙성하여 풍채가 단아하며 눈썹이 그림 같았다. 일찍이 선배의 집에 수업하였는데 선배가 그를 매우 사랑하여 여러 번 불러 들여 음식을 대접하고 했다. 그 집에 새로 과부가 된 딸이 있었는데 시를 조금 지을 줄 알았다. 하루는 그 딸이 "말을 탄 미남자가 어느 집 사람인지 석 달이 되었건만 이름조차 몰랐다네. 이제서야 비로서 김태현인 줄 알았으니 가는 눈 긴 눈썹 정이 끌리네"란 시를 지어 문틈으로 밀어 넣으니 그로부터 태현은 발길을 끊고 가지 않았다.《고려사》〈열전〉

한국고전여성문학회, 《조선시대의 열녀 담론》, 월인, 2002
조선시대 열녀들에 대한 담론이면서, 동시에 열녀 미화에 적극적이었던
조선시대 문사들의 담론에 대한 재담론으로 구성되었다.

박주, 《조선시대의 여성과 유교문화》, 국학자료원, 2008
조선시대 열녀 정표 정책에 대한 변화를 시작으로 경상 지역 열녀의 분
석, 병자호란 당시의 열녀 정책과 정표 상황, 이혼 문제 등을 고찰했다.
효자와 열녀에 대한 구체적인 사례가 많으며 특히 경상도 의성현 우씨 열
녀에 대한 분석이 흥미로운 책이다.

강명관, 《열녀의 탄생》, 돌베개, 2009
조선이 건국하는 1392년부터 조선이 종언을 고하는 시기까지 500년 동
안 멈추지 않고 진행되었던 남성-양반에 의한 여성 의식화 작업을 추적
하고 있다.

조선 후기
여성지식인의 출현

절제와 분출

강정일당姜靜一堂(1772~1832)은 다른 사람이 자신의 글을 칭찬했다는 말을 듣고는 이후 자기 글을 절대 남에게 보여주지 않으려 했다고 한다. 남편 윤광연이 친구에게 정일당의 절구 한 수를 보여주었는데, 그 친구가 "어진 부부의 서로 경계하는 말이로다"라고 하며 칭찬했다. 이 말을 듣고 나서부터 정일당은 자신의 글을 일체 남에게 보여주지 않으려 했다는 것이다.

그렇다면 강정일당은 정말 자신의 글을 보여주고 싶지 않았던 것일까? 그런데도 계속 글을 쓸 수 있을까? 당시 여자들은 글쓰기가 자신에게 권장되는 일이 아니라는 사실을 알고 있었다. 그러나 그럼에도 불구하고 글을 썼다. 권하지 않는데도 글을 쓴 여성들. 조선 후기 여성들은 도대체 왜 이런 이율배반을 겪었던 것일까?

이 부분은 역시 조선의 성리학과 밀접한 관계가 있어 보인다. 성리학은 '성인되기'라는 목표를 가진다. 사람이 성리학을 공부하는 것은 여자들은 성리학에 학문적으로 접근하는 것이 어려웠다.
여성들은 주로 실천을 요구받을 뿐이었다.
사실 조선 초기 여자들에게 성리학적인 도덕성 실천은
부담스러웠을 것이다. 그 이전 사회와는
다른 모습을 요구했기 때문이다

최고의 인간형인 성인이 되기 위해서다. 사람이면 모름지기 누구나 '공자'처럼 되기를 목표로 해야 한다는 것이다. 성리학의 이러한 목표에는 남자와 여자의 구분은 없다. 남자들이 요순과 공자를 목표로 한다면, 여자들에게는 태임과 태사라는 목표가 있다.

성인이 되는 방법은 자신에게 주어진 도덕규범을 잘 실천하는 것이다. 그런데 자신에게 주어진 도덕규범의 내용이나 의미가 무엇인지를 알 때 실천을 위한 내면화는 좀 더 긴밀해질 수 있다. 성리학에서 도덕규범의 실천과 원리 탐구는 불가분의 관계였다. 남자들은 조선 초기부터 이 두 가지 작업을 동시에 추진했다. 도덕을 실천하여 성인이 되는 것을 목표로 하되, 왜 그 목표를 실행해야 하는지 그것은 우주 자연의 질서와 어떤 상관관계가 있는지 등을 알고자 했던 것이다.

그에 비해 여자들은 성리학에 학문적으로 접근하는 것이 어려웠다. 여성들은 주로 실천을 요구받을 뿐이었다. 사실 조선 초기 여자들에게 성리학적인 도덕성 실천은 부담스러웠을 것이다. 그 이전 사회와는 다른 모습을 요구했기 때문이다. 여자들은 쉽게 성리학적인 사고로 전환하지 못했다.

조선 초기 인수대비는 이런 상황을 안타깝게 생각했다. 《내훈》의 서문에서 인수대비는 "성인의 학문을 보지 못하고 하루아침에 갑자기 귀하게 되면 이는 원숭이에게 의관을 갖추어 준 것과 같다"고 했다. 또한 '딸이나 며느리들의 어리석음을 근심하여' 《내훈》을 쓰게 됐다고 말했다. 여자들이 아직 불교나 기존 관습에 머물러 있는 것을 인수대비는 새로운 변화에 빨리 적응하지 못하는 어리석음이라고 보았다.

인수대비는 조선 사회가 곧 성리학에 의해 주도되리라는 사실을 간파하고 있었다. 아울러 성리학적인 도덕성의 실천이 주류로 살아가는 방법이 되리라는 것도 알고 있었다. 당시 남성들은 적극적으로 성리학을 받아들이고 그 도덕성 실천에 매진할 준비를 하고 있는 것을 보면서 인수대비는 이를 여자들에게도 일깨워야겠다고 생각했을 것이다. 흔히 인수대비는 여성들에게 도덕성을 강요한 사람으로 기억된다. 그러나 인수대비는 《내훈》을 통해 여자들이 조선의 주류 사상에 편입될 수 있는 길을 열어놓는 역할을 한 사람이라고 할 수 있다.

《내훈》:
인수대비는 《내훈》을 통해
조선의 여자들이 주류 사회의 이념에
빨리 익숙해지기를 원했다.

이후 성리학적인 도덕성은 《삼강행실도》의 간행, 효녀와 열녀에 대한 포상 등을 통해 점차 여성들에게 퍼져 나갔다. 여자들은 서서히 실천 이상의 단계로 나아가게 됐다. 남성들이 도덕 실천의 원리를 이해하고자 하는 것처럼 여자들도 왜 도덕을 실천해야 하는지에 대해 의문을 가지고 그에 대해 답하고자 노력했다. 단순한 실천에서 의미를 파악하는 실천으로 나아가게 된 것이다. 가령 17세기의 정부인 안동 장씨의 경우는 '인륜의 날마다 하는 일'을 잘 실천하면 성인이 될 수 있다는 도덕성 실천의 원리를 명료하게 설명하는 단계에 이르렀다.

이러한 분위기는 조선 후기에 이르면 성리학 자체를 연구하는 여성 학자들이 출현하게까지 한다. 임윤지당이나 강정일당은 그러한 대표적인 학자라고 할 수 있다. 그리고 성리학자 외에 다른 분야에서도 여성학자들이 나타나게 된다. 이들은 자신이 연구한 것을 쓰지 않고는 베기지 못한 것으로 보인다. 강정일당의 경우 남편 친구에게 자신의 글을 보이고 싶어하지 않았다고 하지만, 그 후로도 계속 글을 썼다. 자신이 성리학에 대해 연구하고 또 실천을 고민하는 과정 중에 생각했던 것을 글로 옮기지 않고는 베기지 못했던 것이다.

성리학이 조선 후기 사회에 일반화되면서 여성들의 성리학에 대한 질문과 연구가 조선 사회 전반에 학문적인 분위기를 조성했고, 그에 따라 이른바 여성지식인이라고 할 수 있는 사람들이 출현할 수 있었던 것이다. 확실히 조선 후기에 여성들은 전기에 비해 더 많은 지적 결과물을 생산해 냈다.

실용서를 쓴 지식인 여성들

조선 후기 여성들은 일단 글을 많이 썼다. 조선 전기에도 여성들이 글을 쓰지 않은 것은 아니지만, 기간 대비 그 양이 엄청나게 늘었다. 거듭 말하지만, 이는 조선 사회 성리학의 보편화와 관련이 있다. 성리학에 대한 궁금증이 여성들의 지적 능력을 향상시키고 또 그와 관련한 글을 쓰게 한 때문이다.

이사주당李師朱堂(1739~1821)과 이빙허각李憑虛閣(1759~1824)은 지적이면서도 실용적인 책을 쓴 것으로 유명하다. 《태교신기》와 《규합총서》가 그것이다. 《태교신기》는 임신, 출산서이고, 《규합총서》는 가정 생활을 잘 영위하기 위한 가정관리백과서이다. 육아와 가정 관리는 조선시대 여성의 영역에서 가장 중요한 분야였다. 여성지식인들은 이 분야에 수준 있는 연구결과물을 낸 것이다. 연구물이라고 말할 수 있는 것은 그것이 폭넓은 자료 조사와 논리성을 갖추었기 때문이다.

태교서를 쓴 이사주당

이사주당은 상당한 독서 수준을 갖추고 있었다. 대개 여자들의 글 읽기가 《소학》과 《가례》, 《여사서》 등에 머무는데, 사주당은 《모시毛詩》, 《상서尙書》뿐만 아니라 사서四書까지 읽어 집안 내의 남성형제들에 비해 손색이 없었다고 한다. 혼인해서는 남편 유한규柳漢奎와 학문적인 지기관계를 유지했다. 유한규는 세 번이나 상처喪妻를 한 경험이 있고 나이도 사주당 보다 21살이나 많았다. 그럼에도 불구하고 이들이 학문적인 토론을 할 수 있었던 것은 사주당이 그에 상응하는 지적 능력을 갖추고 있었기 때문이다.

사주당은 혼인한 지 얼마 되지 않아서 옛 성현의 몸가짐, 일반 음식, 여러 예절 및 의학 상식, 임산부에 대한 금기 등을 적고 끝에 어린 아이를 가르칠 만한 말들을 붙여 언문으로 해석하여 책자를 만들었다. 남편은 '교자집요教子輯要'라고 제목을 지어 주었다.

그러나 이 책은 사주당이 자녀를 기르는 20여 년 동안 상자 속에 묻혀 있었다. 그러다가 자녀 양육을 마친 후에 그 경험을 바탕으로 태교 부분만 따로 떼어내 새로 《태교신기》를 저술하게 되었다. 이때에 아들 유희는 《태교신기》의 문단을 나누고 음과 뜻을 풀어 썼으며 친구 신작申綽에게 서문을 부탁했다. 신작은 '진·한 이래로 없던 책이며 여자에 의해 쓰였다'는 점에서 이 태교서가 중요하다고 했다.

태교를 말할 때 일상적으로 《열녀전》, 《소학》의 태교론이 거론된다.

옛날에는 부인이 아기를 잉태하면 모로 눕지도 모서리나 자리 끝에 앉지도 않았으며 외다리로 서지도 않았고, 거친 음식도 먹지 않았다. 자른 것이 바르지 않으면 먹지 않았으며 자리가 바르지 않으면 앉지 않았다. 현란한 것을 보지 않았고, 음란한 음악은 듣지 않았다. 밤에는 눈먼 악관에게 시를 읊게 하였고 올바른 이야기만 하게 하였다. 이와 같이 하여 자식을 낳으면 반듯하고 재덕이 남보다 뛰어나는 법이다. 그러므로 아이를 가졌을 때 반드시 감정을 신중히 해야 한다. 선하게 느끼면 아이도 선하게 되고 나쁘게 느끼면 아이도 악하게 된다. 사람이 태어나 부모를 닮는 것은 모두 그 어머니가 밖에서 느끼는 것이 태아에게 전해진 까닭이다. 그러므로 아이의 모습과 마음이 부모를 닮게 되는 것이다. 문왕의 어머니는 자식이 부모를 닮게 되는 이치를 알았다고 할 수 있다.

중국에서 형성된 이 태교의 원형은 큰 수정 없이 조선 후기 이사주당 때까지도 계속 되풀이돼 왔다. 그런데 사주당은 태교를 생각할 때 이 논의에 반복되는 것을 갑갑하게 느꼈던 것 같다. 《태교신기》 서문 격에서 사주당이 '여러 책을 상고해 보아도 그 법이 상세하지 않아서' 이 책을 쓰게 됐다고 말하고 있다. 임신, 출산은 여성의 가장 큰 일인데, 기존 태교서는 몇 가지 주의사항을 열거할 뿐 그다지 구체성이 없어서 결국 《태교신기》를 쓰게 된 것으로 보인다.

사주당은 4명의 자녀를 키워 낸 경험이 있었다. 말하자면 전문지식이 있었다. 그는 그 경험과 지식을 바탕으로 구체적 내용을 담은 《태교신기》를 썼으며 이에 대해서는 서문에서도 "내가 임신한 중에 시험해 본 것을 책으로 엮었다"고 밝히고 있다. 또한 둘째 딸이 《태교신기》 발문에서 "나 같은 불초한 자식 등 몇 남매가 이미 무사하게 장성하여 나쁜 병에 걸려 일찍 죽은 자도 없고, 내 동생은 젖먹이 때부터 뛰어난 재주와 성품이 있고 불초 삼형제도 역시 시댁에 죄지음을 면하였으니 어찌 우리 어머니의 태교를 잘하신 은덕이 아니리오?"라고 한 것을 보면 사주당이 자식을 키우는 노하우가 상

《태교신기》:
이사주당이 본인의 경험을 바탕으로
저술한 태교서이다.

당했음을 알 수 있다. 자료 조사만으로는 부족한 점을 자신의 풍부한 경험으로 보완하여 《태교신기》라는 새로운 책을 쓰게 된 것이다.

물론 《태교신기》의 태교 목표는 기존 태교서와 다르지 않다. 훌륭한 인간을 낳는 것이다. 당시의 분위기상 성리학적인 인간이 이상이다. 제1장 1절에서 "인간의 본성은 하늘에 근본하고 기질은 부모에게서 받으니 기질이 치우치면 본성을 덮어 버리게 된다. 부모가 낳고 기르는 것에 삼가지 않을 수 있겠는가?"라고 했다. 기질과 본성 논의는 성리학 이기론에 닿아 있다. 또 성인聖人을 자주 언급하고 있는 것도 성리학적 배경을 말해 준다. 즉 사주당은 기존 태교서를 연구하고 그 범위를 확장하는 데 있어서 조선 사회의 핵심 기제인 성리학을 틀로 하고 있다.

《태교신기》는 당연히 강력한 부계성을 나타내고 있다. "스승이 10년 가르치는 것이 어머니가 10개월 기르는 것만 못하며, 어머니가 10개월 기르는 것이 아버지가 하루 낳는 것만 같지 않다", "남편의 성을 받아 그 성을 아버지에게 돌려보내야 하니 10개월 동안 그 몸을 감히 함부로 할 수 없으므로 예가 아니면 보지 말며, 예가 아니면 듣지 말라"고 하고 있다. 부계의 연속성 상에 여성은 매개자일 뿐이다. 그러나 매개자의 역할이 중요하지 않은 것은 아니다. 잘 돌려보내야 하기 때문이다. 그 책무는 중요하며 따라서 여성의 역할은 유의미하다.

그러나 역시 《태교신기》의 가장 큰 장점은 실질적으로 도움이 되는 정보를 담고 있다는 점이다. 물론 《태교신기》의 태교 시 주의사항들은 다른 태교서와 겹치는 부분도 꽤 있다. 나쁜 것을 보지 말고 또 안전에 유의하라는 것 등이 그렇다. 그러나 《태교신기》는 해산 방법을 그대로 설명하는 실질성을 보인다. 아이를 낳을 때 '아파도 몸을 비틀

지 말고 엎드려 누우면 해산하기 쉽다'고 했다. '엎드려 누우면'이라는 것은 '언와(偃臥)'에 대한 해석이다. '언와'가 반드시 엎드려 눕는 것을 말하느냐는 아직 논란이 있다. 그러나 여기서 중요한 것은 사주당이 해산을 잘할 수 있는 방법을 구체적으로 제시하고 있다는 사실이다. 이는 어느 태교서에서도 언급한 적이 없는 점이다. 출산의 경험이 풍부한 사주당이었기 때문에 가능한 일이었다.

그리고 태교를 가족의 일로 본 점도 특이하다. 태교는 임산부 혼자할 것이 아니라 온 집안사람들이 함께해야 한다고 했다. 임신과 출산에는 가족적인 협조가 필수적이라고 본 것이다. 가족의 주의를 환기시켜 두면 임산부에게 발생할 수 있는 위험 요소에 신속히 대처할 수 있다. 임산부에게 실질적인 도움이 되는 일이다.

사주당은 기본적으로 태교 방법, 주의사항을 설명할 때 시속을 많이 따르고 있지만, 대체로 미신적인 요소는 배제하고 객관적으로 서술하려고 노력하였다. 사술을 경계한 것이나 또 아들이냐 딸이냐 하는 문제를 전혀 언급하지 않고 있는 점이 그렇다. 이는 자신의 경험을 중시하고 거기에 자신감이 있었기 때문에 가능한 일이었다. 말하자면 《태교신기》는 성리학적인 이념을 바탕으로 하면서 방법론에 있어서는 실제 경험을 중시한 실용서라고 할 수 있다.

가정관리서를 쓴 이빙허각

이빙허각의 《규합총서》는 가정 관리 영역에 대한 조사 연구서이다. 조선시대 여자들은 일상적으로 또 당연하게 집안 일을 했다. 대다수 여자들은 집안 관리를 잘 했다. 그러나 그 부분에 대해 어떤 결과물을 내지는 않았다. 누가 바느질을 잘한다거나 또는 음식솜씨가 좋다고 회자되기는 해도 관련 책이 나오는 경우는 드물었다.

그런데 조선 후기 여자들의 글쓰기 또는 지적 욕구의 확대는 가정 관리 분야에서도 중요한 연구결과물을 생산해 냈다. 이는 여자들이 이전에 비해 가정 관리를 더 중요하게 생각하게 돼서라기보다는 사회 전반에서 학문하는 분위기가 성숙하고 여성들의 지적 능력이 향상되면서 그것이 주변 영역에 대한 연구에도 영향을 미치게 된 것이라고 생각된다.

집안에서 밥 짓고 반찬 만드는 틈틈이 우연히 사랑에 나가 보고, 옛글 중 인생일용에 절실한 것과 산야山野의 모든 글을 구하여 손에 닿는 대로 펼쳐 보면서 오직 문견을 넓히고 심심풀이를 할 뿐이었다.

《규합총서》 서문의 한 구절이다. 빙허각이 집안 살림을 하는 틈틈이 남편의 사랑으로 가서 책을 봤다는 사실을 알 수 있다. 그런데 그 책들의 종류를 보면 고전과 당시의 글들을 망라하고 있었다. 빙허각의 견문은 넓어지지

《규합총서》:
이빙허각의 《규합총서》는 가정생활백과사전으로 없는 얘기가 없을 정도로 다양한 정보를 담고 있다.

않을 수 없었다. 지식이 풍부해진 빙허각은 당연히 이를 표출하고 싶었을 것이다. 그리고 그 분야가 가정 관리 쪽이 된 것으로 보인다. 빙허각은 "모든 글을 구하여 보고 그 가장 긴요한 말을 가려 적고 혹 따로 자기의 소견을 덧붙여"《규합총서》를 엮었다고 한다.

그런데 빙허각은 왜 틈틈이 사랑에 나가곤 했을까? 빙허각은 어떻게 그런 지적 호기심을 갖게 됐을까? 빙허각이 이사주당과 인척관계라는 것은 잘 알려진 사실이다. 사주당은 빙허각의 외숙모이다. 조선시대에 외삼촌과 생질의 관계는 가깝다. 조선 후기로 갈수록 외가가 멀어진다고 하지만, 실제로 외삼촌이나 고모는 아주 가까운 관계에 있었다. 빙허각은 외삼촌 유한규의 집에서 이사주당과 교류할 수 있었을 것이다.

그리고 빙허각의 남편 서유본은 동생 서유구만큼 유명하지는 않지만, 조선 후기 고문 읽기 등에서 일정한 위치를 차지하는 사람이다. 친정이나 시가 모두 학문하는 분위기였던 것이다. 게다가 빙허각은 영민했고, 지적 호기심이 왕성했다. 빙허각이 남편의 사랑방에 자주 드나드는 것은 자연스러운 일이었다. 남편과 학문적인 동지관계가 형성됐을 것이다. 이러한 지적 활동은 어떻게든 표현되기 마련이었고 그 결과물이《규합총서》라고 할 수 있다.

그러면《규합총서》에는 어떤 내용이 들어있는가? 빙허각의 표현을 그대로 빌어서 보자.

첫째는 주식의酒食議니 무릇 장 담그며 술 빚는 법과 밥, 떡, 과줄, 온갖 밥 반찬이 갖추지 않은 것이 없다.

둘째는 봉임칙縫紝則이니 심의, 조목을 손으로 마르고 짓는 척수 겨냥 및 물들이기, 길쌈하기, 수놓기, 누에 치는 법하며 그릇 때우고 등잔 켜는 모든 잡방雜方을 덧붙였다.

셋째는 산가락山家樂이니 무릇 밭일을 다스리고 꽃과 대를 심는 일로부터 그 아래로 말이나 소를 치며 닭 기르는 데 이르기까지 시골 살림살이의 대강을 갖추었다.

넷째는 청낭결靑囊訣이니 태교, 아기 기르는 요령과 삼(태줄) 가르기와 구급하는 방문이며 아울러 태살의 소재와 약물금기를 덧붙였다.

다섯째는 술수략術數略이니 집을 진압하고 있는 곳을 정히 하는 법과 음양구기陰陽拘忌하는 술術을 달아 부적과 귀신 쫓는 일체의 속방에 미쳤으니 이로써 뜻밖의 환을 막고 무당, 박수에게 빠짐을 멀리할 것이다.

이쯤 되면, 집안 살림살이에서 망라되지 않은 것이 없다고 하겠다. 빙허각의 지적 욕구가 집안 관리 문제를 완벽하게 해결하고 있다고 볼 수 있다. 빙허각의 능력은 어떤 분야에서 발휘돼도 수준 있는 결과를 낳았을 것이다. 그런데 빙허각이 가정 관리에 집중한 것은 그것이 자신에게 주어진 가까운 분야였기 때문이다. 빙허각은 자신이 이 분야에 능력을 발휘하는 것을 비교적 만족해했다. "이는 책이 비록 많으나 그 귀결점을 구한즉 이것들이 다 건강하게 주의하는 일이요, 집안을 다스리는 중요한 법이라 진실로 일용에 없지 못할 것이요, 부녀의 마땅할 바다"라고 말한 것을 보면 그렇다.

《규합총서》는 《산림경제》의 영향을 받았으며, 《임원경제지》와 유사하다. 이 시기는 종합서들이 많이 발간된 시기이다. 《규합총서》는 여성 분야의 백과사전이라고 할 수 있다. 《산림경제》 등이 주로 '식과

주'를 언급했다면, 《규합총서》는 '의식주'를 모두 포괄하고 있으며 더 디테일하다.

여성들이 쓴 가정관리서가 흔하지 않다는 점에서도 이 책은 유용하고 의미 있다. 그리고 오랜 경험과 자료 조사를 바탕으로 하고 있다는 점에서 이 책은 전문서이다. 조선 후기 여성들의 지적 욕구가 가정관리라고 하는 분야에서도 하나의 성과를 내고 있었다는 점이 흥미롭다.

여성 성리학자들

예로부터 후세에 이름을 남긴 명석하고 어진 부녀자들 중에서도 효도나 정절, 덕행이나 언사 한 가지의 장점만으로도 사람들의 이목을 놀라게 한 사람들이 얼마나 많았겠는가? 그러나 이 책에 있는 것과 같이 자연과 이치를 정밀하게 이해하고 학문에 조예가 있는 사람을 여성들 중에서 어찌 쉽게 얻을 수 있겠는가!

윤제홍이 쓴 《정일당유고》 서문 내용이다. 이 글을 보면 당시 사람들이 정일당을 이전의 여성 인물과는 뭔가 다르다고 생각했던 것을 알 수 있다. 효도나 정절, 덕행 등이 모두 성리학적인 도덕성을 실천하는 것으로 중요한 가치였지만, 정일당은 그러한 가치가 있게 한 성리학 자체를 연구했다는 점에서 다르게 평가한 것이다. '자연과 이치를 정밀하게 이해하고'라는 말은 정일당이 성리학에 조예가 있었음을 알려준다. 이는 성리학 원리 연구는 주로 남성들 전유물이었다는 인

　한국여성사 깊이 읽기

식에 반전을 가져 온다. 그래서 성리학 자체를 연구한 임윤지당과 강
정일당은 특별히 기억될 수밖에 없었다.

임윤지당

임윤지당은 1721년(경종 1)에 태어났다. 아버지는 임적, 어머니는
파평 윤씨인데, 친가나 외가 모두 당시 명문 가문이었다. 고조부 임의
백은 김장생의 문인으로 송시열, 송준길과 교유가 있었고, 고조할머
니는 상산 김씨인데 충청도 관찰사를 지낸 김상의 딸이었다. 이런 명
문내력은 증조, 조, 부모대까지 이어졌다. 명문가의 분위기는 윤지당
에게 일정한 영향을 미쳤을 것이다.

어렸을 때 윤지당 집에서는 매월 초하루 보름날 아침 어른들께 문
안드리는 조회 행사가 있었다고 한다. 남녀 가족들이 의관을 단정히
하고 뜰의 동·서로 정렬하여 어머니께 절을 올리는 형태였다. 그런데
이 행사 끝에 매번 윤지당이 예절과 수신에 관한 훈계서를 낭독했다.
이는 예절 훈련이라고 할 수 있는데, 그
행사의 한 부분을 윤지당이 담당했다는
것은 특별한 의미가 있다.

《정일당유고》:
강정일당의 《정일당유고》는 성리학 실천서로서
정일당의 구도적인 자세를 잘 보여준다.

시동생 신광우, 친동생 임정주는 윤지당에 대한 〈언행록〉과 〈유사遺事〉
에서 윤지당이 '아담하고 장중하다' 또는 '단정하고 장엄하다'라고 표현
하고 있는데, '장중' 또는 '장엄'이란 요즘 말로 하면 '카리스마'를 뜻한
다. 아담했음에도 불구하고 '장중하다'라고 표현한 것은 작은 체구에서
힘이 느껴졌다는 뜻이다. 여기서 윤지당의 캐릭터가 드러난다. 윤지당
의 이러한 태도는 그녀가 학문을 하는 데 중요한 자원이 됐을 것이다.

그리고 윤지당은 어려서부터 지적 호기심이 왕성했다. 그는 9세 때
부터 오빠들의 토론에 끼어들곤 했다. 윤지당의 문제제기는 날카로웠
고 형제들을 놀라게 하는 일이 많았다고 한다.

성리학에 조예가 깊었던 둘째 오빠 임성주는 윤지당의 이런 자질에
주목했다. 《효경》, 《열녀전》, 《소학》과 사서四書 등의 책을 가르쳤다.
윤지당은 오빠가 가르쳐 준다고 할 때 매우 기뻐했으며 낮에는 주로
여자들이 하는 일을 하고 밤에는 책을 읽었다.

윤지당은 1739년(영조 15) 열아홉 살 때 자기보다 한 살 적은 신광유
와 혼인했다. 두 집안은 이들이 혼인하기 이전부터 교류가 있었다. 윤
지당의 백모가 신광유의 어머니와 자매 간이며 임성주가 신씨 집안의
신소申韶와 절친한 친구였다. 이들의 혼인은 이른바 조선시대에 유행
한 연혼이며 좋은 가문 간의 결합이라고 할 수 있다.

그런데 남편 신광유는 혼인한 지 몇 해 만에 죽고 말았다. 27세에
윤지당은 과부가 됐다. 자식도 없었으니 이른바 청상과부였다. 이런
상황이라 윤지당은 계속 시동생들과 함께 생활했다. 특히 큰 시동생
신광우는 집안의 실질적인 가장이었는데, 모든 일을 형수인 윤지당과
의논하여 결정했다고 한다. 신광우가 대사간 등의 관직 생활로 집을

떠나 있을 때는 편지로 대소사를 의논할 정도였다.

우리 가문에 시집오신 후로 서적을 가까이하는 기색이 없었고 일상의 생
활에서도 문장이나 학문에 관해 언급하는 일이 없었다. 다만 오직 부인의
직분에만 힘쓸 뿐이었다. 만년에 늙으신 후에야 비로소 집안일 하는 틈틈
이 보자기에 싸 두었던 경전을 펴 놓고 낮은 목소리로 몰래 글을 읽으셨다.

시동생 신광우는 윤지당을 이렇게 기억한다. 즉 집안 관리를 하던
모습을 먼저 떠올리는 것이다.

그러나 윤지당은 집안 관리에만 집중하지 않았다. 윤지당은 자신의
문집 초고를 베끼면서 "나는 어릴 때부터 성리의 학문이 있음을 알았
다. 조금 자라서는 고기 맛이 입을 즐겁게 하듯이 학문을 좋아하여 그
만두려 해도 할 수 없었다"라고 말한 적이 있다. '학문을 좋아하여 그
만두려 해도 할 수 없었다'는 말은 윤지당의 학문에 대한 열정을 보여
준다. 시어머니 병간호, 제사 등 집안 관리에 바쁠 때에도 결코 학문
을 포기할 수 없었을 것으로 짐작된다.

38세에 큰 오빠 임명주가 죽었을 때 윤지당이 지은 제문은 유려한
문장으로 유명하다. 당시 제문은 사람들이 돌려보게 마련인데, 윤지
당은 그것을 알면서도 이 글을 지은 것이다. 학문에 대한 욕구가 글을
짓지 않고는 견딜 수 없게 한 것으로 보인다. 또 자신의 문집 초고를
스스로 마련했다는 것도 윤지당이 실제로는 자신의 글에 대해 대단한
애착을 가지고 있었음을 보여준다. 윤지당은 여성이 집안 일에 집중
해야 한다고 표명하고 있지만, 실제로는 학문에 대한 지적 욕구를 어

쩌지 못했고 결국 열심히 공부했다.

시댁이 있는 원주와 우리가 사는 공주는 거의 500리 정도 떨어져 있었으나 해마다 봄가을에 문안드리는 사환을 보내셨다. 그 사이에도 백방으로 노력하여 편지를 보내셨고 몇 달간씩 소식을 끊으신 적이 없었다.

임정주의 누나에 대한 후기에 나오는 말이다. 친정이라고 할 수 있는 공주에 자주 연락을 한 것은 둘째 오빠 임성주와 편지로 학문적인 토론을 하는 데 목적이 있었다.

임인년(1782) 봄에 오라버니께서 저의 노후를 즐겁게 하시려고 이곳으로 오셔서 서로 의지하고 왕래하게 되었습니다. 뜬구름 같은 인생에 지극한 즐거움이 이보다 큰 것이 어디 있겠습니까?

윤지당은 오빠와 가까이 살면서 공부하는 것이 그렇게 좋았던 모양이다. 몇 년간 원주에 같이 살게 되면서 그것을 인생의 지극한 즐거움이라고까지 표현하고 있다. "경전을 공부하다가 그 뜻에 의문이 있으면 오라버니께서 반드시 친절하게 가르쳐 주어 제가 완전히 깨우친 다음에야 그만두셨습니다. 병오년(1786) 이후에는 의심나는 것을 편지로 왕복하여 문의하면서 만년의 즐거움으로 삼았습니다"라는 임성주에 대한 회상도 같은 맥락이다.

재미있는 것은 임성주도 누이동생과 토론하는 것을 좋아했다는 사실이다. 임성주에게는 성리학을 논할 남성학자들이 적지 않았을 것이

　　　　　　　　한국여성사 깊이 읽기

다. 그런데도 윤지당이 있는 원주로 가서 4년간이나 머물렀다는 것은 윤지당이 학문적 토론 상대로 꽤 괜찮았다는 뜻이다. 윤지당의 학문은 사실상 오빠 임성주를 빼고는 논의가 불가능하다.

그렇다면 윤지당에게는 그녀만의 특별한 학문적 성과가 있는 것일까? 윤지당은 〈이기심성설〉, 〈중용경의〉 등의 철학적 논문을 쓴 바 있다. 〈이기심성설〉에서 윤지당은 '기氣'와 '심心'을 강조하였다. 조선 성리학은 후기로 오면서 '이' 중심에서 '기'를 함께 강조하는 분위기가 형성되는데, 윤지당은 여기에서 더 나아가 '기'를 곧 인간의 '심'으로 봤다. 이는 임성주의 영향이 다분한 것이며 조선 후기 성리학계의 경향을 반영한 것이었다.

임성주는 당대의 한다하는 학자였고 그런 오빠와 학문적 교류를 했던 윤지당은 당연히 그만큼의 수준을 확보할 수 있었다. 그러나 그것이 곧 윤지당이 다른 학자와는 다른 특별한 점을 가진 것이라고 말할 수는 없다. 또한 윤지당에게만 나타나는 특별한 성리학 연구는 발견되지 않는다. 그렇다면 왜 윤지당을 논의해야 하는가?

윤지당을 주목하게 되는 것은 역시 그녀가 여성성리학자라는 점 때문이다. 조선은 성리학의 나라이다. 모든 것은 성리학을 통해 이루어졌다. 여자들에게도 도덕성과 예, 제사와 손님접대 등 생활의 모든 것이 성리학에 의해 규정되지 않는 것이 없었다. 그런데 조선의 여자들은 이렇게 성리학에 의해 움직여지고 있었지만, 그 원리에 대해서는 몰랐다.

인수대비가 《내훈》을 지으면서 단초를 열고, 장씨부인이 생활 속 실천에서 부분적인 논의를 하기는 했지만, 성리학에 대해 본격적으로 이론적인 질문을 한 여성은 거의 없었다. 성리학의 원리나 이치에 대해 비로소 학문적으로 질문하고 답을 정리해 본 것이 임윤지당이 아니었을까 한다. 그러니까 윤지당은 성리학적으로 살아가고 있는 여성들에게 왜 그렇게 살아가는 것이 타당한지를 성리학의 이론을 통해 설명했다. 윤지당은 여성으로서 여성들에게 이러한 문제의 답을 제시했다고 할 수 있다.

"남녀가 비록 하는 일은 다르지만 하늘이 부여한 성품은 언제나 같은 것입니다", "성인과 우리는 같은 부류에 속하는 존재이다" 등의 윤지당의 생각은 성인이 되는 데에는 남녀가 차이가 없다는 점을 다시 한 번 환기시킨다. 장씨부인이 일상을 성리학적으로 산 것에서 더 나아가 일상과 성리학의 긴밀성, 성인되기의 가능성 등을 이론을 통해 증명해 준 것이다. 이는 여성들이 성리학과 일상을 주체적으로 조합해 나가는 데 근거가 돼주었다. 그리고 그것은 여성의 영역을 넓힌 것일 뿐만 아니라 성리학의 외연도 넓혀준 것이었다. 윤지당 학문의 의의는 바로 이러한 지점에 있다.

강정일당

윤지당이 이르기를 '내가 비록 여자의 몸이나 하늘로부터 받은 성품이야 애초 남녀의 구별이 있는 것이 아니다'라고 했고, 또 '여자로서 태임과 태사 같은 사람이 되기를 기약하지 않는 사람은 모두 스스로 포기한 사람이다'라고 했습니다. 그렇다면 비록 여자라도 노력한다면 역시 성인의 경지에 이를 수 있는 것이 아닐까 하는데, 당신께서는 어떻게 생각하는지요?

강정일당이 윤지당의 말을 인용하여 서술한 구절이다. 임윤지당의 생각은 50년 후 강정일당에게로 이어졌다. 성인되기에 관심을 갖고 있는 강정일당으로서는 윤지당의 '성품에는 남녀의 구별이 없다'는 말이 매우 고무적이었을 것이다.

강정일당은 1772년(영조 48)에 태어났다. 아버지는 강재수, 어머니는 안동 권씨이다. 아버지는 세조 공신 강희맹의 10세손이고 어머니는 권상하의 동생 권상명의 현손이다. 이들 집안 역시 모두 명문집안이다. 그런데 조선 후기에 이르면 오랫동안 관직에 나아가지 못한 양반가는 윗대가 아무리 혁혁했어도 가세가 넉넉할 수가 없다. 정일당 집안도 이미 궁핍해진 상태였다. 어려서부터 어머니를 따라 바느질과 베 짜는 일을 했다.

20세 때에 정일당은 여섯 살 어린 윤광연과 혼인했다. 여섯 살 연하는 당시로서도 흔한 경우는 아니다. 혼인 후 정일당은 곧바로 시댁으로 가지는 않았다. 행장에서는 집이 가난하여 예장을 마련하지 못한 때문이라고 서술하고 있으나 사실은 혼인 후 얼마간 친정에 머무는 풍속 때문인 것으로 보인다. 결국 3년 후에야 시집으로 가게 됐다. 시집에서는 시부모 봉양, 집안 관리를 모두 직접 했다고 한다.

부모 사후 윤광연의 집은 더욱 가난해졌다. 윤광연은 생계를 위해 일정 기간 상업

《윤지당유고》:
임윤지당의 《윤지당유고》는 조선 여성이 쓴 대표적인 성리학이론서이다.

활동을 했다. 그런데 정일당은 이를 극구 말렸다.

> 배우지 않으면 사람의 도리를 할 수 없습니다. 정도를 버리고 생계를 도모
> 하는 것은 학문을 하면서 빈한하게 사는 것만 못합니다. 제가 비록 재주는
> 없지만, 바느질과 베 짜는 것은 조금 알고 있습니다. 밤낮으로 부지런히 하
> 여 죽이라도 끓여 올리겠습니다. 원컨대 당신은 성현聖賢의 책을 공부하시
> 고 집안 일에 마음 쓰지 마십시오.

가난하여 죽을 먹더라도 '성현'을 공부하는 것이 좋다는 얘기다. 윤
광연은 부인의 뜻을 받아들였다. 정일당은 한쪽 구석에서 남편의 글
읽는 소리를 들으면서 바느질을 했다. 그리고 때로 글자의 획수를 묻
기도 하고 글자의 음과 뜻을 묻기도 했다. 그런데 정일당은 한 번 보
면 곧장 암송했고 또 그 깊은 뜻을 알아차렸다. 윤광연은 부인에게 놀
라고 결국 함께 강론을 하기에 이르렀다.

혼인 7년 후인 1798년(정조 22) 정일당 부부는 과천으로 이사를 했다.
경제적 어려움 때문이었던 것으로 보인다. 과천에서 살면서 어느 해
흉년에는 3일간 아무것도 먹지 못했다고 한다. 자식도 여러 명을 잃었
다. 몇 년 후 이들은 서울 남대문 밖의 약현(지금의 중림동)으로 옮겨 살
게 되었다. 남편 윤광연은 서당에서 아이들을 가르치고 정일당은 삯바
느질을 했다. 만년에 이르러서는 어느 정도 경제적인 여유가 생겼다.

바느질하면서 어깨 너머로 배우기 시작한 '성현' 공부는 점점 수준이
높아져 갔다. 타향살이로 힘들 때 또 양식이 떨어지고 아이들이 죽는 상
황에서도 정일당은 "장수하고 단명하는 데는 원래 정해진 운명이 있으

니 슬퍼할 필요가 없습니다. 다만 내가 해야 할 도리를 다하지 못하였다면 무엇을 원망하겠습니까?"라고 할 만큼 외적인 상황에 의연했다. 정일당은 결국 9명의 아이를 낳아 하나도 키우지 못했는데, 어머니의 입장에서 보면 견딜 수 없는 고통이었을 것이다. 그러나 그것을 운명으로 받아들이고 그보다는 해야 할 도리를 먼저 생각하며 살았다. 일상생활에서의 성취보다는 학문을 통해 도덕성을 완성하는 것에 더 집중한 때문이었다.

> 《중용》의 '계신공구戒愼恐懼'를 주자는 '항상 공경하고 두려워하는 마음을 둔다'라고 해석하였으니, 이는 '동動'과 '정靜'을 통용하여 말한 것입니다. 또 '존양성찰存養省察'로 말한다면, '계신공구'는 전적으로 '정'에 속할 것 같은데, 어떻게 봐야 마땅하겠습니까?

이는 정일당이 남편을 통하여 남편 스승 송치규에게 질문한 내용이다. 송치규는 다음과 같이 답했다. "'계신공구'를 신독愼獨과 대비하여 말한다면 진실로 '정'에 속하겠지만 《중용장구》에서는 그대의 말과 같이 '항상 둔다'고 하였으므로 사계沙溪 선생은 동정을 겸한 것으로 보셨고 나의 선조께서도 '나누지 않을 수 없는 가운데에서도 또 나눌 수 없는 것이 있다'고 하신 것이다. 모름지기 자세히 체험하여야 비로소 이해할 수 있을 것이다"라고 답했다.

여기에서 문답 내용을 다 이해하기는 어렵다. 그러나 정일당은 당시 꽤 유명한 학자인 송치규에게 중요한 질문을 하고 또 신중한 답변을 얻을 만큼 중용을 잘 이해하고 있었던 것이다. 정일당이 직접 쓴 성리학 관련 논문은 많이 남아 있지 않다. 따라서 정일당의 학문 수준을 직접 파악할 수는 없으나 정황상으로 볼 때 성리학에 대해 심도 있게 이해하고 있었다는 것은 알 수 있다.

강정일당 글 중 상당수는 제목 뒤에 '대부代夫'라는 말이 씌어 있다. 남편 대신 지었다는 뜻이다. 조선시대에는 서로 글을 주고받을 일이 많았다. 그 글을 써 달라고 친구나 친지로부터 부탁을 받고 또 이쪽에서도 부탁을 했다. 남편 윤광연도 그런 부탁을 많이 받았던 모양이다. 그런데 윤광연은 자신보다 부인이 낫다고 생각했는지 정일당이 대신 쓰게 한 적이 많았다. 행장이나 묘지명만이 아니다. 편지도 대신 썼다. 물론 이런 편지의 말미에는 윤광연의 이름이 있다. 이 일련의 과정은 정일당의 문장력을 잘 드러내 주는 것이다.

정일당은 남편과 쪽지편지尺牘를 주고받은 것으로도 유명하다. 안채에 있는 정일당과 사랑에 있는 윤광연 사이에 편지가 오고 간 것이다. 안채와 사랑채에서 편지가 오고 갔다는 사실이 매우 로맨틱하게 들린다. 그러나 편지의 내용은 그렇게 로맨틱하지만은 않다. 대개의 내용은 '성인'이 되기 위해, 즉 도덕적 완성을 위해 일상을 경건히 할 것 또 열심히 공부할 것 등으로 채워져 있다. 사실상 교훈서와 같은 편지라고 할 수 있다.

나에게 참다운 덕이 있으면 남들이 알아주지 않은들 무슨 손해가 있겠습니까? 나에게 참다운 덕이 없다면 비록 헛된 명예가 있어도 무슨 이익이 되겠습니까?

올해 겨울부터는 당신과 함께 《주역》을 강론하고 싶지만, 손님들이 오래 머물게 되면 할 수 없습니다. 근래에 세마洗馬 벼슬을 지낸 김헌께 《서경》을

  한국여성사 깊이 읽기

배우고 《시경대전》과 《서경대전》을 빌려오시기 바랍니다.

저는 일개 부인으로서 몸은 집안에 갇혀 있고 배운 것도 아는 것도 없으나 그래도 바느질하고 청소하는 여가에 옛 경서와 고전을 읽으면서 그 이치를 궁리하고 옛 사람들의 행실을 본받아 선현들의 경지에 이르기를 작정하고 있습니다. ……인의를 실천하여 온당하고 바른 마음을 세워서 성현을 배운다면 누가 그것을 제지하겠습니까? 성현도 대장부이며 당신도 대장부입니다. 무엇이 두려워서 하지 않겠습니까? 부디 바라옵건대 날마다 덕을 새롭게 하고 반드시 성현이 되기를 기약하소서!

대개의 편지가 '공부 열심히 하자'는 얘기다. 자신의 성인이 되고자 하는 열망을 표현하고 또 그것을 남편에게 권면하는 것이 정일당이 편지 쓰는 목적이었다. 정일당의 시도 마찬가지이다.

인간의 성품은 모두 착하니 人性本皆善
그것을 다하면 성인이 되리 盡之爲聖人
인을 실천하고자 하면 인은 바로 여기에 있으니 欲仁仁在此
이치를 밝혀 몸을 성실히 하리 明理以誠身

선善, 성인聖人, 인仁, 성誠 등 성리학적인 용어로 구성되는 학구적인 시들이 대부분이다.

밤이 깊으니 모든 움직임이 그치고 夜久群動息

뜰이 비니 흰 달빛만 밝네 庭空皓月明

마음은 씻은 듯은 맑으니 方寸淸如洗

성정의 이치를 환하게 알겠네 豁然見性情

달빛을 보고 감상에 젖는가 싶었는데, 사실은 그 고요함이 '성정'의 이치를 깨닫게 해준다고 말하는 식이다. 모든 것이 도덕성, 성인, 이치 등으로 귀결되고 있다. 지금으로 봐선 참 재미없는 편지와 시이다. 그런데 이것이 바로 정일당의 삶이었다. 성리학이 요구하는 도덕적인 삶, 성인으로서의 삶을 한 치의 오차도 없이 실행해 보고자 한 것이다. 물론 이는 당시의 중요 트렌드이긴 했지만, 그중에서도 정일당은 심했다.

그런데 윤광연은 정일당의 이러한 태도가 싫지 않았던 모양이다. 윤광연은 부인 사후에 《정일당유고》를 간행했다. 당시 문집 하나 간행하는 데는 집 한 채 값이 들었다고 하는데, 이를 보면 윤광연은 부인의 구도적인 자세를 매우 흠모하며 또 기억하고자 했던 것으로 보인다. 또한 윤광연은 삶의 태도, 학문, 문장력 여러 면에서 부인의 능력을 인정하고 있었던 것이다.

윤지당의 경우와 마찬가지로 정일당의 학문도 조선 성리학사에서 특별히 기억될 만한 것은 없다. 당시 성리학에 새로운 것을 보탰다고 할 수는 없기 때문이다. 그러나 정일당 역시 여성사에서는 중요하게 논의하지 않을 수 없다.

정일당은 "윤지당께서 말씀하시기를 '나는 비록 부인이지만, 하늘에서 받은 성품에 애당초 남녀의 차이가 없다' 하셨습니다"라고 했다. 정일당은 임윤지당의 생각을 따른 셈이다. 여성들도 '성인'이 되고자 하는 노력은 오랫동안 계속해 왔다. 그러나 이것이 학문적으로 이론화되고 또 그 생각이 공유된 적은 별로 없다. '성품에 남녀의 차이가 없다'는 말은 남녀가 역할은 달라도 인간 자체로는 같다는 얘기다. 여자들에게 상당한 자신감을 주는 말이다.

그런데 윤지당과 정일당 사이에는 약간의 차이가 있다. 정일당은 "바느질하고 청소하는 여가에 옛 경서와 고전을 읽으면서 그 이치를 궁리하고 옛 사람들의 행실을 본받아 선현들의 경지에 이르기를 작정하고 있습니다"라고 했다. 여기에서 '이치를 궁리하는' 것과 '선현의 경지(성인되기)'에 이르는 것의 두 가지 과제가 보인다. 윤지당과 정일당은 각각 포인트를 두는 점이 좀 달랐다. 정일당은 이치를 알아서 성인의 경지에 나아가는 것을 더 중시했다. 방점이 '성인되기'에 있었던 셈이다. 정일당의 글들이나 정일당에 대한 타인들의 기억이 이를 뒷받침해 준다.

결론적으로 임윤지당이 좀 더 이론에 치중했다면, 정일당은 실천에 더 의미를 두고 있었다고 할 수 있다. 그러나 이러한 차이점이 여성사적 관점에서 크게 문제가 되지는 않는다. 이들 여성학자들에게서 더 의미 있는 것은 여성들이 도덕을 실천하되 왜 그렇게 해야 하는가라는 사실을 고민하고 그 답을 얻으려고 노력했다는 점에 있다. 그들은 성리학의 이치를 공부하여 여성들도 인륜 도덕을 실천하면 성인이 될 수 있다는 사실을 명확히 하고 그것을 알렸다. 이는 조선 여성들에게 성인이 될 수 있다는 자신감과 함께 도덕적 주체성을 갖게 하는 것이었고 조선 후기 여성사에서 큰 변화였다. 조선 여성들의 사고 영역을 확장하는 것이었기 때문이다. 이는 여성뿐만 아니라 조선 사회 성리학에도 큰 변화를 가져왔다고 할 수 있다.

사료 1.

允摯堂曰 我雖婦人 而所受之性 初無男女之殊 又曰 婦人而不以任姒自期者 皆自棄
也 然則雖婦人 而能有爲 則亦可至於聖人 未審 夫子以爲如何? (강정일당, 《정일당
유고》)

윤지당이 이르기를 "내가 비록 여자의 몸이나 하늘로부터 받은 성품이
야 애초 남녀의 구별이 있는 것이 아니다"라고 했고, 또 "여성으로서 태
임과 태사 같은 사람이 되기를 기약하지 않는 사람은 모두 스스로 포기
한 사람이다"라고 했습니다. 그렇다면 비록 여자라도 노력한다면 역시
성인의 경지에 이를 수 있는 것이 아닐까 하는데, 당신께서는 어떻게 생
각하는지요?

사료 2.

妾是一箇婦人 身銷閨闈 無聞無識 猶於針線灑掃之隙 覽古經籍 窮其理而求其行 思欲與前修同歸 矧夫子以大丈夫 立心求道 從師取友 孶孶進益 則何所學而不能 何所講而不明 何所行而不達 由仁義 立中正 成聖成賢 誰能禦之 聖賢丈夫也 吾亦丈夫也 何畏而不爲哉 萬乞夫子 日新其德 必以聖賢爲期. (강정일당, 《정일당유고》)

저는 일개 여자로 규방에 갇혀 있어 들은 것도 아는 것도 없지만 오히려 바느질과 빨래, 청소를 하는 사이사이에 옛 경전을 읽으며 그 이치를 탐구하고 실천하여 옛 사람이 닦았던 경지에 다가서려 하고 있습니다. 하물며 당신께서는 대장부로서 도에 뜻을 두고 스승을 모시고 친구를 사귀면서 부지런히 나아가고 있으니 어떤 배움인들 불가능하며 어떤 강의인들 밝지 못하며 어떤 실천인들 이루지 못할 바가 있겠습니까? 인의로 말미암고 중정을 세운다면 성인, 현인이 되는 것을 누가 막을 수 있겠습니까? 성현은 장부인데 나 역시 장부이니, 무엇이 두려워 성현이 될 수 없겠습니까? 제발 당신께서는 날마다 덕을 새롭게 하여 반드시 성현이 될 수 있도록 하소서!

이영춘, 《임윤지당》, 혜안, 1998
임윤지당의 《윤지당유고》에 대한 국역과 해제 형태의 글이 들어 있다.

한국여성문학회 편, 《강정일당》, 가람기획, 2002
강정일당의 《정일당유고》에 대한 국역과 해제 형태의 글이 들어 있다.

정해은, 〈조선후기 여성실학자 빙허각 이씨〉, 《여성과 사회》 8, 1997
빙허각 이씨(이빙허각)의 《규합총서》를 조선 후기 실학이라는 틀로 분석한
논문이다.

김현, 〈성리학적 가치관의 확산과 여성〉, 《민족문화연구》 41, 2004
성리학적 가치관의 확산이 여성들에게도 도덕적 주체성을 갖게 했으며
임윤지당, 강정일당과 같은 성리학자들이 출현할 수 있게 했다는 사실을
분석한 논문이다.

김영민, 〈형용모순을 넘어서: 두 명의 조선시대 여성 성리학자〉,
《철학》, 2005
임윤지당과 강정일당의 정체성의 바탕을 이루는 철학적 기초를 설명하며,
조선시대 여성과 성리학이 어떻게 공존할 수 있는지를 탐구한 논문이다.

이혜순, 《조선조 후기 여성 지성사》, 이대출판부, 2007
조선 후기의 여성 문사이자 학자인 김호연재, 임윤지당, 강정일당, 이빙
허각, 이사주당, 김금원, 김경춘 등에 관한 개별적이면서도 통합적인, 그
리고 사적인 접근을 통해 그들의 지적 성과에 대한 새로운 인식과 통찰을
보여준다.

현모양처론의
두 얼굴

근대적 여성의식의 태동—천주교와 동학

천주교

　19세기 조선 사회의 신분적 차별을 비롯한 유교적 질서는 여성에 대해서 이전보다 훨씬 더 엄격한 억압과 차별을 가져 왔다. 이러한 사회에 대해 문제를 제기하고 나선 것이 바로 천주교와 동학이었다. 우선 천주교에서는 여성들이 신분을 초월하여 교인이 되면서 여성의 새로운 사회적 역할이 나타났다. 천주교에 입교한 여성들 가운데는 양반은 물론 왕족에서부터 노비까지 다양했으며 이들은 순교를 두려워하지 않고 신앙 활동을 벌였다. 당시 천주교인 가운데 36퍼센트가 여성이었는데 한글로 쓰인 신앙서적이 많이 나온 것은 바로 여성들에게 천주교를 이해시키기 위해서였다.

　특히 1801년 신유박해 당시 체포되어 국문을 받았던 강완숙姜完淑(1761~1801)은 가장 대표적인 천주교 여성지도자였다.

강완숙은 집을 떠나 서울로 올라와 청국인 주문모周文謨(1752~1801) 신부가 구성한 비밀조직 명도회의 여회장이 되어 여성 교인들을 지도하였다. 천주교를 접한 여성들은 남성과 함께 집회를 가져 남녀칠세부동석을 거부하였고 독신을 고수하기 위해 기혼자나 과부라고 위장하거나 아예 동정을 지키는 전제로 교인들끼리 결혼을 하는 경우도 있었다. 여성 스스로 결혼에 대한 주체적 의지를 관철시켰던 것이다.

성리학적 세계관에 입각한 조선 사회의 입장에서 천주교인들의 이러한 모습은 체제를 근본적으로 뒤흔드는 것이었다. 이에 당시 지배층은 천주교를 인정할 수 없었고 가혹한 탄압으로 대응하였다. 특히 여성 신도들의 행동은 조선 사회의 상식으로는 이해할 수 없는 것이었다. 예를 들어 집에서 가출해 서울로 올라오는 행위, 결혼하지 않는 것, 결혼도 하지 않은 여성이 스스로 과부라고 일컫는 것, 남녀가 함께 집회를 갖는다는 것 등이었다. 이 같은 적극적인 신앙 활동은 여성의 사회적 활동을 알리는 계기가 되었다. 하지만 가혹한 탄압으로 이러한 사회적 흐름이 공식적으로 자리 잡는 데는 어려움이 있었다.

동학

　동학은 천주교의 도입으로 인한 정신적 위기 극복을 표방하였다. 하지만 동학의 사상은 궁극적으로는 역시 성리학적 세계관에 대해 도전한 것으로 받아들여졌고 가혹한 탄압을 받았다. 동학을 창시한 최제우崔濟愚(1824~1864)는 특히 남존여비의 관념을 버리고 가도화순론家道和順論, 즉 가화론을 제시하였다. 이는 지배와 복종의 유교적 남녀관계가 아니라 가정의 화목은 남성이 부인을 성심으로 대함으로써 얻어진다고 보는 것이다. 즉 가정의 화목을 위해 부부가 함께 노력해야 한다는 점을 강조했다. 실제로 그는 과부를 아내로 맞이하였고 두 여종을 해방시켜 한 사람은 며느리로, 한 사람은 양녀로 삼아 당시 관념에 도전하는 모습을 보였다.

　최시형도 이를 발전시켜 부화부순夫和婦順을 내세워 부부관계를 우주 형성의 기초로 보고 부부가 화목한 것을 동학 교인이 되기 위한 첫 번째 조건으로 제시하였다. 그는 사인여천事人如天을 새롭게 제시하였는데 이는 사람을 하늘처럼 받들라는 뜻이다. 여기서 사람 안에 남성뿐 아니라 여성도 포함시켰다. 그러나 다른 한편으로는 아내의 역할

1890년대 남녀미사 참례식: 천주교의 평등사상은 조선 여성들에게 상당한 유혹이었다. 여성들은 신앙 생활에 몰두하면서 조선 사회에서는 금지되었던 자신의 욕구를 하나 하나 발견해 나갔다.

한국여성사 깊이 읽기

을 수신제가, 삼종지도 등을 통해 받아들임으로써 유교적 세계관을 극복하지 못했다는 평가를 받기도 한다.

1894년 동학농민전쟁에서 농민군이 제시한 폐정개혁안에는 여성들에 대한 억압의 철폐를 강조하기 위해 과부 재가금지의 철폐가 포함되었다. 이때 농민군 지도자 가운데에 일부 여성도 나타났던 것은 이러한 동학의 여성관과 관계가 있었다. 하지만 농민군 내에서 여성들의 역할은 보조적 위치에 머물러 있었던 것도 분명하다.

근대적 여성의식의 출발—개화파와 개신교

1880년대부터 나타나기 시작한 문명개화론은 한국의 근대 국가 수립을 목표로 하였다. 개화파는 그동안 조선이 문명이고 서양이 야만이라고 보았던 전통적 사고를 버리고, 서양이 문명이며 그들을 받아들여야 한다는 문명개화론을 주장하였다. 여성에 대한 새로운 사고가 나타날 수 있었던 것은 문명개화론이 퍼지며 서양이나 일본에서 나타나고 있는 여성 교육과 여성인권론을 수용했기 때문이었다.

처음으로 여성들에 대한 관심이 드러나고 있는 것은 1888년에 갑신정변의 망명자 박영효朴泳孝(1861~1939)가 올린 상소문이었다. 그는 여기서 여성의 인격을 존중해야 하며 학대와 멸시를 금지시켜야 한다는 것, 여성을 노예처럼 생각해서는 안 된다는 것, 교육의 남녀 균등, 과부 재가의 허용, 축첩제의 폐지, 조혼과 내외법의 금지 등을 제시하였다. 그러나 이들 내용은 구체적인 실천방안이 없이 제시되었다는 한계를 가지고 있었다.

한편 개신교는 직접 선교가 불가능했던 1880년대 상황에서 의료와 교육을 선교 방법으로 채택하였다. 그에 따라 1886년 스크랜튼 부인은 한국 최초의 여성 교육기관으로서 이화학당을 설립하였다. 그런데 여성 교육에 대한 이해가 부족한 상황이어서 이화학당은 학생모집에 어려움을 겪어 학비를 받는 것은 생각도 못했고 오히려 학생들에게 종이, 연필, 공책을 지급하였다. 처음에는 학생을 구하기 어려워 기생이나 고아들을 데려왔는데 학부형들에게 10~15년 동안 집으로 데리고가지 않겠다는 서약을 받았다. 그러한 약조가 없으면 얼마 지나지 않아서 딸들을 데려가는 부모가 많았을 것이기 때문이었다.

당시 여성들이 가지고 있었던 교육에 대한 열망은 1895년에 발표된 〈교육입국조서〉와 〈소학교령〉에 의해 고무되었다. 특히 〈소학교령〉에서는 "7세에서 15세까지의 남녀아동이 취학할 수 있도록 소학교를 세워 남녀 모두 교육받게 한다"는 조항이 있었다.

이화학당 초기 학생들의 모습:
《이화 100년사 기념화보》에 실린 이화학당 초기 학생들의 모습이다. 한국 최초 여학교의 학생들은 고아나 기생 등 사회에서 가장 소외되어 있던 여성들이었다.

                                    한국여성사 깊이 읽기

당시 사회적 관념으로는 남녀가 함께 한 공간에서 공부한다는 것은 받아들여지기가 불가능했으므로 여성 교육을 실시하기 위해서는 여학교를 따로 설립해야 했다. 그러나 당시 불안한 정치 상황으로 인해 각종 개혁의 추진은 지지부진했고 여성 교육기관을 설립하는 데까지 관심을 가지고 있는 관료 또한 없었다. 결국 여성 교육 문제에 대한 해결책은 여성들 스스로가 찾을 수밖에 없었다.

여성 교육에 대한 열망은 1896년 창간된《독립신문》에 게재된 여성 차별에 대한 철폐와 여성 교육의 필요성을 강조하는 논설에 이미 잘 나타나 있다.《독립신문》에서는 조혼의 폐지와 자유결혼, 과부 재가금지의 철폐, 축첩제의 폐지, 기생제도의 철폐 등을 주장하였다. 특히 남학생을 위한 학교뿐만 아니라 여학교의 설립도 주장하였으며, 독립협회가 주최하는 토론회에서는 '부녀를 교육하는 마땅함'과 같은 여성 교육에 대한 주제를 상정하기도 했다. 당시《독립신문》은 여학교 설립과 부녀 교육이 곧 미래의 부인이자 자녀의 교육을 담당할 미래의 어머니에 대한 교육이기 때문에 남성에 대한 교육 못지않게 중요한 일이라고 주장했다. 그리고 여성을 교육시키지 않는 것은 국민의 절반을 버리는 것이며, '자고로 여성을 교육시키지 않는 나라는 망하며 힘쓰는 나라는 흥한다'라고까지 여성 교육을 강조했다.

찬양회와 순성여학교

이러한 흐름에 힘입어 1898년부터 여학교 설립을 위한 움직임이 나타나기 시작했다. 1898년 9월 1일 여성도 남성과 똑같은 사람임을 내세우면서 여학교 설립을 주장하는 〈여학교 설시 통문〉이 발표되었다. 이는 한국 최초의 여성 인권선언문으로 평가받는다. 이 글에서 이들은 문명개화정치를 수행하는 민족적 사업에 여성도 참여할 권리가 있다, 여성도 남성과 평등하게 직업을 가지고 일할 권리를 가지고 있다, 여성도 남성와 동등하게 교육을 받음으로써 독립된 인격을 가질 수 있기 때문에 정부가 여학교를 설립하라 등을 주장했다. 이 내용은 《독립신문》과 《황성신문》에 실렸는데 《황성신문》은 '하도 놀랍고 신기하여' 논설을 빼고 '5백 년 만에 있는 일'이라는 제목으로 통문의 전문을 게재했다. 《제국신문》에서는 '우리나라 부인들이 이런 말을 하며 이런 일을 할 생각을 하다니 진실로 희한한

《독립신문》 1898년 9월 9일 자 기사:
《독립신문》은 〈여학교 설시 통문〉의 전문을 싣고
찬양회를 지지하였다. 〈여학교 설시 통문〉은
'여권통문'이라고도 불리우며 한국 최초의
여성 인권선언문으로 평가받는다.

일'이라고 평가하였다. 당시 《제국신문》은 찬양회를 비롯한 여성운동의 홍보기관임을 자처하였고 '암신문'이라고까지 불리우고 있었다.

〈여학교 설시 통문〉을 주도한 것은 양반 명문가의 집단 거주지역이었던 북촌의 고관 부인들이었다. 이들이 어떤 경로로 당시로서는 상당히 급진적인 이러한 주장을 하게 되었는지, 누가 그 내용을 작성하였는지에 대해서는 알려져 있지 않다. 하지만 이들이 통문을 발표할 당시 이미 3백여 명의 동조자가 있었다고 한다. 이들의 여학교 설립운동은 사회의 주목을 받았고

독립협회의 지원을 받았다. 《독립신문》에서는 급하지 않은 군사비 등을 여학교 설립에 사용하라는 주장을 하기도 하였다.

이들은 찬양회를 설립하여 여학교 설립운동에 나섰다. 찬양회의 정식명칭은 '여학교설시찬양회'로서 회장은 양성당 이씨, 부회장은 양현당 김씨였으며, 그밖에 총무원, 사무원, 찬성원 등의 구성원이 있었다. 양성당 이씨는 종친이었던 참위 이재롱의 아내였다. 양현당 김씨는 평양에서 성장하여 과부가 된 후 한성으로 와서 북촌 부인들과 교류하였다고 하는데 순성여학교의 교장을 겸하였다. 찬양회는 신분과 직업에 관계없이 여학교 운영을 위한 회비를 내기만 한다면 누구나 회원이 될 수 있었다. 창설 당시 회

〈양규취지: 《황성신문》 1906년 5월 8일 자에 실린 양규의숙 취지. 귀족과 양반, 서민의 여성를 모집해서 부덕婦德과 지혜賢哲를 가르쳐 현모양처의 자질을 양성완비 하는 것이 교육 목표라고 밝히고 있다.

원수는 4백여 명이었고, 회원은 국내여성이 대부분이었지만 남성과 외국여성도 있었다. 또한 윤치호를 비롯한 독립협회 인사들이 자문을 맡았다.

찬양회는 여학교 설립운동과 더불어 여성계몽을 위한 사업으로 정기집회를 개최하고 연설회와 토론회를 열었다. 주요한 주제는 여성의 의식 각성과 여성 교육의 필요성을 제기하는 것이었는데, 회원이 아닌 여성도 많이 참여할 정도로 집회는 성황을 이루었다. 이들은 독립협회에 찬양회의 운영을 도와 줄 위원들을 파견해 달라고 요청해 독

립협회가 다섯 명의 위원을 선정했다. 이는 아직 여성들이 독자적으로 단체를 운영할 만한 훈련이 부족했던 이유 때문이었다.

찬양회가 관립여학교의 설립을 강하게 주장할 수 있었던 배경에는 이들의 사회적 신분도 작용했을 것이다. 그러나 양반 여성들이 독립협회 남성 인사들과 연결되어 여성 교육의 필요성을 주장했다는 사실이 흥미롭다. 그밖에 찬양회에는 일반 서민층 여성과 기생, 첩들도 참여하였다. 또한 찬양회는 만민공동회의 활동에 동참하여 독립협회가 주관한 독립 경축식과 관민공동회에 참여하기도 했다.

1898년 10월 11일 찬양회 회원 1백여 명은 경운궁 앞으로 나아가 고종에게 직접 관립여학교 설립을 청원하는 상소문을 올렸다. 이 상소문에는 학교를 세워 달라는 것 외에도 "출입을 자유롭게 하기 위해 장옷을 쓰지 않고, 가마를 타지 않으며 우산이나 들고 다니게 해 달라"는 것을 비롯해 당시 여성들이 겪고 있던 일상의 문화를 바꾸려는 노력도 포함되어 있었다. 고종은 즉시 비답을 내려 적절한 조치를 약속하였고 여학교 설립은 곧 실현되는 듯하였다.

한편 이렇게 새로운 움직임을 보이고 있었던 여성들에 대한 시비도 있었다. 바로 만민공동회에 참여했다가 돌아가는 여성들이 가마를 타고 내외를 한다는 비판이었다. 집회 당시에 돈 있는 여성들만 음식을 나누어 먹고 회표를 나누어 주며, 화려한 옷을 입고 다닌다는 논란도 제기되었다. 그에 대해서는 찬양회측에서 반박하는 글을 발표하기도 하였다. 그리고 독립협회에 반대하는 보수적 인사들은 여학교 설립운동을 저지할 것을 행동 목표로 설정하는 경우도 있었다.

정부와 별도로 찬양회는 1899년 2월 찬양회 서기를 맡고 있던 고정

                    한국여성사 깊이 읽기

길당을 교사로 삼아 서울 느릿골(지금의 종로 5가 부근)에서 여학생 50여 명을 뽑아 직접 여성 교육을 시작하였다. 고정길당은 러시아 국적을 가진 함경도 출신의 여성으로 '여중호걸'이라고 불렸다. 교과과정은 《천자문》, 《동몽선습》 등의 유학 교육과 《태서신사》를 통한 역사 교육이 중심을 이루었다. 재봉틀을 구하여 재봉 교육도 실시하였다. 학생들의 연령층은 7세에서 13세까지로 알려져 있다.

그런데 이때 정부에서는 고종의 지시에 따라 1899년 정부 예산에 여학교 설립 예산을 책정하고 여학교 운영을 위한 규정을 작성하였다. 그에 따르면 초등과 중등과정으로 나뉘어 초등에서는 수신, 독서, 습자, 산술, 재봉을 배우게 하고 중등에서는 이와 함께 역사, 지리, 이과, 국어를 가르치기로 했다. 그러나 1899년 5월에 가서야 여학교령을 의정부 회의에 제출했다가 1900년 1월 안건으로 심의했으나 부결되었다. 그 이유는 국가 재정이 부족하므로 나중에 설치하자는 이유였다. 결국 탁지부는 1900년 예산에서 여학교 설립 예산을 정지시켜 버렸다.

한편 정부가 교사를 파견하려는 데에 찬양회는 반발하였다. 당시 교사 자격을 지닌 사람은 남성밖에 없기 때문이었다. 그들은 남성 교사가 오면 남녀유별 때문에 문제가 생길 수 있고 여학생들이 그 때문에 오지 않을 가능성이 있다고 반대하고 나섰다. 그들은 대안으로 고정길당과 선교사로 추정되는 서양인 여성이 월급 없이 가르칠 수 있다고 주장했다. 그리고 학생들을 데리고 학부까지 찾아가 여학교를 빨리 설치해 달라고 요구하는 등 노력을 전개하였지만 결국 실패로 돌아갔다. 그 후 운영난을 겪으면서 이리저리 전전하다가 1903년 양현당 김씨가 죽은 후 이자현당이 교장을 이어받아 명맥을 유지했으나 결국 문을 닫고 말았다.

한편 찬양회는 첩을 참여시키는 문제로 극심한 내부 분열을 겪기도 하였다. 정실부인들의 입장에서 첩은 같은 여성이라는 의식보다는 그들의 지위를 위협하는 적에 가까웠다. 반면에 첩들은 상대적으로 남편과 집안일의 구속으로부터 훨씬 자유스러운 상황이었기 때문에 찬양회에서의 더욱 활발한 활동을 원하고 있었다. 일부의 정실회원들은 첩이 참여하면 찬양회를 탈퇴하겠다고 통첩하기도 했다. 이러한 갈등은 독립협회 인사들의 중재로 무마되었으나 여전히 불씨를 남기고 있었다. 결국 찬양회는 순성여학교의 활동이 난항을 겪으면서 명맥을 이어나가지 못했던 것으로 추정된다.

근대적 여성 교육의 발전과 여성 교육단체의 활동

그 후에도 여성 교육의 필요성이 강조되면서 여학교를 후원하는 여성단체들이 활발하게 활동하였다. 이들 단체들은 여성 교육 외에도 미신과 폐습 타파 등을 내세웠는데 주로 양반 여성들이 중심이 되었던 것으로 추정되고 있다. 대표적인 여성단체로는 양규의숙을 후원하는 것을 목표로 설립된 여성교육회가 있었다.

이때의 특징은 여성들이 스스로 주체가 되었다기보다는 계몽운동가인 남성들이 주도하는 양상이었다는 점이다. 따라서 교장과 교감도 남성이 담당하고 교사만 여성을 임명하고 있었다. 그리고 여성 교육의 목표를 애국심이 강한 어머니로서 애국적인 자녀를 길러 내는 데 두었다. 실제로 양규의숙의 설립 목적을 보면 "학문과 여공의 정예와 부덕

순철을 교육하여 현모양처의 자질을 양성하고 완비하기 위하여" 설립했다고 나온다. 따라서 교과과정을 보면 양잠, 직조, 재봉 등을 교육하는 데 머물고 있었다. 교재로 쓰였던 《여성실행록》을 보면 시부모 섬기기, 시누이·시동생과 사이좋게 지내기, 투기와 시기를 버리기, 절개 지키기 등 전통적 가치를 강조하는 내용이 주종을 이루고 있다.

여성교육회는 10여 명의 남성지식인들이 남성찬무소를 구성하여 지도를 담당하게 했는데 이는 주로 당시의 고관부인들이 주도하였고 그 목적이 '문명을 향하는 시대적 요청에 따라 여성 교육을 실행하여 구습으로부터 벗어나 일반 사회에 대한 동등 권리를 찾고자 함에 있다'고 하였다. 그리고 매달 2회 통상회를 가지고 토론회를 개최하였다. '부인도 산업에 힘을 써서 남성에게 의뢰하지 않는 것이 필요하다', '여성도 장옷 쓰고 다니지 말고 벗고 다니자' 등 여성의 사회 활동과 의식 개혁을 추진하였다. 여성교육회는 총재를 맡고 있던 이옥경이 을사오적 가운데 하나인 이지용의 처라는 이유로 친일단체로 평가되기도 한다. 하지만 여성 스스로 산업 활동을 기획하고 여성지도자의 양성을 추구한 점에서 의미를 부여하기도 한다.

이 단체는 후에 양규의숙과 별도로 보학원을 설립하여 운영하였다. 이들은 기관지로서 《여성지남》을 발행하고 다양한 사업을 추진하였다. 그런데 여성교육회가 경비 부족으로 양규의숙을 후원할 수 없게 되자 1907년에는 신소당을 중심으로 진명부인회가 조직되었다. 신소당은 대신을 지낸 남편과 사별한 후 이미 자신의 집에 학교를 세워 가난한 아동들을 대상으로 운영하고 있었다.

한편 1908년에 드디어 관립여성 교육기관으로서 한성고등여학교

(이후 경성여성고등보통학교)가 설립되었다. 이에 엄귀비를 중심으로 황실 및 고관부인들이 참여하는 대한여성흥학회가 구성되어 관립여학교를 후원하였다. 이때 발표된 〈여성교육 휘지〉의 내용은 여성 교육이 집안의 행복을 높여 국가를 지원할 수 있다는 현모양처론에 기반을 두고 있었다. 한편 이옥경을 중심으로 설립된 자혜부인회도 비슷한 활동을 하고 있었다. 이옥경은 이미 1906년부터 대한부인회를 조직하여 여성실업 교육을 장려한다는 목적을 내세우고 정부 예산으로 양잠강습소를 운영하고 있었다.

사립학교 중에서는 이화(1886), 정신(1886), 배화(1898) 숭의(1903), 대구 신명(1907), 광주 수피아(1908), 전주 기전(1900), 함흥 영생(1903), 개성 호수돈(1899) 등 기독교계 여학교가 성경을 공식과목으로 채택하지 말라는 일본 당국의 요구를 따르지 않아 사립학교가 아니라 '잡종학교'로 구분되었다. 민족계열의 사립여학교로서는 엄귀비가 출자해 세워진 명신(뒤에 숙명으로 개명, 1906)과 진명(1906) 등이 있었으며 천도교 계통에서 설립한 동덕(1908)이 있었다.

1905년 이후에는 전국적으로 1백 70여 개의 여학교가 설립되었는데 주로 서울, 경상도, 서북지방에 몰려 있었다. 1903년에서 1908년 사이에는 여학생이 10배 가량 늘어 2천 5백 명이 넘게 되었다.

근대 여성의 아이덴티티, 현모양처론

당시 여성 교육이 중시되었던 이유는 여성을 사회적 융합을 위한 대상으로 보고 있었기 때문이다. 일본을 통해 유입되었던 양처현모주의 논리의 기반 위에서 여성의 역할을 가정에서의 처와 모의 역할로 한정하고 그 역할을 충실히 수행함으로써 국가에 공헌할 수 있다고 강조했던 것이다. 따라서 가사, 재봉, 수예 등의 가정 생활에 필요한 교육과 '부덕의 양성'이 중시되었다.

계몽운동기에 들어와서 여성도 "국민"으로서의 계몽의 대상이자 국가에 충성하는 주체가 되어야 한다는 목소리가 들리기 시작했다. 그러나 여성 교육의 진흥 등을 요구했던 개화기 남성 민족주의자들의 주장은 일차적으로 "아버지가 나빠도 아들이 현명할 수 있지만 현명한 어머니 밑에서 불초한 아들이 나타난 일이란 일찍이 없었다"는 식의 현모양처적 발상에 입각한 것이었다. 즉 어머니·아내로서의 여성이 국가와 사회를 문명개화시키는 하나의 도구로서 "천부의 자질이 극히 총명한 우리 단군의 후손, 한민족이 20세기의 만국 경쟁의 장에서 보다 높은 위치를 점유하기 위해" 교육을 받아야 할 존재로 인식되었던 것이다.

그렇다면 과연 현모양처론이란 전통적 여인상을 강조하는 것인가, 아니면 근대에 들어와서 처음 나타난 새로운 여성관을 표방하는 것인가? 이 용어는 일본을 통해 수입된 것이 분명하나 일본이 양처현모라고 하는 데 비해서 한국의 경우에는 현모양처라고 표현하고 있다. 왜 한국에 들어와서 배열이 달라진 것인가?

일본에서는 1878년 계몽주의자들이 여성 교육의 목표로 양처현모를 제시하면서 여성을 바라볼 때 자녀 교육의 주체라는 관점이 강조되었다. 남녀 간의 역할 분담을 바탕으로 양처란 집을 편안한 휴식 공간으로 만들어야 하며, 남편의 눈을 즐겁게 하고 취미를 이해하며, 마음을 기쁘게 하고 위로해 주어야 한다고 하였다. 이러한 현상은 'home'이 '카초이家庭'로 번역되는 것과 같은 맥락에서 자녀 양육의 주체인 어머니로서뿐 아니라 가정의 중심으로서 여성의 역할이 강조된 것이었다.

반대로 여성성을 벗어나 남성의 영역을 침범한 여성들은 가혹한 공격을 받았다. 특히 남녀평등권과 부인선거권을 주장하는 것은 여성의 본분을 망각한 행동으로 지탄을 받았다. 이 같은 주장은 1906년 당시 문부대신으로부터 '여성 교육은 그 본분인 양처현모를 양성하는 데 있다'고 공식화되었다. 이러한 양처현모적 여성 교육이란 남편을 내조하여 입신출세를 도모하는 것, 사회 활동을 하는 남편을 번거롭지 않게 하기 위하여 스스로 가사를 총괄하며 자녀의 교양을 기를 것, 항상 군인의 처나 어머니라는 점을 의식하여 남편과 아들이 의용봉공하도록 담대하게 처신할 것 등이었다.

1906년 진학주 등에 의해 설립된 양규의숙 설립취지문에는 국난에 처한 나라를 구하고 국가발전을 위해서는 문명개화가 필요하다는 인식하에서 여성 교육의 목적을 '현모양처의 자질을 양성완비'해야 한다고 하였다. 자식의 문명개화를 위해서는 어머니가 먼저 개명되어야 한다는 것으로 교육받은 여성이 곧 현모양처였다. 따라서 적어도 이 시기 이전부터 양처현모주의를 우리 사회에 맞게 현모양처로 바꾸어 사용하고 있었음을 알 수 있다.

그 후 관립 여성 교육은 1908년에 고등여학교령을 공포하고 경성에 한성고등여학교를 설립하면서 공식적으로 등장하였다. 이는 1911년 식민지하의 조선교육령에 의거한 〈여성고등보통학교규칙〉에 의해 본격화되었다. 당시 여성 교육의 목표는 '부덕을 갖춘 정숙하고 근면한 여성 양성'에 두었으며 그러한 현모양처로 기르기 위하여 모든 학과목은 여성으로서의 역할과 생활에 필요한 지식과 기능을 가르치는 데 주안점이 놓여 있었다. 특히 가사, 재봉 및 수예 등에 총 수업시간의 37.5퍼센트를 배정하고 있었다. 그와 동시에 일본어와 일본 역사지리 및 수신에 많은 시간을 할애함으로써 여성 교육을 통해 식민지 지배를 가정으로 침투시키려 했다. 일본인 식민지 기구 및 언론이 그토록 여성 교육에 대하여 적극적으로 홍보하려 했던 이유가 바로 여기에 있었다. 그러나 이러한 과정을 통하여 여성들의 교육 기회가 확대된다는 점에서는 의미가 있었다고 할 수 있다.

현모양처론을 둘러싼 논란

이러한 현모양처론은 그동안 조선 사회가 여성의 주요 역할로 효부를 강조해 왔던 것에 비해 자녀를 양육하는 어머니, 소가족을 기반으로 한 아내로서의 역할을 강조한다는 점에서 근대적 개념이라고 할 수 있다. 그리고 근대화를 위한 과정에서 여성의 역할이 가정만이 아니라 국가와 관련하여 기여도를 인정받았다는 점에서 이전과 다른 여성상을 제시하였다고 할 수 있다. 그러나 여전히 여성을 가정 내에 제한시키는 이념이며 남성은 가부장으로 존재하고 있다는 점에서 새로운 형태의 가부장제라고 할 수도 있다.

따라서 현모양처론은 식민지 조선에서 다음과 같이 다양한 비판을 받으면서 논란의 대상이 되었다. 첫째, 민족적 견지에서 현모양처 교육이 일본식 교육이라는 비판이 제기되었다. 즉 '현모양처주의라는 전형에서 여성이 자유로우면 반도도 자유로운 반도가 된다. 보수 없는 여하인女下

ㅅ주의에서 여성를 해방해야 한다'는 것이었다. 둘째, 자유주의적 신여성들로부터도 비판이 제기되었다. 이들은 현모양처론을 직접 비판하지는 않았지만 여성을 구속하는 모든 사상으로부터의 자유를 주장하고 실천하려고 노력하였다. 셋째, 여성 문제를 사회구조와의 관련성 속에서 파악하려고 노력했던 사회주의자들도 비판을 제기했다. 그들은 여성을 노동자, 조선 민족과 더불어 억압받는 집단 중의 하나로 설정하고 현모양처 교육을 노예 교육으로 규정하면서 여기서 벗어나야 여성이 해방되고 진정한 여성 교육이 시작될 수 있다고 주장했다.

이러한 비판에 대하여 현모양처론자들은 부부 각자의 직분이 다르다는 것과 철저한 정조관을 내세워 반격을 가하였다. 아울러 효에 기반을 둔 전통적 가족제도 또한 천황을 정점으로 하는 국민 또는 민족의 형성에 부정적인 영향을 미친다는 이유로 배격되기도 하였다. 현모양처론자들은 여성이 직업을 갖는 것에 대해서도 극히 부정적이었다. 여성은 현모양처로서 할 바를 다하면 그것으로 족하며, 심지어 학교 졸업 후 시집을 가기 전에도 직업을 갖기보다는 가정에서 주부 수업을 준비하는 것이 바람직하고 설령 결혼 후 직업을 갖는다 해도 밖에서 활동하는 사람은 어디까지나 남편이기 때문에 주부의 역할을 소홀히 해서는 안 된다고 주장했다.

당시의 많은 신여성들은 자유연애를 통한 결혼으로 좋은 배우자를 만나 소가족적인 가정을 꾸리고 그 속에서 현모양처가 되는 것을 이상으로 삼는 경우가 많았다. 신교육을 받은 여성들에게도 현모양처상은 매력적인 부분이 있었던 것이다. 결국 당시 여성이 교육을 받는 목표는 전문직에 진출하기 위해서가 아니라 남성의 내조자, 가정의 주인으로서 안정적인 삶을 확보하기 위한 수단이었던 것이다.

사료 1.

〈여학교 설시 통문〉을 좌에 게재하노라. 대저 물이 극하면 반드시 변하고 법이 극하면 반드시 고침은 고금에 상리常理라. 이 동방 3천여 리 구역과 열성조 5백여 년 개업으로 승평 일월에 취포 무사터니 우리 성상 폐하의 외외 탕탕하신 덕업으로 임어하옵신 후 국운이 더욱 성왕하야 임의 대황제 폐하 위에 어하옵시고 문명한 개화 정치로 만개를 총찰하시니 이제 우리 2천만 동포 형제가 성의를 호순하야 전일해태하던 구습은 영영 버리고 각각 개명한 신식을 좇아 행할 새 사사이 취서되야 일신우일신함은 영영한 소아라도 저마다 아는 배여날 어찌하야 우리 여인들은 일향 귀 먹고 눈 어두운 병신 모양으로 구규만 지키고 있는지 모를 일이로다. 혹자 신체와 수족과 이목이 남녀가 다름이 있는가. 어찌하여 병신 모양으로 사나이의 벌어주는 것만 먹고 평생을 심규에 처하야 그 절제만 받으리요. 이왕에 먼저 문명개화한 나라를 보면 남녀가 일반 사람이라 어려서부터 각각 학교에 다니며 각항 재주를 다 배우고 이목을 넓혀 장성한 후에 사나이와 부부지의를 정하야 평생을 살더라도 그 사나이의 일호 절제를 받지 아니하고 돌이켜 극히 공경함을 받음은 다름 아니라 그 재주와 권리와 신의가 사나이와 일반인 연고라 어찌 아름답지 아니하리요. 슬프다 돌이켜 전일을 생각하면 사나이의 위력으로 여편네를 누르려고 구설을 빙자하여 여성은 거내이불언외(居內而不言外)하며 유주식시의(唯酒食施衣)라 하니 어찌하여 신체수족이목이 남성와 다름없는 한 가지 사람으로 심규에 처하여 다만 밥과 술이나 지으리오. 도금에 구규를 진폐하고 신학을 시행함이 우리도 혁구종신(革舊從新)하여 타국과 같이 여학교를 설시하고 각각 여아들을 보내어 각항 재주와 규칙과 행세하는 도리를 배워 일후에 남녀가 일반사람이 되게 할 차 방장 여학교를 설시하오니 유지한 우리 동포형제 여러 부녀 중 영웅호걸 님네들은 각각 분발한 마음을 내어 우리 학교 회원에 드시라 하시거든 곳 착명하시기를 바라옵나이다.

　대한 광무 이년 구월 일일 통문고표인 리소사 김소사.(〈여학교 설시 통문〉, 《독립신문》 1898년 9월 9일 자)

사료 2.

이달 11일 오후 2시에 유지한 부인들이 궐문 밖에 진복하야 상소하고 즉시 우비를 무르엇다 하기에 그 소초와 비지를 좌에 개재하노라. 업돼여 써 하되 학교라 하는 것은 인재를 배양하옵고 지식을 확장하옵는지라 그런 고로 옛적에 나라에 학學이 있고 향당에 상庠이 있으며 집에 숙塾이 있사옴은 홀로 남성만 가르칠 뿐 아니라 비록 여성라도 또한 가르치는 법 등 선훈이 갖추앗사오며 구歐미米 각국으로 말씀하와도 여학교를 설립하고 각항 지예를 배워 개명 진보에 이르럿사온즉 어찌 우리나라에만 여학교 명색이 없사오리까. 오직 우리 대황제 폐하께옵서 중흥의 운을 응하옵시고 독립의 업을 세우사 백가지 법도를 새롭게 하시며 성택이 곁으로 흐르시와 관립 학교를 설립하사 영재英才를 발월케 하옵시니 의여 성재라 흠송하옵고 발 구르며 춤추나이다. 대저 인재는 학문에 있삽고 학문은 교육에 있삽난지라. 근일 독립협회의 목적을 듣사온즉 임군에게 충성하고 나라를 사랑하는 마음으로 공평정직한 의리를 잡아 천폐에 글을 올려 성종을 보좌하고 나라 법강을 부지케 하려한다 하오니 우리 폐하의 신민된 자 이 뉘 아니 흠감하오릿가. 심지어 나무 장사와 과실 장사까지라도 의연금을 내여 나라 사랑하는 정성을 표하옵난데 신첩 등 갓사온 분바른 계

집들인들 어찌 잡았는 떳떳한 마음이야 없다 하오릿가. 그러하오나 혹 비방하는 의론과 배척하는 문자가 없지 아니하와 듣기에 현혹되옴이 있사오면 충신과 역적을 분변치 못하는 자이 종종 잇사오니 이는 다름 아니오라 비록 남성라도 학식이 없사와 사의에 합하고저 하는 주의가 아니오니 그러하오면 돌이켜 학문있는 여성만도 못하오니 이로써 미루어 보건데 여성라도 또한 충외 지심과 문명 지학을 힘쓰는 것만 같지 못하온지라. 신첩 등이 찬양회를 설시하여 충성 충 사랑 애 두 글자를 규중으로부터 온 나라가 흥왕케 하려 하오나 학교가 아니면 총혜한 계집아이들을 가르칠 도리가 없으므로 감히 외월함을 피치않고 실정으로 소래를 가자히 하여 전폐의 아래 아뢰오니 엎디어 빌건대 성명은 깊히 통촉하옵소서. 학부에 칙령을 내리사 특별히 여학교를 설시하여 어린 계집아이들로 하여금 학업을 닦아 각국과 평등의 대접을 받게 하옵시기를 엎드려 바라옵니다.

비지 내에 학부에 조처를 잘 하여 배양하고 성취하는 도를 힘써 극진케 하리라.(〈부인상소〉,《독립신문》1898년 10월 13일 자)

정해은, 〈조선 후기 여성들은 왜 천주교에 끌렸는가〉,《내일을 여는 역사》12, 2008

조선 후기 여성들이 천주교를 받아들이고 신앙 생활을 해나가는 과정을 설명했다. 천주교 박해에도 불구하고 왜 여성들이 누구보다도 열성적인 신도가 되었는지 이해할 수 있다.

박용옥,《여성운동》, 독립기념관 한국독립운동사연구소, 2009

한국독립운동사연구소가 펴낸 한국독립운동의 역사 시리즈 가운데 제31권에 해당한다. 개항 이후 전개된 여성운동의 흐름을 살펴볼 수 있다. 제1장 한말 여성운동과 여성의 사회 진출을 함께 읽으면 도움이 된다.

윤소영, 〈근대국가 형성기 한·일의 '현모양처'론〉,《한국민족운동사연구》44, 2005

근대국가 기획과 더불어 탄생한 현모양처론을 분석하였다. 특히 한국과 일본의 현모양처론을 비교 연구하여 그 동질성과 차이점을 살펴보았다.

신여성의 이상과 현실

신여성은 누구인가?

신여성은 근대시기에 등장한, 말 그대로 '새로운 여성'을 가리킨다. 신분제가 폐지되고 '개인'의 가치가 중시되는 근대 사회에서 새로운 시대 조건에 발맞추어 새롭게 등장한 여성들이다.

근대 교육과 사회 활동의 공간들이 신여성 탄생을 위한 근대적 기반이 되었다. 교육과 일을 통해서 지식과 경제적 능력, 그리고 자아실현의 기회를 갖게 된 여성들이 자신들의 경험에 기반하여 새로운 생각, 새로운 말, 새로운 행동을 보이기 시작했던 것이다. 하지만 제국주의 일본의 식민지가 되면서 근대시기로 돌입한 조선 사회는 자유, 평등, 인도, 정의 등 근대적 가치들을 마음껏 실험하기 어려운 상황이었다. 정치, 경제, 문화 등 사회 전반에서 민족적 차별을 겪어야 하는 식민지적 상황에서 여성을 비롯한 조선인들

은 식민지라는 정치적 위기 상황을 어떻게 극복해야 하는가라는 대의 명분에 몰두할 수밖에 없었다. 그 결과 희미하게 발견한 '개인'이라는 가치는 '민족'이라는 집단적 가치 뒤에 가려져 버리고 말았다.

민족의 정체성을 가부장적 공동체성에서 찾는 남성지식인들은 신여성의 새로움에 우려의 시선을 가지고 이들의 삶에 적극적으로 개입하였다. 현모양처주의에 기반한 '진정한 신여성', '조선적 신여성'을 외쳤던 이들에게 개인을 주장하고 실천하는 '신여성'은 일탈한 존재였다. 현모양처주의를 넘어서는 신여성의 새로움은 어디까지나 민족주의에 대한 도전으로 여겨졌던 것이다. 신여성들이 활동을 전개한 지 얼마 안 되어 남성지식인들은 그녀들의 삶을 스캔들로 만들고 그 주의주장을 공격하였다. 그리하여 신여성의 현실적, 사상적 입지는 그 깊이를 확장하기도 전에 좁아지고 말았다.

그럼에도 불구하고 '인간답게 살고 싶다'는 신여성의 열망은 다양한 방식으로 표출되었다. 여성에게 제한된 지식에 목말라하기도 했으며, 가정과 일이라는 딜레마 속에서도 선뜻 일을 포기하지 못했다. 여성의 정조에 대한 수많은 비판과 공격 속에서도 신여성들은 자유연애와 자유결혼을 시도하였다. 자신의 인생을 스스로 선택하는 것에서부터 인간다운 삶이 시작된다고 믿었기 때문이다.

나, 배운 여성!

일제의 현모양처주의 여성 교육

근대 사회에 들어와 여성에게 생긴 가장 큰 변화라고 한다면 공적인 공간에서 공부를 할 수 있게 되었다는 점일 것이다. 전근대 사회에서는 집 안 깊숙한 안채에서 어머니로부터 '부덕婦德'을 배우거나 남자 형제의 공부를 어깨 너머 따라하는 정도였다면 근대 사회에서는 집 밖으로 나와 학교를 다닐 수 있었다. 이로써 여성들도 학력이라는 사회적 자격을 갖추고 발언을 할 수 있게 되었으며 지식을 통해 자신의 입장을 표현할 만한 언어를

일제시대 엽서:
책 보따리를 옆에 끼고 공부하러 온 여학생.
근대 이후 여성은 집 밖을 나와
학교에 다닐 수 있었다.

한국여성사 깊이 읽기

가질 수 있게 되었다. 오랫동안 교육의 유무가 신여성/구식여성을 가르는 가장 큰 기준이 되었던 것도 지식과 학력이 인간에게 주는 사회적 힘 때문이었다.

한편 식민지시기 이루어진 여성 교육은 제국주의 일본의 정치적 입장을 반영하면서 시작되었다. 조선 강점 후 일본의 교육 정책은 중등교육 과정을 최종단계로 삼아 조선인의 정도를 낮추고 실업 위주의 교육을 한다는 것이었다. 여기에 여성 교육은 또다시 특정한 교육 목표를 가졌다. 이는 1911년 제1차 조선교육령이 제정될 때 남학생들 대상으로 하는 〈고등보통학교규칙〉과 구분되어 〈여성고등보통학교규칙〉이 따로 만들어졌다는 사실에서 알 수 있다. 근대 교육은 '여성도 남성과 똑같이 배워야 한다'는 의식적 혁명 속에서 비롯되었지만, 교육 내용은 어디까지나 성별에 따른 다른 인간형을 길러 내는 것을 목표로 하고 있었다. 그리고 그것은 여성에게 차별적이었다. 여학교에서는 지식 교육이 제한되었을 뿐만 아니라 교육연한이 4년인 남학교에 견주어 3년에 불과할 뿐이어서 여성들은 상급학교 진학에서도 불이익을 받았다. 상급학교인 전문학교 입학 요건이 '고등보통학교 졸업자이거나 그와 동등한 학력을 가진 자'였기 때문에 여성고등보통학교 학력으로는 전문학교에 입학원서도 내지 못하였다.

일제가 식민지 여성 교육을 통해 기대했던 것은 식민 지배에 앞장설 현모양처의 양성이었다. 일제는 현모양처의 역할이 남편과 아이들을 일본인의 성질에 맞게 동화시키는 것이고, 이는 식민지의 사회감정을 통합하는 데 중요한 역할을 한다고 보았다.

조선인 여성 교육은 남자 교육에 비하여 뒤지지 않는 중요한 의미가 있다. 경제적 융합과 사회적 융합은 식민 정책의 뿌리와 꼭지가 되지만 그 가운데에도 뒤의 것, 곧 사회적 융합이라는 것이 한층 더 곤란한 것이다. 그러나 일단 성공을 하면 경제적 융합보다도 더 힘 있는, 사회의 뿌리와 꼭지를 굳게 하는 시멘트가 된다. 어떻게 해서든지 부녀자를 감화시키는 데서부터 들어가는 것이 지름길이다. 유럽의 선진국들이 식민지 정책 또는 종교 정책에 부녀자의 감화를 중요시하는 이유가 깊다고 생각한다. 주아심主我心, 자각심이 적은 감정적인 부녀자가 남자보다 훨씬 감화시키기가 쉬운 것은 말할 것도 없는 것이다. 일단 감화된 이상 다시 그것을 고치기 어려운 것도 사실이다. 그런데 여성이 감화하면 남자는 저절로 감화되는 것이다. 이와 같이 하여 밑의 밑에서부터 두드려 가지 않으면 통치의 근저가 진정하게 되어 가지 못할 것이다. 조선인의 가정을 풍화하는 것은 곧 전 사회를 풍화하는 것이니 이와 같이 하여야 비로소 우리와 저들과의 감정적 융합이란 것이 영구히 될 수 있는 것이다.(1910년대에 참사관이었던 일본인 하라가 경성여성고등보통학교를 시찰하고 쓴《조선의 여행》중 일부)

곧 "여성이 감화하면 남자는 저절로 감화된다"는 논리였다. 따라서 현모양처 여성 교육은 어디까지나 가정 안에 머무는 여성을 길러 내는 것이 목표였고, 가정을 벗어나는 여성은 "크게 잘못"하는 것이라고 비난을 받아야 했다.

현모양처 여성 교육은 지식 교육을 억제하고 여성의 전통적인 역할을 교과목화한 기예 교육을 중시하였다. 가르칠 때 주의점으로 "지식 기능은 생활상 적절한 사실만을 선택하여 가르치고 헛되이 고상함이

한국여성사 깊이 읽기

지나쳐 경박한 풍을 따라서는 안 된다"는 점을 강조하였다. 생활상 적절한 사실 교육이란 "집안 일을 처리함에 적당한 교육", 곧 기예 교육을 뜻했다. 그밖의 지식 교육은 여성에게 불필요하다고 보았다. '지나친 지식 교육'이 전통적인 역할규범을 부정하는 여성을 만들까 경계했기 때문이었다. "식견識見과 이론"을 배운다면 자신의 주관이 서면서 이전의 좋지 못한 일을 싫어하는 마음이 깊어지기 마련이라는 것이다.

여성 교육은 본래의 성질이 집안 일을 처리함에 적당한 교육을 시키며 그런 동시에 식견도 열어 줄 것이오. 또 전혀 식견과 이론을 주장하여 교도教導할 것은 아니나 조금이라도 식견이 열리면 자기의 주견主見이 서는 동시에 전일前日의 좋은 일도 알려니와 또 전일의 좋지 못할 일을 싫어하는 마음도 심하게 될 것은 물론이라.(경성여고보 교장 오타 히데오太田秀穗씨담, 〈신교육을 受한 여성의 처지에 대하여〉,《매일신보》1916. 1. 1)

따라서 일제는 교과목 가운데 가사와 재봉, 수예 등에 가장 많은 시간을 배당하였다. 기예는 교과서 안에서 '여성의 천직天職', '양처良妻의 조건'으로 강조되었고, 남녀 간의 일은 분명히 구분되었다. 그러나 기예 중심 여성 교육은 학부모와 여학생들의 불만을 낳았다. 이들에게 기예는 가정에서도 배울 수 있는 것이었고, 학교는 학문을 연구하는 곳으로 생각됐기 때문이었다. 여학생들은 지식 교육을 기대하면서 여학교의 본과 과정으로 몰렸고 일제는 기예과가 외면받는 현상을 '여성의 타고난 허영심' 탓으로 돌리면서 여학생들을 비난하였다.

근대 교육은 여학생들에게는 이중적 의미를 가진 것이었다. 한편으로는 동화주의와 현모양처 규범을 습득하는 것이었지만, 동시에 학교를 매개로 바깥세상에 참여하게 하고 가족제도를 벗어난 개인으로서의 정체성을 경험하게 하는 근대 체험의 한 경로였다.

학교는 집 안에만 갇혀 있던 여성들을 밖으로 불러내는 역할을 했으며, 이는 그 자체로 여성들에게 해방감을 주었다. 집 안에서 누군가의 어머니나 아내, 그리고 딸로서만 정체성을 구성할 수 있었던 여성들은 학교에 나와 비로소 개인으로서의 나에 대해 고민할 수 있었다.

여학생들은 교실이나 기숙사에서 동무들과 일상을 공유하며 동등한 관계 맺기에 대해 배워 나갔다. 자신의 고민을 토로하고 나누면서 여성으로서의 자아를 발견해 갔으며, 학교나 사회 문제에 대해 함께 토론하면서 '배운 여성'으로서의 사회적 역할을 찾아 나갔다. 이러한 경험을 통해 형성된 여성커뮤니티는 '배운 여성'들이 사회적 공간에서 발언이나 활동을 할 때 공감을 드러내며 지지를 표하는 지원 공간

기숙사에서 회의하고 있는 숙명여고보생들의 모습: 현모양처주의 교육이념 속에서도 여학생들의 교육 경험은 현모양처를 넘어섰다. 지식을 배우고 친구들과 소통하는 가운데 개인과 사회현실에 대해 고민을 하며 여성주체를 형성해 갔다.

이 되어 주었다.

여학생 중에는 끼리끼리 에스 형제를 맺어 돈독한 우정을 과시하는 이들도 있었다. 에스 형제란 시스터sister의 에스에서 비롯된 것으로 신입생이 들어오면 선배가 후배를 골라 공식적인 형—동생관계를 맺는 것이었다. 에스 형제끼리는 교복을 물려주거나 선물을 나누면서 배타적인 우정을 키워 갔는데, 에스 형제 맺는 것은 '애정 발표'로 받아들여지기도 했다. 물론 "남녀가 자유롭게 어울릴 수 없던 분위기"에서 이루어진 이들의 관계는 졸업이나 결혼과 동시에 이성애를 접하면서 희미해지는 경우가 많았다. 그럼에도 서로의 일상을 보살피고 공통의 관심사를 만들어 갔던 이들의 경험은 여성들이 언제라도 쉽게 동의할 수 있는 '그녀들만의 문화'를 마련한 것이었다.

여학생들은 학교를 '진짜' 공부를 하기 위한 곳으로 생각했다. 따라서 현모양처 교육이 강제하는 재봉과 가사, 수예 위주의 교과과정은 이들에게 '배움'으로 다가오지 않았다. 획일적인 삶을 강요하는 현모양처주의는 여성을 교육기계의 희생물로 만들 뿐이라고 비판하였다.

놈팽이 영감이 사람깨나 죽였다. 네 손에서 해마다 50명씩만 졸업시킨다 하자. 그리로 네가 20년 동안만 선생 노릇을 하였다 하자. 그러면 천 명이라는 여성은 나날의 교육기계의 희생이 되겠구나. 육군 대장의 가슴에서 번쩍거리는 금치훈장이 몇 만의 무고민을 죽인 혈정표穴精票라더니 네가 작년에 받은 청람장靑藍章이 내 동무 천 명을 죽인 대상으로 받은 혈정표로구나. 그렇게 여성의 천진을, 여성의 인간성을 제약하여 남성들의 완구, 씨통으로 만드느라고 현모양처라는 미명 아래 제 모습 닮은 양아들처럼 주형에 부을 용액으로 되게 하느라고 죽을 애를 쓰는구나. 산 육체에 깃들인 산 정신을 뽑아서 우리로 하여금 일부러 괴뢰를 만들 것이 무엇이냐.(화중선, 〈기생생활도 신성하다면 신성합니다〉, 《시사평론》 3월호, 1923)

여학생들은 현모양처 양성 교육이 무엇보다 사회 진출을 하는 데 도움이 되지 않는다고 여겼다. 이에 가사 방법만 배우는 기예과 과정을 가능한 한 피하려고 하였으며, 현모양처주의 교육이 진행되는 내내 여학교에도 남학교와 같은 교과목을 배정해 달라고 시위를 벌이기도 하였다. 현모양처주의를 부정하는 이러한 현장에 대해 일제는 "여성의 타고난 허영심이 문제다"라고 개탄했지만 진짜 공부, 곧 지식에 대한 열망은 여학생들을 끊임없이 자극했다.

여학생들은 학교 수업을 넘어 교내외의 동아리 활동을 통해 지식을 쌓고 경험의 지평을 넓혔다. 독서회를 꾸려 각종 사상 서적을 탐독하기도 했고 학예회에서 입센Henrik Johan Ibsen의 〈인형의 집〉을 연극으로 올려 노라의 해방감을 맛보기도 하였다. 또한 음악회나 무용 시간을 통해 감성과 신체를 해방시키는 즐거움을 누리기도 하였다. 특히 여학생들은 연극과 영화 구경에 남다른 관심을 보였다. 무대나 스크린 위에서 펼쳐지는 서구 여성들의 다양한 삶은 자신의 미래에 대한 상상력을 넓혀 주었다. 무엇보다 '배움'은 이들에게 깨인 여성이라는 자부심을 주었다. '배운 여성'들은 깨인 여성으로서 해야 할 일에 대해서 고민하기 시작하였고 이들 앞에 놓여 있는 것은 식민지라는 현실과 열악한 조선 여성의 처지였다.

여학생 대부분이 자기가 배운 지식을 '못 배운 여성'들에게 전하는

한국여성사 깊이 읽기

것이 자신의 역할이라고 믿었다. 이들은 의무적으로 여성단체에 참여하였고 이를 기반으로 문맹퇴치운동이나 농촌계몽운동을 전개하였다. "배운 여성이면 일을 안 할 수 없었다"는 이들의 책임감은 이 시기 여성계몽운동이 유난히 치열할 수밖에 없었던 역사적 사실을 설명한다.

한편 일제강점기 여성운동은 민족운동과는 떨어져서 생각할 수 없는 것이었다. 민족해방이 실현되면 여성해방도 저절로 이루어질 것이라는 믿음을 가지고 여성들은 운동가로서 민족운동에 뛰어들었다. 민족운동의 현장에 남성과 '동등하게' 참여함으로써 동등한 사회 역할을 하겠다는 의지의 표현이었다.

이처럼 '배운 여성'들은 사회 현실과 개인에 대해 고민을 하며 여성 주체를 형성해 갔다. 현모양처주의 식민지 정책과 지식인들의 현모양처 담론 속에서 여성들은 현모양처를 뛰어넘는 고민을 하였다. 여학교라는 새로운 공간 속에서 펼쳐진 다양한 경험들이 인간으로서의 삶을 고민하게 하였다.

'직업여성'이 된다는 것

근대 사회에 들어와 조선의 여성들이 아무것도 하지 않은 듯이 얘기되었지만, 여성들은 집 안에서, 들에서 언제나 일을 하고 있었다. 근대 사회에서 노동의 가치는 얼마나 버느냐의 문제로 매겨지기 시작했고, 여성은 '집 안에서 아무것도 하지 않는 존재'로 받아들여졌다. '천직天職', 하늘이 준 직업이라는 이름으로 집안일을 '직업'으로 보려는 주장도 있었지만, 돈을 벌지 못하는 이상 집안 일은 '하찮은 일'이 될 수밖에 없었다.

자본주의 사회에서 돈을 번다는 것의 의미를 깨달은 여성들 또한 가정에만 안주하려 하지 않았다. 여성들이 사회로 나오는 데는 무엇보다 교육의 힘이 컸는데, '배운 여성'들은 자기의 지식과 능력을 기반으로 사회 속에서 공간을 확보하려 했다. '가정을 해치지 않는 범위에서의 여성 직업'을 권했던 조선 사회 또한 '여성에게 알맞는 직업', 이른바 '여성직'이라는 이름으로 이들을 어느 정도까지는 수용하고 있었다.

사회 진출을 준비하는 '배운 여성'들은 대부분 교사, 의사, 기자와 같은 전문직을 동경했다. 1920년대 중반까지 조선 사회는 여성에게 중등교육 이상을 허용하지 않았기 때문에 전문직을 가지려면 거의 유학을 다녀와야 했다. 이 때문에 지식인으로서 이들이 느끼는 엘리트 의식 또한 대단했다. 그동안 남성의 영역이었던 세계에 여성이 들어간다는 것이 대단한 신분상승인 것처럼 여겨지기도 했을 것이다.

그러나 이들의 '자아실현'은 끊임없이 타협을 요구받았다. 이들의 일거수일투족을 감시하는 사회 시선은 가정에서도 모범이 되기를 요구하였고 이들의 사생활이 사회 허용치를 벗어난다 생각되면 '과격주의', '파괴주의'라는 비난을 쏟아냈다. 또한 이들은 '천성에 적합하다'는 이유로 가사 담당 교사나 산부인과 혹은 소아과 의사, 가정란 담당 기자에 머물러야 했다. 그럼에도 이들의 존재는 남성중심적인 사회에서 억압받는다고 느끼고 있던 어린 여학생들에게 꽤 성공한 역할모델로서 다가왔다. 그리고 점차 여성의 침투를 제한하였던 전문직의 영역이 조금씩 허물어지기 시작했다.

　　　　　　　　　　　　한국여성사 깊이 읽기

한편 1920년대부터 밀려 들어온 새로운 도시 문화의 형성은 여성만을 환영하는 새로운 직업을 낳기도 했다. '할로걸'로 불린 전화교환수, 차장인 '버스걸', '데파트걸'이나 '숍걸'로 불린 여점원 등이었는데, 근대적이라는 외양이 이들에게 직업인으로서 자부심을 가질 것을 요구했다. 또한 이들 직업은 주로 일본인 고객들을 상대해야 했기 때문에 일정 수준 이상의 학력을 가진 신여성의 직업으로 사회 관심을 모으기도 하였다.

이 중 '할로걸'은 1919년 말 경성우편국에서 조선인 견습생을 모집하면서 등장하였다. 조선 여성들은 일본 여성들보다도 충실하고 얌전했기 때문에 이듬해부터 본격적으로 채용되었다. 그들은 벌집같이 구멍이 송송 뚫린 벽을 대하고 앉아서는 수많은 가닥의 줄들을 빼었다 끼웠다 하는 일을 반복해야 했는데, 바늘 끝처럼 날카로운 신경을 써야 하는 긴장이 계속되었다고 한다. 또한 잠깐이라도 실수하면 손님의 야비한 욕설과 감독의 꾸지람에 시달려야 했기 때문에 고통을 느낄 때가 한두 번이 아니었다고 한다. 전화교환은 전적으로 전화교환수의 손놀림에 의지해야 했는데 재정 투자 부족으로 통신시설이 매우 열악했기 때문이었다. 그러나 일제는 전화교환이 지체되는 이유를 숙련되지 못한 조선인 여성교환수 탓으로 돌릴 뿐이었다.

여성들이 집 밖의 일터에서 남자들 틈에 섞여 돈을 받으며 노동을 제공한다는 것은 대단히 낯설고, 그 때문에 불편한 사건이었다. 일터에서는 가정과 달리 여성이 자의에 의해서든 타의에 의해서든 악용 또는 남용될 소지가 크다고 여겨졌기 때문이다. 곳곳의 가부장적 시선들은 공적 공간에서 활동하는 신여성들의 모습을 불안하게 바라보며 많은 '말'들을 쏟아냈다. 당시 남성중심 담론 속에서 여성의 직업은 어디까지나 가정을 해치지 않는 범위에서만 의미를 가졌다. 그 범위를 넘어서면 '인류를 해치는 파괴주의', '맹목적 망동'으로 취급되었다. '여성의 경제적 독립'이 가정을 지키는 현모양처의 또 하나의 조건일 뿐이라고 보는 인식 속에서 '여성 개인'의 존재는 찾아보기 힘들었다. 현모양처주의 속에서 여성의 직업은 여성이 아내로서, 어머니로서의 신분을 망각하지 않았을 때에만 허용될 수 있었다.

또한 어렵게 직업을 찾아 나온 신여성들에게도 일터는 녹록한 곳이 아니었다. 직업여성들은 직장 곳곳에서 성폭력과 성희롱에 시달려야 했는데, 당시 김기림이 잡지《신여성》에서 이를 "무경비지대에 버리운 [직업여성의] 정조"라고 표현했다는 사실은 이 문제가 얼마나 심각했는지 잘 보여준다. 그런데 당시 사회가 이 문제를 해결하는 방식은 여성들에 대한 단속을 더욱 단단히 하는 것이었다. 1935년 2월 3일자《조선중앙일보》가 직업부인의 성공 조건으로 '남자들이 잡생각하지 못하도록 항상 주의하시는 분', '남자들과 너무 함부로 놀지 않는 분'

《동아일보》 1928년 2월 27일 자: 간호사의 애환에 대해 보도하고 있는 신문기사. 여성들의 일터는 각종 차별과 선정적인 시선 속에 휩싸이기도 했지만, 배운 여성들은 자아실현과 경제적 독립을 꿈꾸며 끊임없이 일터로 진출하였다.

    한국여성사 깊이 읽기

이라는 항목을 꼽았다는 사실은 직업여성을 둘러싸고 스캔들이 터지는 근본 원인을 여성 탓으로 몰고 갔던 당시 분위기를 보여준다. 이러한 분위기 속에서 사내연애가 알려졌던 사무직 여성 송정애는 일방적인 해고를 당해야 했다고 한다. 처녀의 몸으로 아들을 낳았다는 소문에 시달리던 기자 송계월은 억울함을 호소하다 몸과 마음이 지쳐 죽음을 재촉하기도 하였다. 직업여성들은 일터에서 무성적인 존재이기를 요구받았지만, 곳곳에서 이들을 바라보는 시선은 지극히 성적이었던 것이다.

여성의 일터가 임금차별과 성희롱의 전쟁터가 되어 가는 속에서도 '직업여성'은 늘어가기만 하였다. 여성의 사회 진출이 여성 해방의 지표처럼 믿어지면서 '배운 여성'들이 '직업여성'이 되는 것은 당연한 순서처럼 여겨졌다. 신여성들에게 경제적 독립은 포기할 수 없는 꿈이었는데, 남성에게 경제적으로 의지하는 것은 여성이 억압받는 원인이므로 '깨인 여성'으로서는 할 수 없는 일로 인식했던 것이다.

또한 '인간이 되고 싶은' 깨인 여성들에게 직업은 경제적 능력, 그 의미 이상이 될 수밖에 없었다. 일은 개인으로서의 자아실현이 가능한 통로로 이해되었기 때문이다. 당시 "어떻게 하면 전제적이고 뱃심 좋은 횡포무쌍한 무동정적인 남자들 속에서 한 푼 두 푼 빌어먹지 않고 살아갈 도리가 없을까"라는 생각 끝에 의사가 되기로 결심했다는 한 소제의 고백은 이들에게 직업이 어떤 의미를 차지했는지 잘 보여준다.

신여성 스캔들

식민지시기 남성지식인층 사이에는 조선의 근대화 문제가 커다란 화두였다. 이들은 실력경쟁의 사회에서 조선의 근대화 문제는 민족의 생존과 직결되는 문제라고 생각했다. 그리고 근대화를 위한 구성 요소들을 선험적으로 제시하는 가운데 바람직한 근대 여성에 대해서도 정의를 내리기 시작하였다.

이들은 우선 종래의 가족제도 아래에서 여성은 사람된 요소를 잃어버린 존재였다고 비판하고, 전통과의 단절을 통해서만 여성의 가치가 회복될 수 있다고 보았다. 전통 사회에서 조선 여성은 국가에 대한 의무책임 없이 노예 생활만을 계속해 온 존재라는 것이다. 이러한 인식은 '여성도 사람이 되어야 한다'는 주장으로 이어졌다. 이때 '사람'은 조선의 근대화에 공헌하여 민족 발전에 도움이 되는 사람을 뜻했다. 이들은 다시 '사람이 된 뒤에는 여성의 특성을 발휘하여 여성의 천직을 다하는 여성'이 되어야 한다고 주장했다. 바로 그들이 말하는 '의미있고 철저한 현모양처'였는데, 이러한 현모양처가 조선의 근대화를 뒷받침하므로 바람직한 근대 여성이라는 것이다.

현모양처론은 여성 해방의 외피를 쓰고 정당성을 획득하였다. 그리고 여성 교육이 이러한 여성 해방을 담당해야 한다고 강조했다. 여성이 가정 개조를 담당하여 조선의 근대화에 이바지하도록 하자는 현모양처론은 가정 내 여성의 위상을 향상시킨 측면은 있었으나, 여성의 사회 진출 과정에서는 걸림돌이 되었다. 여성에게 '알맞는' 자리는 어디까지나 가정이었기 때문에 사회에서 여성은 주변인으로 머물 수밖에 없었던 것이다.

신여성들은 학력을 자산으로 전문직업인이 되어 여성에게 제한되었던 사회 진출의 공간을 넓혀 나갔다. 그러나 같은 직종에 종사하는 경우라도 조선 남성이나 일본 여성에 견주어 낮은 수준의 월급을 감수해야 했다. 교사와 의사는 여성의 천성에 적합하고 가정과 직업을 양립하기에 편리한 이상적인 여성 직업으로 인식되고 있었다. 그러나 앞서 살폈듯이 '천성에 적합하다'는 이유로 여성은 주로 가사 담당 교사나 산부인과, 또는 소아과 의사에 머물러야 했다. 또한 현모양처로서의 역할을 해치지 않는 범위에서 허용되었던 사회 진출에서 가정과 직업을 양립하는 일은 신여성에게 커다란 짐이었다. 동경여의전 출신 길정희는 "모든 주의가 여성이라면 내리누르고 짓밟고 하시下視하고 신용을 아니"하고 있다고 비판하고 가정과 직업을 양립해야 하는 어려움과 일본인 의사와 남자 의사에게 차별받아야 하는 현실에 대해 문제제기하기도 하였다.

따라서 신여성들은 결혼에 대한 부정적인 태도로 가부장적 사회구조에 대한 비판의식을 표현하기도 하였다. 황애시덕은 아버지에 의해 강제로 약혼하게 되자 잡지《신동아》에 실린 〈내가 걸어온 10년 세월〉에서 "결혼은 세상에 제일 몹쓸 것이다. 난 생전 결혼 안 할 걸"이란 생각을 가지고 "이 얽매인 줄을 벗어나려고 애를 쓰고 공부하러" 다녔다고 한다. 김선 또한 잡지《별건곤》의 〈결혼하기 전과 결혼한 후〉에서 "처녀시대"에는 "먼저 사회사상을 연구하고 사회운동이라도 하여 세상에 이름이 혁혁한 여류혁명가가 되어 보려고도 하고 문학가가 되어 보려고도" 하였으며 "결혼에 대하여는 다소 위험하게도 생각하고 또는 반드시 결혼하려니 그렇게도 생각지 아니하였습니다"라고 회상한다. 특히 사회 활동을 하는 신여성 가운데는 평생 독신으로 지내거나 30세가 넘어 만혼을 하는 경우가 많았다. 현모양처론이 근대적 여성 규범으로 이해되던 상황에서 사회 활동을 원하는 여성에게 가정은 장애로 느껴질 수밖에 없었던 것이다.

남성지식인이 볼 때 현모양처론의 목적은 남성에 대한 '협력'이었지, 결코 '부권父權이나 장권長權의 파괴'가 아니었다. 현모양처론을 벗어나는 신여성

의 새로운 의식과 활동은 "다소 의리상과 의식은 있으나 너무 공상과 허영에 빠지고 실지 조선의 형편과 사정을 모르는 것"이라는 비난을 받았다. 따라서 구제도, 구사상에 관해 강하게 비판하면서도 신여성에게는 신구절충新舊折衷을 요구하는 이중성을 보였다. 구도덕, 구종교 중에서 '미풍양속'을 가려서 계승하는 태도가 조선적 여성해방이라는 것이다. 문제는 이때 신여성에게 요구된 미풍양속이 구체적으로 여성

의 인내, 순종, 효성 등을 의미했다는 점이다. 현모양처는 근대적 여성 역할이라고 선전되었지만, 그 논의 과정에서 남성중심의 사회 질서를 유지하는 데 편리한 봉건적 요소들이 선택적으로 수용되고 있었던 것이다. '범範'이라는 필명의 신여성은 잡지 《여자계》에 실린 〈조선여자의 희망〉에서 여성이 재산을 가지고 종교가나 실업가가 되고자 하여도 주위 압박으로 인해 희망을 꺾을 수밖에 없다고 하면서 여성의 사회 활동이 자유롭지 못한 상황을 비판하기도 하였다.

신여성들은 남녀관계에 대한 새로운 이해방식을 보여주면서 자유연애, 자유결혼을 주장하기도 하였다. 성로星이라는 필명의 한 신여성

〈옛날의 연애와
지금의 연애〉
《별건곤》 1926년 3월.

은 잡지 《여자계》의 〈남녀교제에 대하여〉에서 현재 여성이 "어떤 남자가 와서 처妻로서 자기를 끌어갈 때까지 기다리고 있는 참혹한 상태"에 있다고 비판하고 "남자와 여성를 나누어 전연全然 [다른] 세계의 사람을 만들어 놓으면서도 사회 생활의 근본을 남자와 여성의 결합에 둔 이 사회의 모순이 우습지 않습니까?"라고 반문하였다. 그리고 남녀관계의 성격을 '욕애慾愛'와 '우정'으로 구분하고 우정에 기반한 남

녀 간 사람다운 교제를 주장하였다. 성적 결합의 대상으로만 인식되던 남녀관계를 인격적 결합관계로 재구성했던 것이다. 남녀관계에 대한 인식 전환은 여성이 가정 내 권위를 가지고 현모양처의 역할을 수행하기 위해서도 필요했지만, 여성의 사회 진출을 위해서도 반드시 필요했다.

이러한 태도는 신여성의 자유연애를 비난하는 일반지식층의 입장과 근본적으로 다른 것이었다. 곧 자유연애를 비난하는 사람은 연애를 육욕(肉慾)과 일치시키며 일시적이고 무책임한 행위로 보지만 신여성들이 말하는 연애는 권리와 의무가 동반된 인격적 연애였다.

신여성의 자유연애론에서 이론적 근거가 된 것은 엘렌케이Ellen Karolina Sofia Key(1849~1926)의 연애론이었다. 엘렌케이는 스웨덴 출신의 여성운동가로서 "어떠한 결혼이든지 거기 연애가 있으면 그것은 도덕이다. 어떠한 법률상 수속을 거친 결혼이라도 거기 연애가 없으면 그것은 부도덕이다"라고 주장하고 연애를 남녀결합의 가장 중요한 요소로 보았다. 그에 따르면 연애가 없는 결혼은 부도덕한 것이므로 이혼의 자유가 필요하다. 이때 중요한 것은 모성에 대한 책임으로, 결혼의 유무를 떠나 부모로서 책임을 다하면 그것은 항상 신성하기 때문이다. 엘렌케이의 연애론은 1910년대 히라츠카 라이초우平塚らいてう(1886~1971)에 의해 조선에 앞서 일본에서 소개되었고 그로 인해 자유연애로 이어진 일본 신여성계의 분위기가 조선 신여성들의 자유연애론에 영향을 주었다.

신여성들은 남녀관계에서 우정에 기반한 인격적 결합관계를 무엇보다 중시했고, 이러한 관계를 통해 애정이 싹트면 결혼을 '선택'하려

　　　　　　　　　　　　한국여성사 깊이 읽기

했다. 이들에게 자유연애, 자유결혼은 조선의 인습적인 가족제도, 혼인제도를 거부하는 근대적 실천으로 인식되었다. 그러나 당시 조혼 풍습의 영향으로 신여성들의 연애 대상에게는 대부분 이미 아내가 있는 경우가 많았다. 또한 이들이 바라는 연애결혼을 하기에는 "약간의 금전이나 교묘한 편지 한 장으로 앞길 멀고 직책이 무거운 신여성들의 몸과 마음을 함께 유인하여 내려는 폐단이 비일비재"한 실정이었다. 이러한 현실은 '신여성'의 동거와 첩살이로 이어졌고, 이로 인해 남편에게 버림받는 구식여성의 이혼은 커다란 사회 문제였다. 따라서 이들의 자유연애, 자유결혼을 놓고 "과격주의", "아무 자각도 없는 모방적 망동"이라는 등의 비난이 쏟아졌다. 그 결과 신여성에 대한 사회적인 선입관이 형성되었다. 이러한 편견은 현모양처론에 정당성을 부여했던 반면 확대되기 시작한 신여성의 사회 진출을 위축시켰다. 신여성의 사회 활동에 대한 평가가 제대로 내려지지 않은 가운데 진행된 여성의 사회 진출은 오로지 '여성들에게 어울리는 직업'으로 제한되었다.

● 여성의 단발, 조선을 놀라게 하다!

머리카락을 자르거나 기르거나. 오늘날 이는 개인의 선택의 문제이다. 그런데 한국 역사에서 단발 문제는 여러 번 '사건'으로 등장하기도 했다.

"목을 자를지언정 머리카락은 자를 수 없다"고 한국 민족이 온몸으로 저항했다던 1895년의 단발령. 단발과 관련하여 한국 민족에게 닥친 대표적인 시련으로 알려져 있지만, 사실 이때 단발의 대상은 청장년층 남성이었다. 군대를 앞세우고 당시 조선 정부에 영향력을 행사하고 있던 일본은 청장년층 조선 남성들에게 '단발'을 강요하여 일본식 근대화의 성과를 과시하려 하였다. 이 때문에 조선 남성들이 죽기로 저항하면서 단발을 거부했던 것이다. 반면 개화파 남성들은 개화의 의미로 스스로 상투를 자르고 양복을 입었다. 단발은 조선의 미래에 관한 개화파들의 메시지였으며, 서구식의 부국강병을 통해 조선을 구원하고자 했던 개화파들은 단발로서 자신들의 메시지를 공유하였다.

여성의 단발은 1922년에 은밀히 시작됐다. 강향란이라는 여성이 단발을 하고 남자강습소에 다니다가 그만 '발각'되었던 것이다. 기생 출신 강향란은 애인의 도움으로 공부를 하다가 애인을 잃고 공부도 그만두게 되자 깊은 좌절 끝에 자살을 시도했다가 실패했었다. 삶의 막다른 벽 앞에서 강향란이 살아보기로 결심하고 선택한 것이 '단발'이었다. "여성도 굵게 살자면 남자만 못하지 않다"는 마음으로 "이상적으로 살아보기 위해

서" 과거와 단절한다는 의미로 머리카락을 잘랐던 것이다.

　강향란의 사정이 어찌됐든 간에 당시 조선 사회는 여성의 단발에 화들짝 놀랐다. '조선의 성질', '여성성'을 버리는 행위로 받아들였고, 이는 여성이 사치와 허영심의 노예가 된 탓이라 진단했다. 남성들의 단발은 근대화의 상징으로 여겨서 아무도 문제 삼지 않던 시절에 여성의 단발은 전통을 파괴하고 겉멋에 휘둘려 근대화를 추종하는 몰지각한 행위로 비난을 받았다.

　그러거나 말거나. 봇물 같은 비난에도 불구하고 신여성들은 단발을 하였다. 위생과 경제 면에서 편리하고 보기에도 좋다는 것이 이유였다. 그러나 단발을 하는 진짜 이유는 따로 있었다. 바로 조선 사회가 비난하는 그 지점, "조선의 전통적인 여성상"을 극복하기 위해서였다. 남성지식인들은 여성도 근대화되어야 한다고 외치면서도 자녀와 남성들의 활동을 위해 여성들이 가정과 사회 속에서 치러온 희생을 나눌 생각은 없었다. 그 간극이 바로 '근대 여성은 조선적인 현모양처'라는 역설로 완성되었다. 현모양처주의 담론 속에서 가부장제의 의도를 간파한 신여성들은 여성 단발에 대한 비난에도 불구하고 단발을 하였다. 현모양처든, 직업여성이든, 독신이든, 결혼을 했든, 새로운 이상을 품게 된 여성들이 선택할 수 있는 자유영역이라는 것을 몸으로 말했던 것이다.

1926년 10월 8일 자 《동아일보》에 실린
당시 영화배우로 활동하던 강향란의 모습.

● 우리의 해방은 정조의 해방으로부터……

사랑하는 사람끼리 자주 보고 싶고 자꾸 만지고 싶은 것은 인지상정이다. 자유연애를 근대적 행위로서 실천했던 신여성들도 그랬을 것이다. 그러나 당시 남성지식인들은 이를 자연스럽게 보지 않았다. 근대지식인으로서 자유연애의 대세는 막지 못했지만 여성들이 남성과 똑같이 연애하는 것은 불편하게 바라봤다. 이들은 과학의 힘을 빌려 그 이유를 설명했다.

"한 번이라도 교접을 한 여성의 혈액 중에는 반드시 일종의 남성 정충의 반응이 생긴다"는 것이다. 더 나아가 "남자는 생리적으로 성교의 영향이 없으나 여성는 반드시 정조를 엄수하여야 할 것이다. 왜 그러냐 하면 여성는 성교에 의하여 그 혈액에 일종 화학물질, 즉 방어소防禦疏 효소를 생生하는 까닭이다. 혹 남편 이외의 남자와 성교가 있으면 그 태아는 간부姦夫의 씨가 아니라 할지라도 혼혈이 태아에 영향하여 순전한 본부本夫의 씨가 아니라고 할 것이다"는 주장까지 하였다.(LS생, 〈남성이 여성에게 정조를 강요하는 이유〉,《별건곤》제19호, 1929)

대표적인 신여성 중에 한 사람으로 꼽히는 김원주는 일찍이 신정조론을 펼치면서 정조 또한 새로울 수 있음을 역설한 적이 있다.

정조 관념은 연애의식과 같이 고정된 것이 아니오, 유동하는 관념으로 항상 새로울 것입니다. 그러나 구도덕의 입장으로 보면 정조를 한 물질시하였음으로 과거를 가진 여성의 사랑은 신선미가 없는 진부한 것으로 생각해왔습니다. 그

러나 우리는 이러한 그릇된 관념을 전혀 버려야 되겠습니다.(김원주, 〈우리의 이상〉, 《부녀지광》 1924.8)

그러나 그녀의 사랑은 여전히 '과거 가진 여성의 신선미가 없는 것'으로 치부되었고, 누구도 드러내놓고 김원주를 옹호하지 못했다. 일과 가정, 연애와 결혼, 그리고 이혼까지 모든 면에서 사회적 주목을 한 몸에 받았던 나혜석도 '정조는 취미'라며 "우리의 해방은 정조의 해방으로부터" 올 것이라고 주장하였다. 정조 관념이 남녀에게 차별적으로 적용되는 현실에 대한 반발이었다.

조선 남성의 심사는 이상하외다, 자기는 정조관념이 없으면서 처에게나 일반 여성에게 정조를 요구하고 또 남의 정조를 빼앗으려고 합니다. 상대자의 불품행을 논할진대 자기 자신이 청백할 것이 당연한 일이거늘 남자라는 명목 하에 이성과 놀고 자도 관계없다는 당당한 권리를 가졌으니 사회제도도 제도려니와 몰상식한 태도에 웃음이 나왔나이다.(나혜석, 〈이혼고백서〉, 《삼천리》 1934. 9)

정조는 도덕도 법률도 아무것도 아니요, 오직 취미다. 밥 먹고 싶을 때 밥 먹고, 떡 먹고 싶을 때 떡 먹는 것과 같이 임의용지任意用志로 할 것이요, 결코 마음의 구속을 받을 것이 아니다. …… 왕왕 우리는 이 정조를 고수하기 위하여 나오는 웃음을 참고 끓는 피를 누르고 하고 싶은 말을 다 못한다. 이 어이한 모순이냐. 그러므로 우리의 해방은 정조의 해방으로부터 할 것이니……"(나혜석, 〈신생활에 들면서〉, 《삼천리》 1935. 2)

이번에도 나혜석의 주장에 귀를 기울이는 사람은 없었다. '불륜'을 빌미로 이혼당한 나혜석의 항변은 뻔뻔스러운 것으로 공격을 받았으나 이혼장에 도장을 찍기도 전에 다른 여성과 동거에 들어간 남편 김우영은 어떠한 비난도 받지 않았다. 노골적으로 반감과 불쾌감을 드러내는 조선 사회 속에서 나혜석은 더 이상 설 자리가 없었다. 결국 나혜석은 조선 사회에서 밀려나야 했다. 김원주의 전철을 밟은 셈이었다.

정조를 새롭게 정의하려는 시도나 정조로부터 해방되려는 시도나 그 근저에는 정조 관념이 여성만을 구속하고 있다는 비판의식이 흐르고 있었다. 혼자 할 수 없는 연애에서 그 조건과 책임이 남녀에게 평등하지 않다면 진정으로 자유연애가 가능하겠냐는 문제의식이었다. 그러나 조선 사회는 정조에 대한 신여성의 이야기를 들어보기도 전에 화들짝 놀라버리고 말았다. 평등한 정조를 보장해 달라는 주장은 여성도 남성과 똑같은 정조관을 갖고 똑같이 연애를 하겠다는 말로 들렸다. 그리고 조선 사회가 보기에 그것은 아주 위험하고 문란한 것이었다.

길밖세상,《20세기 여성사건사》, 여성신문사, 2001
신여성과 관련하여 〈근대 여성교육의 시작〉, 〈강향란 단발 남장 사건〉, 〈일
제시기 직업여성의 등장〉, 〈나혜석 이혼 사건〉 등이 읽을 만하다. 가부장
적인 역사쓰기의 역사 아래서 '사건'이 되었던 여성들의 경험에 주목하고
이를 역사화하였다.

김경일,《여성의 근대, 근대의 여성》, 푸른역사, 2004
식민지 조선 사회에 나타난 '신여성'과 이를 둘러싼 담론 및 사회 현상을
'근대성'에 입각하여 연구한 책이다. 다양한 영역에 걸친 신여성 담론의
계보를 정리했을 뿐 아니라,《신여성》,《여성》,《별건곤》 등 당시 신여성들
의 목소리를 생생히 담은 서적 속에서 발췌한 사진과 삽화도 함께 실어 내
용을 쉽게 이해하도록 했다.

김수진,《신여성, 근대의 과잉》, 소명출판, 2009
조선의 신여성 담론에 나타난 식민주의 정체성과 젠더정치를 고찰했다. 모
두 3개의 부로 구성되었으며, 1부는 신여성 현상과 배경에 대해 2부와 3부
는 각각 신여성 범주의 의미와 상징적 형상, 비교역사적 유형론과 제국에
대해 다루고 있다.

끝나지 않은 역사, 일본군 '위안부' 문제

일본 군대의 '위안부' 여성들

제2차 세계대전이 막바지로 치닫고 있던 1944년 8월 10일, 일본군이 점령했던 버마 미치나Myitkyina에서 일본군 소탕작전을 진행하던 미군은 일본인 민간인 두 명과 조선인 여성 20명을 발견했다. 이 여성들은 일본 군대에 소속되어 일본군의 편의를 위해 존재한 이들로서 바로 '위안부comfort girl'였으며, 함께 발견된 일본인 민간인은 위안소 업자였다.

연합군이 이들을 심문하고 작성한 보고서(《일본인 포로 심문보고서 제49호》(1944. 10. 1); 〈연합군 최고사령관 연합군번역통역부 조사보고서 제120호: 일본군의 편의시설〉(1945. 11. 15))에는 '위안부'들의 동원 과정, 군 통제하의 생활, 일본군 병사와의 관계 등 일본군 '위안부'에 관한 전반적인 내용이 기록되어 있었다. 이 보고서는 '위안부'라는 말이 일본인에게 고유한 표현이라고 지적했다. 그리고 '위안부'는 일본군이 싸우기 위해 가는 모든 곳에서 발견되었다고 했다.

전쟁시기 일본군만이 사용했다는 '위안부'라는 말은, '위안부'의 존재를 둘러싼 일본군의 촘촘한 시선과 손길을 보여준다. 1931년 만주사변, 1937년 중일전쟁, 1941년 태평양전쟁으로 이어지는 15년간의 전쟁을 일으킨 일본은 효율적인 전쟁 수행을 위해 병사들에게 여성의 성을 제공할 시스템을 마련했고, 여기에 동원된 여성들을 '위안부'라고 불렀다. 병사들을 위해 존재하며, 병사들에게 '위안'을 제공하여 전쟁을 뒷받침하는 존재라는 의미에서 비롯된 말이다. 그리하여 '제국 일본'은 '위안부'로부터 '위안'을 받은 병사들이 전쟁을 위해 아낌없이 목숨을 바치기를 바랐다.

근대 국가와 병사, 그리고 성의 국가 관리

대좌부貸座敷(유곽)는 근대 일본이 공인하고 관리했던 성매매 업소였다. 군을 중심으로 강한 근대 국가의 수립을 표방했던 일본은 근대 공창제를 실시하고 병사의 성병 예방을 위한 성 관리를 시작했다. 이에

따라 창기를 등록시키고 집결화하는 한편, 창기에게 정기적인 성병 검
진을 시행했다. 그리고 창기는 계약을 통해 포주에게 방[座敷]을 빌려
[貨] 자발적으로 영업을 하는 것이라는 법적 해석을 하였다. 그러나 가
부장제와 빈곤, 여성 차별적인 사회구조 속에서 여성들은 대부분 인신
매매를 통해 창기가 되었고, 또한 대좌부에서 인신구속을 당했다.

 '합법'이라는 허울을 쓴 유곽은 군대를 앞세운 일본이 새롭게 진출
한 지역으로 수출되었다. 1876년에 이른바 강화도조약을 맺고 강제
로 일본에 개항을 해야 했던 조선에도 일본의 유곽이 생기기 시작했
다. 청일전쟁과 러일전쟁을 치르면서 조선에서 정치적 주도권을 확대
해 갔던 일본은 병사와 관료 등 일본인 남성이 늘어나는 것에 대응해
서 유곽 설치지역을 넓혀 나갔다. 한일강제병합으로 조선을 완전히
식민지로 삼은 이후 1916년에는 〈대좌부창기취체규칙〉을 실시하여
한반도 전역에 유곽 지역을 설정하였다. 국가 관리하의 성매매, 곧 공
창의 시작이었다.

 국제적인 인신매매 금지조약과 사회적인 폐창운동 기세 앞에서 주
춤했던 공창은 일본이 만주사변과 중일전쟁, 태평양전쟁으로 이어지
는 15년 전쟁을 도발하는 과정에서 다시 득세하였다. 1938년부터 총
동원 체제에 돌입한 조선에서도 늘어나는 병사를 배경으로 유곽이 성
업하였다. 창기들 또한 늘어났고 창기에 대한 성병 검진은 한층 엄중
해졌다. 1938년, 1939년은 여성 인신매매사건이 절정에 달한 해였다.
포주로부터 창기 명부, '성 구매자' 명부를 확보하고 경찰이 감독하는
성병 검진을 실시하면서 매매되는 성을 관리했던 일제권력은 형식적
인 계약서만 있으면 인신매매 문제를 크게 따지지 않았다. 특별히 위

   한국여성사 깊이 읽기

생설비가 좋은 대좌부는 군 전용 위안소로 지정하기도 했다.

한편 일본군이 새롭게 진출한 지역 중에서 유곽이 없거나 부족한 지역에서는 새롭게 위안소를 설치하여 병사의 성병관리를 하였다. 근대 이후 일본과 식민지, 조계지 등에서 운용해 왔던 대좌부 관리 시스템을 기반으로 총력전 체제에 맞춰 효율적인 군 관리 시스템으로 업그레이드한 것이다.

병사들의 성적性的 문제와 그 관리에 관심을 가졌던 나라가 일본만은 아니었다. 근대 초기 프랑스와 영국, 독일과 같은 제국주의 국가들이 군대의 성병 감염을 염려하여 공창제를 실시하고 성을 관리했다. 성매매 여성을 집결하여 정부에 등록시키고 이들에 대한 의무적인 성병 검진을 실시했다.

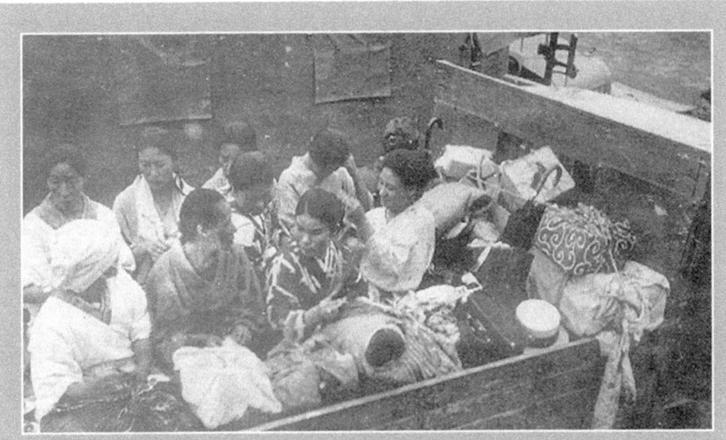

전쟁터에서 트럭을 타고 이동하고 있는 '위안부' 여성들: 일본군 '위안소' 제도의 발상 및 시행은 공창제에 뿌리를 둔 것이었다. '위안부'의 동원은 공창제하의 인신매매 메커니즘에 의지한 바가 컸다.

그러나 시간이 흐를수록 공창제하에서도 성병 예방의 효과가 없음이 드러났으며, 성매매된 여성에 대한 착취와 인신매매 문제가 더욱 심각해져 갔다. 이에 대응하여 국제적인 공창폐지운동이 일어났고, 성매매를 위한 여성의 인신매매를 금지하는 국제법이 제정되었다. '문명'을 내세우고 체면 경쟁을 하고 있던 제국주의 국가들은 국제법에 가입하고 폐창을 하기도 하였다. 그러나 제국주의 군대가 주둔하고 있던 인도, 싱가포르, 필리핀 등의 식민지에서는 공창제가 유지되고 성매매 여성에 대한 강제 성병 검진이 계속되었다.

제2차 세계대전은 제국주의 국가들이 노골적으로 공창제를 옹호하지 못하는 상황 속에서 일어났다. 무엇보다 공창제의 성병 예방 효과를 의심했던 국가들은 새로운 성매매 관리 시스템의 창출에 소극적이었다. 미국의 경우, 전쟁 기간 동안 병사들의 성매매를 억제한다는 공식입장을 밝혔다. 그러나 뒤늦은 제국주의 국가로서 그 세력을 확대하기 위해 오랜 기간 전쟁에 모든 것을 쏟아 부었던 일본은 병사들만을 위한 성 관리제도를 창출했다. 공창제 시행 경험을 바탕으로 그 제도의 틀과 인신매매 메커니즘을 활용하고 군의 배타적인 개입을 강화하여 위안소제도를 탄생시켰던 것이다.

당시 일본은 위안소가 병사들의 성병을 예방할 것이며, 거의 유일한 '위안처'로서 오랜 전쟁에 지친 병사들의 거친 성정을 달래는 한편 이로 인하여 일반 여성에 대한 병사들의 성적 공격을 막아 줄 것이라고 믿었다. 성병 감염자가 늘어나고 점령지의 현지 여성에 대한 병사들의 성폭력이 그치지 않아도 위안소의 기능은 의심되지 않았다.

1931~1945년 일본의 침략 전쟁과 위안소 설치

일본군 위안소는 오랜 기간, 넓은 지역에 걸쳐 설치된 것이 특징이다. 전장을 넓혀 가며 일본군이 가는 곳마다 위안소가 생겼다. 시기와 지역에 따라 전쟁의 상황이 달랐던 만큼 위안소 또한 형태과 성격을 달리하기도 하였다.

1932년 상하이 공격: 최초의 위안소 설치

일본군의 요청으로 위안소가 처음 개설된 시기는 일본군의 중국 침략 과정에서였다. 1931년 9월 중국 동북지역을 공격하고 이른바 만주사변을 일으킨 일본군은 이듬해인 1932년 1월 상하이로 전선을 넓혀 갔다. 이때 일본 해군에서 최초로 위안소를 열었고 곧이어 육군에서도 '위안부단'을 조직하였다. 일본군이 중국인 여성을 강간하여 중국인의 반일감정이 높아지는 것을 막고, 병사들이 성병에 걸려 병력이 저하되는 것을 예방한다는 이유에서였다.

일본군 병참이 지정한 '위안소' : 중국 상하이 소재 위안소. 간판에는 '병참 지정 위안소 고향'이라 쓰여 있다. 일본군이 지정한 '위안소'에는 민간인의 출입이 금지되었다.

지난 전쟁시대에 위안부 등은 없었다. 이렇게 말하면 부끄럽지만 나는 위
안부안의 창설자이다. 쇼와昭和 7년(1932) 상하이사변 때에 두세 건의 강간
죄가 발생해서 파견군 참모부장인 나는 동지同地 해군을 모방하여 나가사
키현 지사에게 요청하여 위안부단을 데려왔다.(《岡村寧次大將資料第一戰場
回想編》, 1970年, 302~303쪽)

상하이 침략 당시 상하이 파견군 참모부장이었던 오카무라 야스지
의 회상이다. 그는 상하이 주둔 해군을 모방하여 육군에 '위안부'를 처
음 두었음을 고백했다.

1937년 난징대학살: 위안소제도의 체계화

1937년 7월 일본은 중국에 대한 전면적인 침략전쟁을 개시하고, 12
월에는 난징南京을 점령하였다. 이 과정에서 중국 민간인을 학살하고
대규모의 강간을 저질렀다. 바로 '난징대학살' 사건이다. 이러한 만행
이 국제적인 비난의 대상이 되자 일본군은 병사를 달래고 양민 여성
을 보호한다는 명목으로 위안소제도를 체계화했다.

더 빨리, 더 많이 위안소를 개설할 필요가 생기면서 일본군의 개입
도 더욱 노골화되어 갔다. 일본군은 기존의 접객 업소(유곽이나 요리옥
등) 가운데 적당한 곳을 골라 위안소로 지정하거나, 민간 건물(대부호
저택이나 여관 등 방이 많은 건물)을 뺏어 위안소로 사용하는 한편, 직접
위안소를 짓거나 군대 내의 매점을 위안소로 사용하기도 하였다.

[1938년] 1월 13일 오늘 급히 주보 담당의 명을 받아 주보에 갔다. 전쟁터

의 군대는 재미있는 곳이다. 여급만이 있는 주보니까. 팔 물건은 하나뿐이다. 여자를 사려는 군인들이 몰려와 오후부터 밤늦게까지 바빴다.(田中常雄編, 〈荻島靜夫陣中日記〉,《追憶の視線》下卷, 1989, 102쪽)

제101연대 제2대대가 중국 상하이에 주둔했을 당시 오기시마荻島 하사의 종군 일지 내용이다. 그는 주보酒保, 곧 군대의 매점[PX]을 위안소로 사용했던 사실을 기록하고 있다. 일본군은 중일전쟁 발발 얼마 후인 1937년 9월 21일에 〈야전주보규정개정에 관한 건〉을 정하여 야전주보 내에 위안시설을 만들 수 있도록 개정한 바 있었다.

1941년 태평양전쟁 : 위안소의 확대

1941년 12월 일본은 미국과 영국, 네덜란드 등을 상대로 전쟁을 일으키고 싱가포르, 필리핀, 버마, 인도네시아 등을 공격했다. 동시에 일본군이 점령한 지역에는 차례로 군위안소가 설치되었다.

일본은 태평양전쟁을 일으키기 전부터 군위안소 설립을 계획했다. 개전 직전 네덜란드령 동인도(인도네시아)를 시찰했던 육군성 소속 군의관은 인도네시아 주민들의 협조를 얻기 위해서는 병사의 강간 등을 금하고 '촌장에게 할당하여' 위안소를 만들 필요가 있다고 보고했다.

이에 따라 1942년 9월 육군성 회의에서는 다음과 같은 사항을 논의했다.

장교 이하의 위안시설을 다음과 같이 두고자 한다.

북중국 100개, 중국 중부 140개, 남중국 40개, 동남아시아 100개, 남태평

양 10개, 카라후토(사할린) 10개, 모두 400개소.(金原節三, 〈陸軍省業務日誌摘
錄〉, 1942년 9월 3일)

이는 위안소 설립이 일본군이 전쟁을 수행하는 과정에서 빼놓을 수
없는 중요 사안이었음을 말해준다.

동원명령과 '위안부'가 된 여성들

일본군은 1941년 태평양전쟁 발발을 전후로 하여 '위안부' 동원 방식
에 변화를 보였다. 그 이전까지는 동원 명령은 내리되 동원 과정에서
는 일본군의 존재가 최대한 드러나지 않도록 조치하였다. 층층이 얽
힌 브로커 메커니즘을 활용했으며, 관계 지방의 헌병이나 경찰 등의
협조를 지시했다. 집집의 남편이나 아들을 군인으로 동원해 간 상황
에서 군인을 위한 '위안부'를 모으고 있다는 사실이 알려진다면 군인
가족들의 저항이 있을 것이라고 염려했다. 또한 공창 및 인신매매 반
대에 관한 국제적 공감대가 형성된 상황에서 일본군이 '위안부'를 동
원한다는 사실은 비난의 대상이 되기 십상이었다.

　1938년 3월 일본 육군성은 통첩을 내어 "앞으로 이들['위안부']을 모
집할 때는 파견군 쪽에서 통제하고 이를 담당할 인물 선정을 주도면
밀하게 하며, 이것을 실시할 때는 관계 지방의 헌병 및 경찰 당국과
긴밀하게 연계하여 군의 위신 유지와 사회 문제 면에서 실수가 없도
록 배려하기를 바라면서 이 통지를 보낸다"(陸軍省副官通牒, 〈軍慰安所從

　　　　　　　　　　한국여성사 깊이 읽기

業婦等募集に關する件〉1938. 3. 4.)고 하였다. 일본군 스스로도 '위안부' 동원을 '군의 위신 유지와 사회 문제 면에서' 문제가 있는 것으로 인식하고 있었던 것이다.

태평양전쟁을 도발한 뒤에 일본군은 '군증명서'를 발급하여 '위안부'가 신속하고 정확하게 수송될 수 있도록 했다. '위안부'의 이동지역이 늘어나고 전황이 급박해진 상황 속에서 '위안부'의 동원 방식을 좀 더 직접적으로 바꿨던 것이다.

1942년 당시 조선에서 '위안부'를 모집하여 버마에서 '위안소'를 운영했던 일본인 업자 기타무라는 1944년에 포로로 잡힌 후 연합군의 심문에서 다음과 같은 사실을 털어놓았다. 〈연합군 최고사령관 연합군

1944년 8월,
버마 포로수용소에
수용되어 있는 여성들:
미군은 20일간의
심문 끝에 이들에 대한
보고서 〈일본인 포로
심문보고서 제49호
Japanese Prisoner of
War Interrogation Report
NO.49.〉를 작성했다.

번역통역부 조사보고서 제120호〉에 따르면 그는 당시 조선에 소재했던 일본군 육군사령부(조선군사령부)의 요구에 응해, 한국인 여성 22명을 구매했다(purchased). 그리고 여성들을 버마로 데리고 오는 데 필요한 모든 원조는 조선군사령부가 일본군의 모든 사령부에 요청해서 이루어졌다고 말했다.

반면 이 업자 밑에서 '위안부' 생활을 했던 여성들은 제대로 내용도 모른 채 조선에서 끌려왔다고 대답했다. 모집 업자들은 돈을 많이 벌 수 있는 기회이며 일은 쉽다고 유혹했다고 한다. 새로운 땅인 싱가포르에서 새로운 삶을 살 수 있다는 말도 했다. 대부분 빈곤에 허덕이면서 교육도 받지 못했던 여성들에게 모집 업자의 감언이설은 솔깃한 제안이었다. 업자들은 몇백 원의 선금을 제시하기도 했는데, 가족들의 빚을 고민하고 있던 여성들에게 그 돈은 큰 유혹이 되었다. '서비스 일'이라는 말에 여성들은 병원에 있는 부상자에게 붕대를 묶어 주는 등 일반적으로 병사들을 편안하게 하는 일과 관련되어 있을 것이라고 생각을 했다고 한다.

그러나 업자를 따라 도착한 버마에서 이 여성들을 맞이한 곳은 위안소였다. 동원되고, 이동되고, '위안부' 생활을 하는

콘돔 〈돌격1번〉
상하이 육군위안소에서 사용된 콘돔.
일본군은 병사들이 위안소에서 사용하는 콘돔에
'돌격 1번'이라는 이름을 붙였다.

동안 이 여성들은 업주와 일본군 사이에 어떠한 약속이 있었는지 알 수 없었다. 그들은 전쟁이 벌어지는 낯선 지역에서 빚이 된 선금에 묶여 '위안부' 생활을 강요당할 수밖에 없었다.

위안소 이용규칙

태평양전쟁 기간 동안 위안소는 일본군 병참시설의 일부였다. 일본군은 위안소의 설치 방법과 운영요령, 이용규칙 등을 매뉴얼로 만들었고, '위안부'의 동원, 이동, 생활 등 전반적인 사항을 통제했다.

이런 일이란 게 군대가 아니면 도저히 있을 수 없는 일일 테지만, 전쟁터에 가면 삐집이…… 조달되는 여자의 내구성이라든가 소모 정도, 게다가 어디 여자가 좋다는 둥 나쁘다는 둥 말하고는 했지요. 거적을 들치고 그곳에 들어가서부터 나올 때까지의 '대기시간'이 장교는 몇 분, 하사관은 몇 분, 병사는 몇 분…… 하는 것까지 정하지 않으면 안 되었죠. 요금도 등급이 정해져 있었습니다. 이런 것을 규정하고 있는 것이 '삐집 설치요강'이라는 것

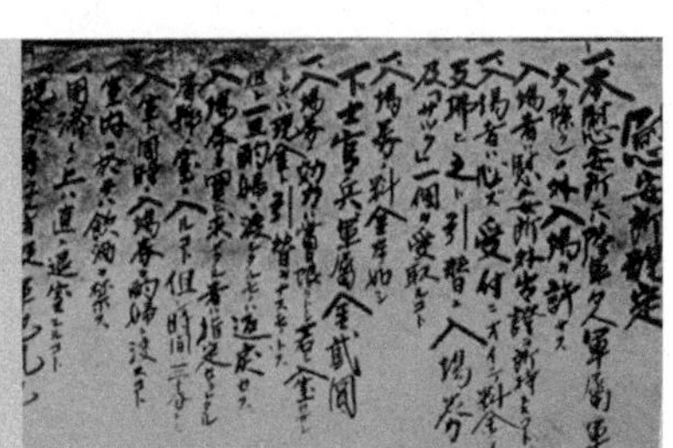

1938년 상하이에 개설되었던 육군위안소 내부에 걸려 있던 〈위안소 규정〉: 아소테츠오麻生徹男가 촬영한 〈위안소 규정〉. 군의관 아소테츠오는 당시 병참사령부의 긴급명령을 받고 '위안부'들의 성병 검사를 하기 위해 파견됐었다.

이었는데, 이 역시 경리학교에서 배웠습니다.(桜田茂·鹿内信隆, 《いま明かす
戦後秘史》上卷, サンケイ出版, 1983.)

육군경리학교를 나온 시카나이 노부다카鹿內信隆가 재학시절을 떠
올리면서 한 말이다. 여기에서 '삐집'은 '위안소'를 가리킨다. '삐'는 중
국어로 여성의 성기를 뜻하는 비속어인데, 병사들 사이에서 '위안부'
를 가리키는 말로 쓰였다. '위안부'를 인격 있는 인간으로 보지 않았던
병사들의 인식을 잘 보여준다. 시카나이의 발언에서 일본군이 육군경
리학교에서 경리장교가 되는 사람에게 위안소의 설치 및 관리 방법까
지 교육을 시켰던 사실을 알 수 있다.

위안소 이용에 관한 규정 중 주요한 내용만 살펴보면 대략 다음과
같다. 1938년 1월 중국 상하이에 개설됐던 육군위안소 벽에 걸려 있
던 〈위안소 규정〉 중 일부이다. 상하이파견군 병참사령부의 명령으로
되어 있었다.

1. 본 위안소는 육군 군인, 군속軍屬(군부軍夫 제외)만이 입장할 수 있다. 입
   장하는 사람은 위안소 외출증을 갖고 있어야 한다.

1. 입장하는 사람은 반드시 접수를 하고 요금을 지불한 뒤에 입장권과 콘
   돔 한 개를 받아야 한다.

1. 입장권의 요금은 하사관, 병사, 군속은 2엔, 장교는 5엔이다.

1. 입장권을 구입한 사람은 지정된 방에 들어가 30분 동안만 머물 수 있다.

1. 규정을 위반하고 군기를 어지럽힌 사람은 강제로 퇴실시킨다.

　　　　　　　　　　　　　한국여성사 깊이 읽기

군인, 군속 등 군 관계자만이 이용할 수 있으며, 계급에 따라 이용 요금을 차등 설정한 것을 볼 수 있다. 위안소 설치의 주요 목적이 병사의 성병 예방이었던 것인 만큼 콘돔 사용은 병사의 의무사항이었다. 당시 콘돔은 '삿쿠サック'라는 일본말로 널리 알려졌으며, 상하이 육군위안소에서 쓰인 콘돔의 이름은 '돌격1번'이었다.

〈위안소 규정〉에는 군기 위반자의 강제 퇴실 규정이 있었고, 위안소 내의 질서를 유지하기 위해 술 취한 자의 입실 및 음주를 금하고 있었다. 이 때문에 '위안부' 제도의 범죄성을 부인하는 사람들은 위안소 내에서 폭력 행위는 없었다고 주장하기도 한다. 그러나 '군기 위반'에 관한 특정한 규정은 그만큼 '군기 위반자'가 많았다는 사실을 반증하기도 한다.

중국 중부지방에 파견됐던 헌병대가 작성한 군인 군속의 비행표에는 병사들이 술을 먹고 위안소에서 폭력을 행사했음을 보여준다.

2월 7일. 술을 먹고 몹시 취한 상태에서 2시 30분경에 위안소에 갔음. 자기의 지갑과 시계를 전우에게 맡겨 둔 것을 잊어버리고 '위안부'가 몰래 훔쳐 갔다고 오인해서 칼을 빼어 들고 그녀와 업주를 혼내고 따짐.
2월 15일. 외출 때에 술에 잔뜩 취한 상태에서 위안소에 갔음. '위안부'를 때리고 칼을 빼서 간판을 부수려고 했음.(中支那派遣憲兵隊司令部, 〈1942年 2月 軍人軍屬 非行票〉, 1942. 2.)

병사들의 음주 및 폭행은 금지되어 있었지만, 병사들은 술에 취했고 칼을 빼어 들고 위협했으며 '위안부'를 때렸다. '위안부' 생존자 정서운에게 그것은 평생 헤어나오기 힘든 악몽의 씨앗이었다.

> 사람 취급을 안 해, 말 몬한다. 장교놈들이 술을 처먹고 와 갖고 그 긴 칼 있제. 질질 끗고 다닌다. 지 하자는 대로 안 하면, 그 지랄하는 기다. 목이라도 쳐서 죽이겠더라고, 그 놈들은. 아휴 아휴…… 그 말을 어디다 다…….(정서운 구술,《역사를 만드는 이야기》, 여성과 인권, 2004, 88쪽)

폭행 문제를 차치하더라도 위안소 생활 자체는 '위안부'들이 견디기 힘든 것이었다. 난징 소재 위안소에서 1년 5개월간 '위안부' 생활을 했다가 1939년에 돌아온 한 여성은 다음과 같이 토로하였다. "하루에 70명 정도의 손님을 받았던 관계로 몸에 무리가 생기고 식욕 감퇴, 복통, 요통이 생겨 몸이 쇠약해지고 몸져" 눕는 지경까지 갔으며, 위안부는 "군인들과 함께 전쟁에 참가해서 정말 위험함으로 무슨 일이 있어도 황군위안소의 창기는 되지 않을 것"(경기도경찰부장, 〈京高秘弟2303號〉, 1939.9.13)이라는 것이다.

일본군'위안부' 문제, 새로운 역사를 쓰다

1945년 8월, 일본군이 항복하고 전쟁은 끝났지만 일본군'위안부'들에게 평화는 찾아오지 않았다. '위안부'였던 많은 여성들이 마을이나 가족의 비난을 예감하고 고향으로 돌아오지 못했다. 돌아와서 숨죽이고 산다 하더라도 '정조를 잃었다'는 주변의 수군거림과 이로 인한 불이익을 감수해야 했다. 결혼을 했든 하지 못했든 생계를 잇기 위해 안간힘을 써야 했으며, 과거 '위안부' 경험이 학대와 모욕을 당하는 빌미가 되기도 했다. 이 때문에 '위안부' 피해여성들은 생존을 위해 침묵을 선택해야 했다. 그 사이 과거의 상처는 고스란히 남은 채 새로운 상처가 쌓여 갔다.

일본군 '위안부' 피해 문제가 역사의 수면 위로 떠오른 것은 전쟁이 끝나고도 50여 년이 흐른 뒤였다. 1988년 일본 남성들이 한국에서 성매매 관광을 하는 문제(일명 기생 관광)를 논의하는 한 세미나에서 일본군 '위안부' 문제가 처음으로 제기되었다. 이 자리에서 일본군 '위안부' 문제는 성매매 관광의 역사적 뿌리이며, 어느 세력에 의한 정치침탈, 경제침탈, 군사침탈이 일어나는 곳에서 언제든 일어나는 오늘날의 문제임을 역설했다. 이어 여성단체들은 일본군 '위안부' 문제의 해결이 현재에도 계속되는 여성에 대한 성폭력 문제를 해결하는 출발점이 되리라고 공유했으며, 연구모임을 꾸리고 진상 규명을 위해 노력했다. 또한 문제 해결을 위해 한국 정부가 적극적으로 나설 것을 촉구하는 한편, 일본 정부의 사죄와 진상 규명을 요구했다.

한일 정부로부터 성의 있는 답변을 얻지 못한 여성단체들은 1990년 11월, 36개 여성시민단체가 연대하여 한국정신대문제대책협의회(현재 일본군 성노예문제 해결을 위한 정의기억연대)를 결성했다. '정신대'는 일제가 노동력을 동원하기 위해 조직했던 '근로정신대'를 가리키는 말로서, 엄격히 따지자면 일본군 '위안부'와는 의미가 달랐다. 그러나 일제 강점기를 살았던 사람들은 '정신대'를 '위안부'라고 이해하고 있었다. 당대 사람들의 경험 속에서 만들어진 '정신대＝위안부'라는 오해는 당시 일본군 '위안부'의 동원이 '근로 동원'이나 '공출', '취업'의 외피를 쓰고 은밀히 이루어졌다는 사실을 말해 준다.

이러한 은밀한 성격은 일본 정부가 일본군 '위안부' 문제에 대한 정부 책임을 부정하는 하나의 핑계가 되었다. 여성단체의 진상 규명 요구에 일본 정부는 정부나 군이 '위안소' 설치에 관여한 바가 없다는 답변만 되풀이했다. 한국 정부 또한 진상 규명에 소극적 태도를 보였다.

1991년 8월 14일, '위안부' 문제가 다시 잊힐 것만 같은 막막한 상황에서 김학순金學順(1924~1997)은 본인이 일본군 '위안부' 피해자였음을 한국에서 처음으로 밝혔다. "당시 당했던 일이 하도 기가 막히고 끔찍해 평생 가슴속에만 묻어두고 살아왔지만 …… 국민 모두가 과거를 잊은 채 일본에 매달리는 것을 보니 도저히 참을 수가 없다"고 울분을 토로했다. 김학순 할머니의 등장에 용기를 얻은 다른 피해 생존자들도 한 명 두 명 모습을 드러내기 시작했다. 그러나 생존자의 등장으로 여론의 관심이 높아지고 진상 규명에 대한 요구가 거세지는 가운데에서도 일본 정부는 "정부와 군의 관여는 없었다"는 종래 입장을 바꾸지 않았다.

수요집회에 참여한 '위안부' 생존여성과 아이들: 일본군 '위안부' 문제를 해결하는 것은 평화로운 우리 미래를 만들기 위해서 중요하다.

1992년 1월 8일 수요일, 한국정신대문제대책협의회의 주관하에 서울의 일본대사관 앞에서 첫 번째 수요 시위가 열렸다. '위안부' 피해 생존자를 비롯하여 여성시민단체, 일반 시민들이 모여 일본 정부를 향해 '위안부' 문제 해결을 위해 나서도록 촉구했다. 사죄와 배상, 진상 규명과 역사 교육은 2013년 8월 현재 1,000회가 넘도록 이어져 온 수요 시위의 중심 요구였다.

일본군 '위안부' 문제가 본격적으로 제기된 지 30여 년이 지났다. 그 사이 일본 정부와 군의 관여를 입증하는 문헌 자료가 발견되었고 1993년에는 일본 관방장관이 '일본군이 위안소의 설치, 관리 및 위안부의 이송에 직접 또는 간접으로 관여한 것'을 인정하고 '유감'을 표명했다. 한국 정부는 '위안부' 피해 생존자에 대한 보상금 지급과 생활지원을 시작했으며, 일본 정부는 '국민기금'이라는 민간기구를 만들어 배상이 아닌 '위로금' 지급을 시도하기도 했다. '위안부' 문제 해결의 실마리는 일본 국회의 의결을 거친 공식 사죄와 일본 정부 차원의 배상금 지급에서부터 시작된다고 줄기차게 외쳐 왔지만, 이에 대한 성의 있는 대답은 없다. 오히려 일본의 역사교과서에서 '위안부' 관련 서술을 삭제하는 등, '위안부' 문제 인식은 2000년대 들어와 후퇴하고 있는 중이다.

일본군 '위안부' 피해여성의 용기에 주목해야 하는 이유

'위안부' 피해여성들이 피해자로서 자신의 모습을 드러내는 일은 '커밍아웃coming out' 행위에 비유되고는 한다. 성소수자들이 자신의 정체성을 밝히면서 세상의 편견과 차별을 각오해야 하듯이, '위안부' 피해여성 또한 자신의 피해를 밝히기까지 많은 것을 고민하고 각오해야 하기 때문이다.

따라서 우리는 '그럼에도 불구하고' 자신이 '위안부'였음을 밝힌 그들의 '용기'에 주목해야 한다. 그들은 전쟁이 끝난 뒤에도 몸과 마음에 각인된 고통에 대해 말하지 못했으며, '더러운 몸, 수치스러운 몸'이라는 주위의 시선을 견뎌야 했다. 성폭력에 맞서 싸운 피해여성들의 용기 있는 문제제기가 50여 년 동안 쌓인 뒤에야 그녀들은 비로소 그 고통이 '성폭력 피해'였다는 사실을 발견할 수 있었다. 그리고 그 고통에 귀를 기울이고 함께 분노하는 사람들의 존재를 확인하였을 때, 그녀들의 용기는 더욱더 커질 수 있었다.

'위안부' 생존자들은 전쟁 중의 '위안소' 생활에서 살아남고, 전쟁 후의 세상의 소외에서 살아남아 '위안부' 여성들이 겪은 일을 역사의 장으로 끌어올리고야 말았다. 생존자들은 먼저 죽어간 동료들에게 책임감을 느꼈으며, 전쟁이나 무력길등하의 지구촌 어딘가에서 아직도 지속되고 있는 성폭력 피해자의 고통에 공감하였다. 그리고 반복되는 고통을 끊어내기 위해서는 자신들의 용기가 더욱더 필요함을 알았다.

일본군 '위안소'제도는 평온한 느낌을 주는 '위안'이라는 호칭과 달리, 여성에 대한 폭력을 생산하고 체계화한 것이었다. 20세기 역사상 최대 규모의 전시 성노예 사건으로 기록될 일본군 '위안부' 문제의 본질은 전쟁 승리와 국익 옹호를 명분으로 국가가 직접 성노예제도를 고안하고 관리했다는 점에 있다. 전쟁의 승리를 위해 여성의 인권을 철저히 짓밟았던 전시 성노예제도는 여성에 대한 국가의 최대 폭력이라고 할 수 있다.

또한 '위안소'가 당시 일본에 의해 허가된 공간이었다는 이유 때문에 그곳에서 벌어졌던 수많은 고통의 이야기들이 은폐되었으며, 가해자는 가해 책임을 회피하였다. '위안부' 생존자들의 용기는 '위안소'의 기억을 피해자의 입장에서 재구성하여 '위안소' 제도의 본질을 폭로하는 데 결정적인 역할을 하였다. 나아가 여성에 대한 폭력을 낳고 그것을 정당화하는 전쟁의 반인간적 속성에 대해 문제제기를 하였다. 그리고 가해자 일본의 진정한 사죄와 배상, 미래를 향한 역사교육이 이 모든 비극을 끊어 내는 출발점이 되리라 강조하였다.

일본군 '위안부' 여성들의 이야기는 그녀들만의 것이 아니라 지금도 일어나고 있는 이야기이며, 어쩌면 앞으로 우리들의 것이 될지도 모르는 이야기이다. 일본군 '위안부' 제도의 역사를 이해하고 그 해결을 위해 노력해야 하는 이유가 여기에 있다. '위안부' 피해여성들의 용기에 보태는 우리들의 용기는 바로 우리들의 현재와 미래를 위한 것이기 때문이다.

● 키미코君子, 쥔즈君子, 군자君子

1994년, 일본군 위안소의 실태조사를 위해 중국 한커우漢口를 방문한 한국 조사팀은 그곳에서 하군자河君子라는 이름의 여성을 만났다. 활달하고 정이 많은 그녀는 한커우 지칭리積慶里에서 '위안부' 생활을 했던 생존자였다. 종전 후 중국에 남았던 그녀는 우한武漢지역 한국인들의 모임인 '학습소조小組'를 이끌면서 그 지역 '위안부' 생존자의 일상을 보살폈다. 1950년대 말 33명이었던 피해자들은 1994년 현재 10명도 채 살아남아 있지 않았다. 그녀들은 우울증에 시달리다 죽거나, 철도에 뛰어들어 자살을 하거나 했다고 한다.

'하군자'는 위안소에서 사용했던 이름이었다. '위안소'에서는 '키미코君子'로, 종전 후 중국에서는 쥔즈君子라고 불렸다고 했다. 그녀의 본명은 하상숙이었다.

하상숙은 1928년 충남 서산에서 태어났다. 17세 때 돈을 많이 벌 수 있다는 말을 듣고 조선 남성을 따라갔다. 조선 여성 40명과 함께 단둥丹東과 텐진天津을 거쳐 한커우에 도착했을 때가 1944년 12월이었다. 지칭리 위안소에 도착했을 때 이미 그곳에서 생활하고 있던 '위안부'들이 "저렇게 머리에 피도 안 마른 어린 것이 들어왔구나"라며 한탄을 했다. 주인은 하상숙이 그녀가 오는 동안 입고 먹은 것이 다 빚이라며, 그걸 갚기 위해서는 3년을 일해야 한다고 말했다.

　3일 만에 군의軍醫가 와서 병이 있는지 검사를 하고 주사를 놓았다. ‘위안부’들은 그것이 어린애를 못 낳게 하는 주사라고 말했다. 위안소는 2층이었다. 지칭리 입구에 철문이 있어서 마음대로 다니지 못하였다. 피(월경)가 나올 때도 솜으로 막고 군인을 받았다. 일본인 의사들은 피가 나올 때 군인을 받지 말라고 했는데, 주인은 받으라고 했다. 매주 월요일마다 병원에 가서 성병검사를 받았다.

　군인의 말을 제대로 듣지 않으면 주인이 나무 몽둥이로 ‘위안부’들을 때리고 발길로 찼다. 군인은 보통 하루에 10명에서 15명이 왔다. 일요일에는 많아서 밖에서 줄 서서 기다렸다. 주인이 하루에 몇 명이 왔는지 장부에 적었다. 그렇지만 주인에게 돈을 받지는 못했다.

　어느 날 일본이 전쟁에 졌다고 했다. 그러나 하상숙은 고향에 가지 않았다. 이 몸으로 고향에 가서 뭘 할까 하는 생각이 들어서였다. 중국에서 살면서 하상숙은 위안소에서 쓰던 이름 그대로 사용하여 ‘쥐즈’라고 불렸다. ‘위안부’ 생존자임을 밝히면서는 본인의 이름이 한국말로 ‘하군자’라고 했다. 2003년, 한국으로 국적회복을 하면서 부모님

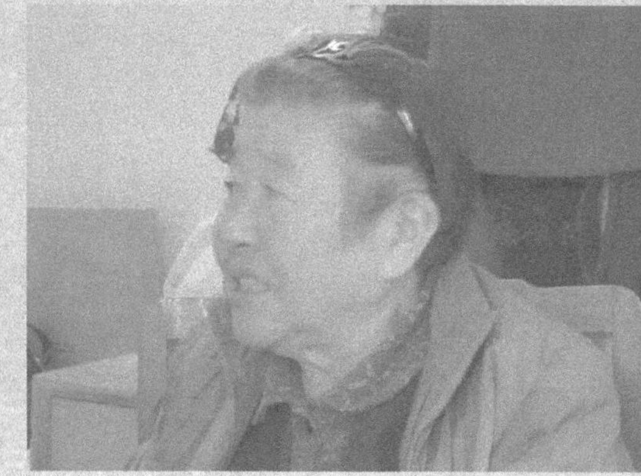

위안부 생존자 하상숙 할머니

이 지어준 이름 하상숙을 오롯이 찾을 수 있었다.

하상숙이 지냈던 지칭리는 중국 최대의 위안소 거리가 조성되었던 곳이다. 1937년 중국과 전면전을 개시한 일본군은 1938년 10월에 중국 중부에 있는 '우한武漢' 지역, 곧 우창武昌, 한커우, 한양漢陽을 점령했다. 곧이어 11월, 한커우의 지칭리에는 중국 최대의 위안소 거리가 만들어졌다. 한커우 병참사령부 위안계장이었던 야마다 세이키치山田清吉는 당시 위안소를 관리하고 감독했던 경험을 《무한병참武漢兵站》이라는 책을 통해 회고하였다. 아래의 그림은 야마다가 직접 그린 지칭리 위안소의 약도이다.

1943년 현재 지칭리 내 위안소는 모두 20채였고, 일본인 위안부 130명, 조선인 위안부 150명이 있었다고 한다. 지칭리 입구에는 철 대문이 있어서 사람들이 마음대로 출입할 수 없었다. 하상숙은 이 중 '산세이루三成樓'에 있었던 것으로 확인되었다.

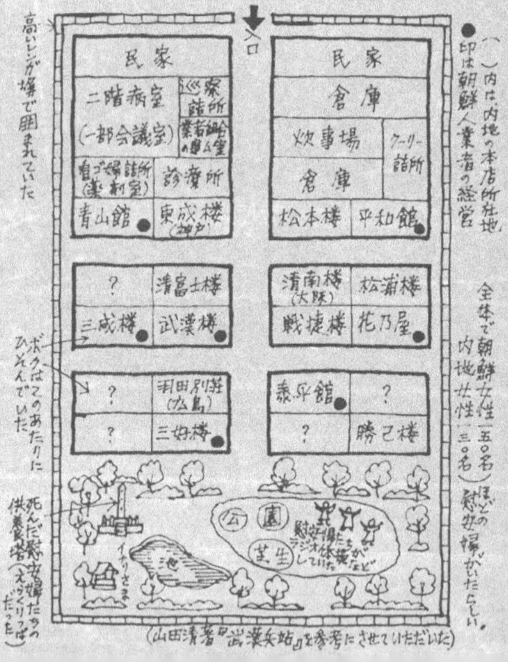

한커우 지칭리에 위치했던
위안소의 약도.

제2차 세계대전이 끝난 후에 일본군의 전쟁범죄를 재판하기 위해 각지에서 법정이 열렸다. 인도네시아의 바타비아(현재의 자카르타)에서도 네덜란드 임시군사법정이 열렸다. 이때 위안소의 설치와 운영에 관련된 이들이 전쟁범죄자로서 법정에 서야 했다. 이들은 여성들에게 '강제성매매'를 시켰는가, '강제성매매를 시키기 위해 여성을 유괴'했는가 여부에 대해 추궁을 받았다. 당시 법정은 '강제성' 여부를 밝히는 것이 중요하다고 생각했다. 일본군 위안소 자체가 갖고 있는 반인권적, 반여성적, 폭력적 성격은 문제가 되지 않았다. 또한 백인인 네덜란드 여성이 끌려왔던 위안소만을 문제 삼았다는 것도 이 법정의 한계였다.

바타비아에서 위안소 사쿠라 클럽櫻俱樂部(SAKURA CULB)를 운영했던 아오치 와시오靑地鷲雄(Washio Awochi)는 1946년 11월, 바타비아 법정에서 금고 10년을 언도받았다. 그는 1943년 6월에 일본 군정감부軍政監部로부터 위안소를 개설하도록 명령받고 네덜란드 여성 20명을 동원하였다. 그 중에는 12세와 14세의 소녀도 있었다. '헌병을 부르겠다'는 협박에 끌려온 여성도 있었다.

복역 중에 사망한 아오치는 1967년부터 일본 도쿄의 야스쿠니 신사靖国神社에 합사되었다. 야스쿠니 신사는 전쟁에서 사망한 일본인 군인, 군속 등을 '일본을 위하여 목숨을 바친 영령'으로 떠받드는 신사이다. 아오치의 야스쿠니 신사 합사는 일본과 아오치의 관계를 말해주는 것이다.

'스마랑 위안소 사건'도 바타비아 법정에서 심판받았다. 1944년 1월 인도네시아 자바섬 스마랑에서 일본군은 새로운 위안소를 개설하려고 했다. 위안소 설치를 요청받은 일본군 간부후보생 부대는 담당 장교, 경찰, 위안소 경영자를 몇 군데 억류소에 보냈다. 유럽계 민간인이 수용되어 있는 억류소들이었다. 4곳의 억류소에서 약 35명의 여성이 끌려왔다. 약 2개월 뒤, 자바섬에 시찰을 왔던 일본군 대좌가 이 사실을 알고 위안소를 폐쇄했다. 스마랑 위안소 개설에 관련된 책임자들은 종전 뒤에야 처벌을 받았다. 장교 7명과 위안소 경영자 4명이 유죄로 판결났다. 위안소 개설 책임자였던 장교는 사형을 언도받았다.

이후 연합국의 전후처리 과정에서 일본군 위안소 책임자들이 처벌을 받은 사례가 없다. 조선인과 중국인, 필리핀, 인도네시아 등의 아시아 여성이 겪은 '위안부' 피해에 대해서는 문제를 삼지 않았다. 2000년 12월, '위안부' 생존자들과 활동가들은 일본 도쿄에서 '2000년 일본군 성노예 전범 국제법정'을 개최하였다. 민간법정이라 법적인 구속력은 없었지만 일본군 '위안부' 제도의 책임자를 처벌하고 전쟁이나 무력갈등하의 여성에 대한 폭력을 없애자는 취지로 아시아 여성들이 뜻을 모아 개최한 법정이었다. 이때의 법정에서 히로히토裕仁 전 일본 국왕과 각지 군사령관들

은 유죄판결을 받았다. 책임자 처벌과 일본의 반성이 '위안부' 문제 해결의 실마리가 될 것으로 공감한 자리였다.

그러나 실제로 일본 법정에서 벌어진 10건의 '위안부' 관련 소송에서 피해자들은 모두 패소하였다. 상고기각. 죄를 따질 수 있는 법이 없기 때문에 상고할 수 있는 적법한 요건이 되지 않는다는 것이 이유였다. 부정하거나 회피하는 것이 아시아의 피해여성들이 제기하는 '위안부' 문제에 대해 일본이 대처하는 방식이라고 할 수 있다.

한국정신대문제대책협의회·전쟁과여성인권센터, 《역사를 만드는 이야기》, 여성과 인권. 2004
한국정신대문제대책협의회와 전쟁과여성인권센터가 함께 발간한 총 8권의 증언집 중 가장 나중에 나온 것이다. 그밖에 정신대할머니와 함께하는 시민모임에서도 증언집을 발간했다. 증언집은 '위안부' 생존자의 시선을 통해 '위안부' 문제를 바라볼 수 있는 소중한 성과이다.

한국정신대문제대책협의회, 《일본군 위안부 문제의 책임을 묻는다》, 풀빛, 2001 ; 한국정신대문제대책협의회, 《일본군 위안부 문제에 대한 법적 해결의 전망》, 풀빛, 2001
일본군 '위안부' 제도의 실상과 사례, 그 문제 해결을 위한 법적 전망을 살펴볼 수 있다.

정진성, 《일본군 성노예제》(개정판), 서울대 출판부, 2016
한국의 대표적인 '위안부' 연구자이자 시민운동가인 정진성 교수의 책이다. 일본군 '위안부' 제도에 대한 역사적 실상뿐만 아니라 그 문제 해결을 위한 사회운동의 흐름을 살펴볼 수 있다.

요시미 요시아키 지음, 이규태 옮김, 《일본군 군대위안부》, 소화, 2006
위안소에 대한 일본 군대의 개입을 최초로 밝혀 낸 요시미 요시아키吉見
義明 교수의 책으로 1992년에 쓴 책을 한국어로 번역했다. 일본군 군대위
안부 제도의 전체상을 이해하는 데 도움이 된다.

서울대 정진성 연구팀, 《끌려가다, 버려지다, 우리 앞에 서다: 사진과
자료로 보는 일본군 '위안부' 피해 여성 이야기》(전2권), 푸른역사, 2018
'위안부' 피해 여성 16인의 증언과 2000년 여성국제법정 등 사례 4건을
담았다. 증언, 문서, 이미지, 지도 등을 교차분석하여 독자들이 접근하기
쉽게 '위안부' 피해 여성의 생애사를 서술하되, 글 단락 단락에서 '위안
부' 문제를 사유할 수 있도록 구성하였다.

전쟁이 바꾼 여성,
여성이 바꾼 사회:
한국전쟁과 여성

전쟁을 맞은 여성들

20세기 최대의 야만적 사건으로 기록되는 한국전쟁은 일제강점과 해방, 분단의 과정에서 생성된 모순이 가장 극악한 방법으로 폭발한 것이었다. 어느 누구도 전쟁의 영향에서 자유로울 수 없었던 만큼 그 피해는 총체적이었다.

내개 전쟁은 동원, 죽음, 이산, 생활 터전의 상실 등으로 체험되며, 여성에게는 강간과 성폭력의 위협이 더해진다. 전쟁에서 성폭력은 상대 집단을 모욕하는 수단으로 간주되어 조직적으로 자행되는 일이 많

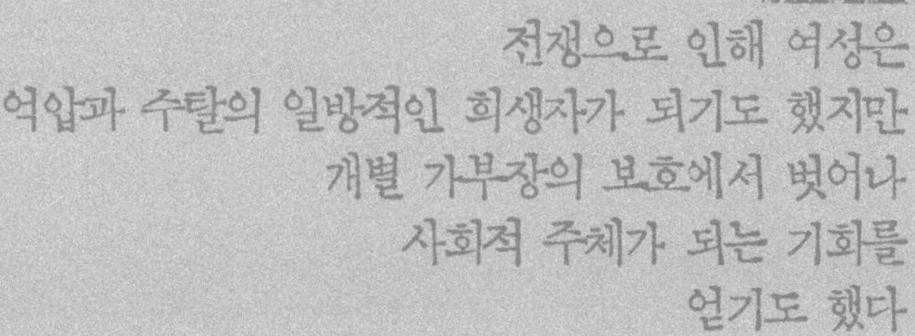

다. 군의 규율과 통제가 느슨한 경우에도 점령지 여성에 대한 성폭력이 일상적으로 행해진다. 한국전쟁도 예외가 아니어서 수많은 여성들이 성폭력을 당했다.

여성이기 때문에 겪는 전쟁의 고통은 이뿐만이 아니었다. 절박한 생존의 상황에서 여자아이들은 항상 우선순위에서 밀려났다. 최소의 식량과 인원으로 급히 피난을 갈 때 딸은 주위 친척에게 맡기고 아들만 데리고 가는 일이 비일비재했다. 부모가 죽고 남매가 고아로 남았을 때에도, 아들은 집안의 대를 이어야 한다는 명분으로 친척이 거두었지만 딸은 거리로 내몰리기 일쑤였다.

위기는 또 다른 측면에서 기회이기도 했다. 여성은 억압과 수탈의 일방적인 희생자만은 아니었다. 동원으로 인한 남성의 부재는 여성을 사회로 불러들였다. 가정에만 속박되어 있던 여성들은 가족의 생계를 책임지기 위해 거리로 나서면서 새로운 경험을 하게 되었다. 직업 활동으로 경제권을 갖게 되었고 개별 가부장의 '보호'에서 벗어나 사회적 주체가 되었다. 전후 여성들은 자신 앞에 놓인 조건과 한계를 때로는 수용하면서도 끊임없이 극복해 갔다. 1950년대 여성들의 다양한 삶의 모습은 이를 잘 보여준다.

총을 멘 여성 전사

전쟁은 '남성=보호자', '여성=피보호자'라는 이분법적인 신화를 만들어 내고 강화시킨다. 여성을 일방적인 희생자로 보거나 남성의 보호를 받아야 하는 약자로 인식하는 것은 정치적 격변기를 능동적으로 맞았던 많은 여성의 삶을 배제한다. 여기, 전쟁에 정면으로 맞선 여성들이 있다.

한국전쟁 전후 남한에는 무장한 여성 게릴라가 있었다. 전쟁 전 좌익의 정치 활동이 불법화되면서 등장했던 빨치산partizan은 전쟁이 발발한 이후 대규모화되었다. '인천상륙작전' 이후 전세가 역전되자 미처 북으로 후퇴하지 못한 인민군과 남한 좌익은 태백산, 지리산 등으로 올라가 유격대가 되었다. 이 중에는 여성 빨치산도 상당수 있었다.

남부군이 나왔는데 보니까 여성들이 많대, 총 들고 싸우는데 여성들이 많더라고. 그러고 경남 부대가 있는데 그것도 보니까 여성들이 더러 있더라고. 그러니까 부대에 오히려 여성들이 더 많아요, 우리 기관에 있는 사람보다 많더라고.(박순자의 구술; 최기자, 〈여성주의 역사쓰기를 위한 여성'빨치산' 구술생애사 연구〉, 한양대 석사논문, 2001, 50쪽)

여성 빨치산들이 부대에서 맡은 일은 유격대의 사정에 따라 달랐다. 이들은 취사와 간호를 담당하거나, 직접 총을 메고 전투에 참가했다. 남성과 같이 보초를 서거나 보급품을 공수하는 일도 했다. 당시 빨치산 부대에는 적지 않은 수의 여성 간부가 있었을 것으로 추정된다. '마지막 빨치산'으로 유명한 정순덕의 구술에 의하면 남부군(남조선인민유격대)에는 대대장, 중대장급의 여성 간부들이 있었으며, 본인도 경남부대에서 중대장급 간부를 지냈다고 한다.

어려운 조건에서도 여성이 산에 들어가 유격대 활동을 했던 이유는 무엇이었을까? 이 중에는 남편이나 가족을 찾으러 입산했던 평범한 여성도 있었고, 자신의 정치적 신념을 지키기 위해 빨치산 활동을 했던 사회주의자도 있었다. 이처럼 입산 계기는 다양하지만, 그들이 여성으로서 느낀 해방감은 어려운 생활을 감내하게 만든 큰 이유였다. 그렇기 때문에 자신의 정체성이 아내나 딸로 규정되는 삶에서 벗어나 남녀가 모두 '동지'가 되어

1950년 《뉴욕타임즈》에 실린 여성 게릴라.

활동했던 것은 그들의 생애에서 가장 의미 있는 일로 기억된다.

그러나 모든 빨치산 부대가 남녀평등을 실천했던 것은 아니었다. 식사 준비나 빨래를 의례히 여성이 하는 일로 간주해 여성 대원에게 전담시키는 일도 많았다. 이에 문제의식을 느낀 여성은 빨치산 내부에 존재하는 성역할 고정 관념을 깨고 동등한 대우를 보장받기 위해 '내부 투쟁'을 벌였다.

> 빨치산에 가서도 대부분 식사하고 그런거 하는 걸 여성들이 허는 걸로 의례히 알아. 여성들도 의례히 헐 줄 알고 그렇게 생각해. 나는 "절대로 안 된다" 그래. 왜냐믄 그러믄 우리는 공부를 못 허잖애. 자기네들 학습시간인데도 아 우리는 그걸(식사 준비) 해야 허고 말이야. 그래서 나는 남자고 여성이고 (조를) 짜자고. …… 나는 그런거 막싸웠단 말야. 많이 싸웠어. 물론 나한테 손해재, 허허. 사람들한테 좋지 못한다고, 저 여성 억세 빠졌다고, 허허, 그런 소릴 듣고 그러재.(박선애의 구술; 최기자, 〈여성주의 역사쓰기를 위한 여성 '빨치산' 구술생애사 연구〉, 한양대 서사논문, 2001, 50쪽)

당시 빨치산은 무장 활동을 하면서도 사상 학습과 정세 토론을 중요시했다. 여성 대원은 이에 적극적으로 참여해 학업에 대한 욕구를 해소할 수 있었다. 자신의 의지대로 행동하고 말할 수 있었던 것만으로도 "우리도 여성이지만은 인간으로 살 수 있다"는 긍지와 해방감을 느낄 수 있었다. 이처럼 여성 빨치산에게 유격대 활동은 '조국과 인민'을 위한 것일 뿐 아니라, 여성에 대한 사회적 각본을 벗어나기 위한 것이기도 했다.

한편, 대한민국에는 여성 정규 군인인 여성의용군이 있었다. 1950년 9월 1일, 국방부는 여성의용군 교육대를 설립하여 최초로 491명의 여성 군인을 배출했다.

(여성의용군; 필자주) 훈련생들은 모두가 이구동음으로 제1전선에서 국군과 같이 직접 전투에 참가시켜 달라고 매일같이 호소하고 있다. 얼마 전 전투복에 맵시 있는 전투모로 우렁찬 호령소리에 발맞추어 행진하고 있는 광경은 참으로 믿음직하며 그네들 앞날의 수행할 중요 임무에 기대되는 바 자못 크지 아니할 수 없을 것이다.(《민주신보》, 1950년 9월 11일 자)

여성의용군은 대부분 초·중등 이상의 학력을 가진 젊은 미혼여성이었다. 이들은 첩보, 간호, 국군 위문, 부녀 계몽, 행정 등의 임무를 맡았다. 주로 후방의 업무를 맡는 경우가 많았지만, 전선이 따로 없는

여성의용군의 출정 모습

첩보와 선전 업무는 항상 위험에 노출되어 있었다.

여성 빨치산과 여성의용군은 정치적으로 상반된 입장에 있었지만, 적극적이고 능동적인 여성상을 만들어 냈다는 점에서 공통점이 있다. 이들은 정치적 격변기를 주체적으로 맞고자 했던 여성으로 평가되어야 한다.

흥남부두의 금순이, 사선을 넘다

한국전쟁 때 정치적 이유로 월남한 사람이 많았지만, 폭격을 피하기 위해 남쪽으로 내려온 피난민도 많았다. 약 60만 명 내외로 추정되는 월남민은 '1·4후퇴'라고 불리는 1950년 12월부터 1951년 1월 사이에 가장 많이 남하했다. '인천상륙작전' 이후 두만강 부근까지 진격했던 유엔군과 국군은 중공군의 참전으로 후퇴하는 과정에서 북한주민들을 데리고 철수했다. '흥남철수작전'이 한창이던 흥남부두에는 엄동설

폭격을 피해 남하하려고
흥남부두로 몰려가는
사람들의 모습

한국여성사 깊이 읽기

한에 바닷바람을 맞으며 배를 타려는 사람들로 아비규환을 이루었다. 이 과정에서 수많은 이산가족이 발생했다.

한번 헤어지면 〈굳세어라 금순아〉의 노랫말처럼 다시 만나기 어려웠다. 피난 과정에서 가족과 떨어져 혼자 된 '금순이'들이 느꼈을 막막함은 이루 말로 할 수 없는 것이었다. 연고가 없는 곳에서 목숨을 부지해야 하는 상황은 말 그대로 '전쟁'이었다. 특히, 아이를 동반하거나 임신 중인 여성은 더할 나위 없는 고통을 겪었다. 아래 월남 여성의 구술은 이를 잘 보여준다.

…… 남편도 없지, 만삭인 몸으로 30리를 걸으려니 완전히 지쳤어. 고개 중턱으로 다시 돌아와 나는 대성통곡을 하며 피난 나온 걸 후회했지 뭐.(김귀옥, 〈분단, 한국전쟁과 여성〉,《한국현대여성사》, 한울아카데미, 2004, 54쪽)

월남민에 대한 정부의 대책은 피난민 수용소를 설치해 이들을 수용하고 식량과 의류 등의 구호물자를 배급해 주는 것이었다. 그렇지만 항상 배급이 충분하지 않아 월남민들은 정부의 구호에만 의존할 수 없었다. 월남 여성은 남의 집 식모살이를 하거나 다방으로 전전하기도 했고, 수완을 발휘해 행상에 나서기도 했다.

치마자락 앞에 양키양말, 양복, 샷쓰 등을 둘러차고 하루 종일 지나는 사람마다 붙들고 하소연하며 싸게 하나 사라고 끈기 있게 말을 부친다. …… 그들은 부산 원주민들이 무서워 할 만큼 생활력이 강하며 장사술이 능란하다. 그러나 대부분이 월남 피난민인 그들은 그렇게 하지 않으면 벌써 오래

전에 굶어 죽거나 병들어 죽고 말았을 것이다.(《동아일보》, 1952년 3월 1일 자)

위의 기사는 월남 여성이 피난지인 부산 국제시장에서 억척스럽게
살아가는 모습을 담고 있다. 많은 월남 여성은 시장에서 행상을 하거
나 품팔이로 생계를 이어갔지만, 이 역시 녹록지 않았다. 노점상을 괴
롭히는 무뢰배나 기관원을 사칭하며 돈을 뜯는 사기꾼들은 타지에서
온 그들의 삶을 더 어렵고 힘들게 만들었다. 하지만 '또순이'라는 말이
월남 여성을 지칭하는 보통명사가 될 정도로 이들은 억척 기질을 발
휘해 남한 사회에 정착해 갔다.

잊혀진 역사, 특수위안대

한국전쟁 중 국군을 특별하게 '위안'한다는 명목하에 조직된 특수위
안대는 공식 역사가 기억히지 않는, 망각된 역사이다. 오랫동안 역사
의 뒤안길에 묻혔던 이야기이니 만큼 그 전모를 밝히기가 쉽지 않다.
　한국전쟁시기 군인을 위한 위안소는 서울, 강릉, 춘천, 원주, 속초
등지에 있었다. 위안소는 부대 주변에 설치되었고, 부대의 요청이 있
을 경우 '위안부' 여성이 직접 부대 안으로 들어갔다. 특수위안대는 그
명칭에서도 알 수 있듯이, 비정규군으로 군의 직접적인 관리와 통제를
받았다. 특수위안대의 규모는 대략 200명 내외로 추정된다. 이들의 실
태를 보여주는 자료에 의하면, 1952년 한 해 동안 서울과 강릉에 있는
'위안부' 89명이 연인원 20만 4천 5백 60명의 군인을 상대했다. 또 이

 　　　　　　　　　　　　　　한국여성사 깊이 읽기

들 여성은 군의관에게 정기적으로 성병 검진을 받았다. '특수위안대'의 설치 동기를 군 당국자의 입을 통해 살펴보면 다음과 같다.

실질적으로 사기앙양은 물론 전쟁 사실에 따르는 적지 않은 폐단을 미연에 방지할 수 있을 뿐 아니라 장기간 대가 없는 전투로 인하여 후방래왕이 없으니만치 이성에 대한 동경에서 야기되는 생리작용으로 인한 성격의 변화 등으로 우울증 및 기타 지장을 초래함을 예방하기 위하여 본 특수위안대를 설치하게 되었다.(육군본부,《후방전사(인사편)》, 1956, 148쪽)

위안대의 설치 목적은 결국 병사의 성욕 해소와 '폐단 방지'를 위한 것이었다. 여기에서 "폐단을 미연에 방지"한다는 것은 당시 유엔군과 국군에 의해 자행되었던 강간 사건과 관련이 있다. 전쟁이 발발하자 대한민국 정부는 치안 유지를 위해 대통령령으로 '비상사태하의 특별조치령'을 내려 살인·방화·강간을 범한 죄인을 사형에 처한다고 공포했다. 이어 법무장관도 '반역 행위에 대한 경고문'을 발표해 이 같은 범죄에 대해서는 교수형 또는 총살에 처한다고 재차 강조했다. 그럼에도 불구하고 국군과 미군에 의한 강간 소문이 끊이지 않았다.

국군이 평양에 들어가서, 또 기타의 이북 지역에서 약탈과 강간을 함부로 하여 이북 동포들의 커다란 실망을 사고 있다는 소문이 들려온다.(김성칠,《역사 앞에서—한 사학자의 6·25일기》, 창작과비평사, 1993, 280쪽)

이는 단지 헛소문이 아니었다. 국회 전문위원 이선교는 평양에 갔다 온 후 시찰 보고를 하는 자리에서 다음과 같이 말했다.

(평양에; 필자주) 들어가서 국군의 비행이 있고, 역시 유엔군의 비행도 다소
간 있었던 모양입니다. …… 물론 부녀자를 능욕하는 것도.(《국회속기록》 제
8회·제43호, 1950년 11월 4일)

무력 전투뿐 아니라 사상전이 치열했던 당시 상황에서 국군과 유엔
군에 의한 강간 문제는 이승만 정부에 큰 부담이 아닐 수 없었다. 한
국회의원의 발언은 이에 관한 위기감과 문제의식을 잘 보여준다.

놈들이 어떠한 전술을 썼느냐 하면 무력전에는 졌는데 사상전에는 이겨봐
야겠다고 해서 대단히 민심을 사려고 하는 전술을 썼다 말이에요. 이에 세
가지 원칙이 서 있어요. 부녀자 강간을 안 할 것, 소를 잡아먹지 않을 것,
죄 없는 사람을 잡지 않을 것 …… 거기에 있는 사람들은 대단히 괴뢰군이
라든지 중공군의 행동에 대해서 오히려 감탄하고 있다 말이에요.(《국회속기
록》 제11회·제22호, 1951년 7월 10일 홍창섭 의원 발언)

이와 같은 배경에서 정부는 대한민국의 도덕성과 위신을 추락시키는
강간 사건을 미리 방지하고자 특수위안대를 조직하였던 것이다.

특수위안대의 문제는 첫째, 남성 병사의 성욕을 자연스러운 것으로
전제하고 여성을 성욕 해소의 수단으로 대상화했으며 둘째, 강간 사
건을 사전에 막는다는 구실로 일부 여성을 희생양으로 삼았고 셋째,
‘위안부’를 군의 직접적 통제를 받는 비정규군으로 규정함으로써 성

　　　　　　　　　　　　　　　한국여성사 깊이 읽기

적 '위안'을 국가를 위한 공무公務로 포장해 여성의 성 동원을 합리화했다는 점이다. 특수위안대의 존재는 전시 병사의 성욕 해소와 '효율적인' 군대 관리를 위해 여성의 성을 동원했다는 점에서 일본군 '위안부'를 상기시킨다. 불행한 역사를 반복하지 않기 위해서는 특수위안대의 역사를 공식적인 '기억의 장'으로 불러들여 성찰의 계기로 삼아야 할 것이다.

이중의 시선에 포획된 '양공주'

'양공주', '양갈보', '유엔마담', '양부인' 등으로 불렸던 미군 상대 성매매 여성은 미군의 남한 진주 이후 등장해 한국전쟁을 계기로 폭발적으로 증가했다. 미군 부대 주변의 기지촌은 국가가 계획적으로 주도하여 유엔군 위안소를 설립하면서 급증했다. 당시 이승만 대통령은 군인과 경찰에게 유엔군 성매매 업소를 지원하라는 지시를 내렸다.

> 유엔 군인들을 위무하는 방식으로 댄스홀을 몇 군데 설치해서 해군에서 주관하고 있다는데 각처에 이런 처소가 있는 것은 경찰이나 군에서 이면으로 도와주어서 …… 거기에 참여한 여성들은 특별한 허가를 주어 그 여성들만이 출입하게 해주어야 일반민간부녀들과 구별할 수 있을 것이오. …… 세금까지 따로 받아야 될 것인바…….(《UN군인 위무방식에 관한 건》; 이임하, 〈한국전쟁과 여성성의 동원〉, 《역사연구》 제14호, 2004, 123쪽)

1948년 2월 공창제가 폐지된 후 여성의 성을 매매하는 행위는 법적으로 금지되었다. 그럼에도 불구하고 이승만 정부는 유엔군을 위해 성매매를 허가해 주고 세금까지 받았다. 국가의 은밀한 지원으로 증가하게 된 유엔군 위안소는 "선량한 풍속을 문란케" 하기 때문에 "집단적으로 몰아"두어야 한다는 주장으로 인해 미군 부대 주변에 집중되었다. 이리하여 미군 기지를 중심으로 기지촌이 형성되었다.

미군을 상대로 성매매를 하는 여성에 대한 사회적 시선은 매우 이중적이었다. 한편에서는 민족 문화를 파괴하는 허영녀이자 혼혈아를 낳아 '민족의 순혈'을 흐리는 사회악이라며 온갖 비난을 퍼부었다. 다른 한편에서는 한국의 안보상 필요한 존재일 뿐만 아니라 달러를 벌어 들이는 애국자라고 추켜세웠다.

미국인 자동차에 동승하는 여성, 껌을 씹으며 거리를 방황하는 여성, 괴상한 두발·화장을 하는 여성. 이러한 여성의 허영심으로 민족의 고유한 문화, 도덕, 더구나 조선만의 자랑인 미풍양속을 혼탁케 하며 민족의 체면을 팔아먹는 천박한 여성들은 민족적 감시로써 깨끗한 3천 리 강산으로부터

1960년대 초반
동두천 기지촌의 모습

　　　　　　　　　　　　　　　　　　　　　한국여성사 깊이 읽기

말소시켜야 한다.(《조선일보》, 1947년 1월 21일 자)

위의 글은 해방 직후 대표적 우익 단체였던 '독립촉성국민회'가 여성의 풍기 단속을 요구하면서 주장한 내용이다. "민족의 체면을 팔아먹는 천박한 여성"으로, "말소시켜야" 할 대상으로 묘사되고 있는 '양공주'에 대한 비난은 대체로 두 가지였다. 하나는 '허영녀'라는 비판이다. 사람들은 가난 때문에 '양공주'로 전락하게 된 사정을 동정하면서도, "빈곤과 무식과 허영이 양부인의 사회를 구성하는 요소"라며 비난하기를 주저하지 않았다. 각종 대중매체는 화장과 양장을 한 그들을 자극적인 언어로 재현하며 허영의 상징으로 몰아세우기에 바빴다. 이러한 비난은 해방 이후 급증한 서구 문화에 대한 이질감을 그들에게 덧씌운 것으로 볼 수 있다. '천박한' 양키 문화에 투항한 여성으로 '양공주'를 이미지화해 이들을 미국 문화에 대한 비판의 대리물로 삼았던 것이다.

또 다른 비난은 이들이 "순결한 민족성의 불순화"를 가져왔다는 것이다. 비판자들은 외국 군인을 상대하며 혼혈아를 낳는다는 이유로 '양공주'를 비난했다. '단일민족'의 자존심에 오점을 남기는 '양공주'는 민족의 순수성을 해치는 민족적 수치라는 것이다. '양공주'의 존재를 민족적 위기로까지 생각했던 이들은 혈통주의적 민족주의에 기대고 있었다. 그러나 이와 같은 주장의 핵심 준거인 '단일민족'은 신화일 뿐이며, 부계 혈족으로 구성된 순수한 공동체(민족)도 상상에 불과하다. 비판자들은 이러한 상상력에 기초하여 비난에 열을 올리고 종교적 수준의 신념만 읊조렸을 뿐, 미군부대 주변에서 성을 판매하는 여성의 사회경제적 지위나 인권, 성 판매 구조 등에는 전혀 관심을 기울이지 않았다.

다른 한편에서는 '양공주'를 애국자로 포장하기도 했다. 대한민국의 수호를 위해서 싸우는 미군의 노고를 '위안'하는 '양공주'는 애국자라는 평가가 그것이다. 이는 '양공주'와 혼혈아에 대한 적극적인 방어로 나타났다.

"우리가 어떻게 이렇게~ 이 정도로 사는데. 미군 아이를 괄세하냐." 그러면서 "……우리가 이 정도 사는 것도 미군 덕인데, 왜 미군 애를 그렇게 (때리냐고). 미군부대에서 알아봐라 널 가만 두겠냐"고. (전경옥·박선애·정기은, 《한국여성인물사2》, 숙명여대출판부, 2005, 164쪽)

위의 인용문은 한 혼혈 아동이 동네 아이들에게 구타를 당하자 우익 청년단원이었던 사람이 아이들을 혼내면서 했다는 말이다. 그런데 이 남성이 혼혈아와 '양공주'를 옹호한 것은 그들의 인권을 보호하려는 차원이 아니라 '혈맹'인 미군의 '부속물'에게 위해를 가했기 때문이다. 결국 '양공주=애국자'라는 논리는 국익을 최우선의 가치로 설정하여 여성의 성을 동원하고 도구화하기 위한 수사에 불과한 것이었다.

이와 같이 '양공주'에 대한 가부장적 민족주의와 국가주의의 시선은 서로 상이했다. 가부장적 민족주의는 순혈주의와 전통을 내세워 그들을 마녀로 몰아 타자화했다. 국가주의는 타국 병사를 위한 자국 여성의 성 동원을 국익으로 포장하고 미화했다. 이 주장들은 일견 상반되어 보이지만, 가부장제 이데올로기를 동일 논리로 하고 있다는 점에서 공통분모를 가지고 있었다. 가부장제 이데올로기가 혈통주의적 민

    한국여성사 깊이 읽기

족주의와 국가주의로 발현되었을 뿐, 이 주장에는 실존적 존재로서의 여성의 목소리가 삭제되어 있었다.

전쟁미망인, 집을 나서다

전쟁미망인은 군경 전사자 및 행방불명자의 아내, 납북자 혹은 월북자의 아내, 좌우익 피학살자를 포함한 민간인 사망자 및 행방불명자의 아내를 일컫는 말이다. 전쟁미망인의 규모에 대한 정확한 통계는 없으나 최소 30~50만 명 정도로 추정되고 있다. 정부는 전쟁미망인의 수용과 직업보도를 위해 모자원과 수산장을 만들었다. 그러나 정부의 구호 대책과 각종 사설 복지 기관만으로는 수십만을 헤아리는 전쟁미망인의 생존을 보장하기에 역부족이었다. 전쟁미망인들은 직접 생계를 위해 나서야 했다.

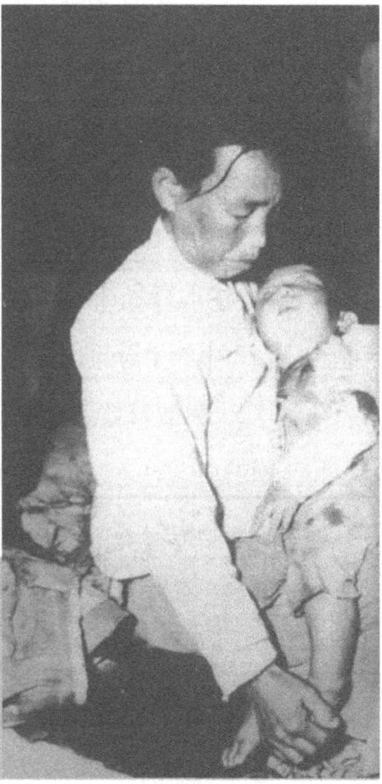

부상당한 아이를
안고 있는 여성

　사회적 자원이 남성 중심으로 배분되던 시대적 조건을 고려해 본다면, 가족의 생계를 혼자 책임져야 했던 여성들의 벼랑 끝 심정을 짐작하기는 그리 어렵지 않다. 당시 일반 미망인의 반 이상이 극빈층인 구호를 받아야 할 대상자였는데, 전쟁미망인의 삶도 이와 크게 다르지 않았다. 네 명의 자녀가 있는 전쟁미망인이 집주인에게 쫓겨나 얼어 죽은 사건이나, 생활고를 견디다 못한 전쟁미망인이 스스로 목숨을 끊은 사건 등은 이들의 힘겨운 삶을 보여주는 단면이다.

　당시에는 남편이 있어도 농사나 행상을 하며 가정경제의 일부분을 담당한 여성이 적지 않았다. 그렇지만 가족의 생존 문제를 혼자 전담해야 하는 상황은 "인생관을 백팔십 도로 전화시키는 놀라운 노력"을 필요로 했다. 그들은 농사를 비롯해 식모살이, 행상, 삯바느질, 미군부대 빨래, 구걸 등으로 생계를 유지했으며, 성매매를 하는 경우도 있었다.

　전쟁미망인의 사회 활동은 생존을 위한 몸부림이자 고통이었지만, 의도하지 않았던 '비의도의 결과'를 만들어 내기도 했다. 전쟁미망인들은 그동안 전적으로 가부장에 속했던 권한을 공유하게 되었다. 남편 대신 시부모가 가부장권을 행사한 경우도 많았지만, 이들의 사회 생활은 기존의 가족 질서를 조금씩 바꾸어 놓는 계기가 되었다. 경제권을 갖게 된 전쟁미망인은 가족 내에서 발언권이 높아졌다. 법적인 처지도 바뀌어 법률 행위의 주체가 되었다. 일제 식민지기 구민법이 적용되던 1950년대에는 결혼한 여성은 호주의 동의 없이 독자적인 법률 행위를 할 수 없는 법적 무능력자였다. 그러나 남편이 사망한 경우에는 여성이 법적 행위 주체가 될 수 있었다. 이러한 상황 속에서 전쟁미망인들은 각종 생계 활동을 통해 사회적 성취를 경험하기도 했다.

한편, 《미망인》(박남옥, 1955: 어린 딸을 키우는 미망인 신이 젊은 남성인 택을 만나 겪는 이야기)이나 《산불》(김수용, 1967: 한국전쟁 중 소백산맥의 한 '과부촌'에 잠입한 인민군을 둘러싸고 벌어지는 여성들의 암투와 욕망을 그린 이야기) 등의 영화에서 볼 수 있는 것처럼, 남편의 부재는 여성 자신의 섹슈얼리티에 정면으로 마주하는 기회가 되었다. 하지만 이에 대한 가부장 사회의 위기감과 비판은 매우 거셌다. 전쟁 내내 남편을 전장으로 보낸 여성들의 섹슈얼리티에 대한 과도한 관심과 규제 담론 이 끊이지 않았다.

> 남편을 생사 결전장에 보낸 아내로서 자기만의 향락을 누려 보자는 불순 한 감정은 인간으로서나 국민으로서나 생각조차 할 수 없는 일이다. ……
> 자기 아내의 순결을 안심하고 전장으로 나갈 수 있다는 것은 군의 사기에 영향을 끼치는 것이다.(《서울신문》, 1953년 3월 22일 자)

전쟁의 승리 여부가 "아내의 순결"에 있다는 이야기는 마치 '정조 대'를 연상케 한다. "내 몸 하나 깨끗이 가질 각오"도 없이 댄스홀이나 파티에 다니는 "불량녀"들은 "민족에 미치는 죄, 붉은 간첩과 다를 바" 없다는 비난은 반공이 절대 가치였던 당시로서는 최고의 악담이 었다. 이러한 주장은 국가주의와 가부장제가 어떤 방식으로 결탁하고 있었는지 잘 보여준다. 당시 국가와 사회는 여성의 성性이 남성 가부 장에 귀속돼 있다는 것을 환기시키고 이를 통제함으로써 남편의 부재 를 대신해 총가부장의 역할을 맡았다.

이러한 사회의 시선과 달리 연애와 결혼은 전쟁미망인에게 절박한 실존의 문제였다. 생계 수단을 가지지 못한 많은 여성에게 재혼은 가장 현실적인 위기 해결책이었다. 또 "한 살이라도 적은 때에 행복한 가정을 이루어보고 싶은 욕망은 농후해"진다는 한 전쟁미망인의 고백처럼, 외로움이나 고독, 소박한 가정 생활을 향한 욕망 등도 재혼을 고려하는 중요 이유였다.

전쟁미망인의 재혼에 대한 사회의 입장은 대체로 두 가지로 나뉘었다. 한편에서는 아이가 있는 전쟁미망인은 재혼하지 말고 어머니로서 살아야 한다고 했고, 다른 한편에서는 동거를 하면서 '비공식 가정'으로 사느니 차라리 재혼하는 것이 낫다고 했다.

모든 연애 감정을 희생의 제단에 불사름으로써 …… 따뜻한 모성애와 강한 실천으로 생애를 끝마치는 자녀를 가진 미망인의 경우는 더욱더 존중해야 할 것입니다. …… 자녀를 가진 미망인들의 연애를 멀리하는 희생적인 정신도 삼종도덕의 산물이 결코 아니오 역사와 함께 내려온 우리 민족성의 표현입니다.(장덕조, 〈미망인의 연애문제〉, 《여원》, 1956년 3월 118쪽)

전후 한국 사회는 전통담론과 모성담론을 동원해 미망인의 성을 통제하려 했다. 하지만 사회가 가장 위험시했던 것은 미망인의 재혼 그 자체라기보다는 가족제도 밖에 있는 여성의 성이었다. 자유로이 연애를 하거나 재혼을 하지 않고 동거 생활을 하는 것은 "가정이나 사회에 해로운 독소를 가지고 파고"드는 사회적인 문제로 인식되었다. 따라서 일부 논자들은 "정상적인 애정 발전을 꾀하는 미망인들의 재혼 문제"를 좀 더 적극적으로 공론화했다. 과부의 재가를 못마땅하게 생각

　　　　　　　　　　　　　　　　　한국여성사 깊이 읽기

하는 남성에게 "재혼 여성을 마치 헌 걸레 대하듯 하는 남성들의 관념부터 깨끗이 버려야" 할 것이라고 충고하거나, 젊은 여성과 재혼하는 것보다 나이 차이가 적은 미망인과 재혼하는 것이 이점이 많다는 주장이 심심치 않게 제기된 것은 이 때문이었다.

전쟁미망인의 재혼이 적극적으로 거론된 이유는 다음과 같다. 첫째, 전쟁미망인을 가족제도 안에 안착시키기 위해서였다. 당시 사회는 전쟁으로 인한 가족제도의 붕괴를 국가 재건에 가장 큰 걸림돌로 인식하였다. 바람직한 가족상은 아버지가 사회적 노동을 통해 가족의 생계를 책임지고 어머니는 가족 노동력의 재생산과 장차 국민이 될 아동을 양육하는 것이었다. '정상가족'에 포섭되지 않은 전쟁미망인은 성역할 분업에 따른 근대가족상을 위협하는 존재로 간주되었다. 이에 전쟁미망인의 재혼을 적극적으로 장려하여 그들의 성을 가정 안으로 수렴하는 동시에 가족제도의 붕괴를 막고자 했던 것이다.

둘째, 국가가 치러야 할 복지비용을 개인에게 전가하기 위해서였다. 대개 남편이 없는 여성은 생활이 어려워 정부의 구호에 의존하는 사람이 많았다. 미망인의 증가는 국가의 재정 부담을 가중시켰기 때문에 전쟁미망인의 재혼은 국가의 복지비용을 줄이는 가장 효과적이고 현실적인 대안이 될 수 있었다.

전쟁미망인의 재혼이 사회적 요구에서였든 본인의 선택이었든, 이는 1894년 과부재가금지법이 폐지된 이후 여성의 재혼에 대한 사회적 터부를 깨뜨리는 데 일조했다. 한국전쟁 이후 전쟁미망인을 둘러싼 재혼 담론과 실제 미망인들의 재혼은 일부종사一夫從事 의식을 깨는 결정적 계기가 되었다.

아프레 걸, 전통에 맞서다

전쟁 이후 한국 사회는 물질적·정신적 공황 속에 놓여 있었다. '죽다 남은 인간'이라는 극단적인 상실감과 냉소주의가 대중의 심리에 파고들었다. 거리에는 고아와 거지, 실업자가 넘쳐났고, '사바사바', '국물', '빽' 등의 유행어가 판칠 정도로 부정부패가 만연했다. 폐허의 상황에서 대중의 일상을 장악한 것은 미국의 소비 문화였다. 미국적인 것은 모두 동경과 선망의 대상이 되었다. 밀키웨이 초콜릿과 폰즈 크림 등은 최고급 사치품의 대명사였다. '오케이', '헬로', '기브 미' 등의 영어가 일상 용어가 되었고, 댄스와 함께 서구식 사교 문화가 유행했다.

　새로운 사상과 문화의 유입에 대한 사회의 태도는 매우 이중적이었다. 정치적 자유와 평등은 민주주의의 핵심으로 '후진' 한국이 도달해야 할 고지였지만, 개인의 자유와 평등은 동양의 도덕을 몰락시키는 위험스러운 것으로 인식되었다. 사회는 위기 탈출의 묘안을 전통에서 찾았다. 전통을 부활시키려는 노력은 각 방면에서 진행되었다.

　이승만 대통령은 삼강오륜을 지키자는 담화를 여러 차례 발표했고, 단군 연호를 사용하자고 주장했다. 지방에서는 연날리기 행사가 자주 열렸으며, 이승만 대통령 '탄신일'이나 3·1절, 개천절 등에는 열녀와 효부가 표창을 받았다. 자신의 살을 잘라 남편의 병구완을 한 여성이 찬미되거나, 정신병에 걸린 남편을 24년간 간호한 여성이 열녀로 칭송되었다. 전통담론은 유교적 가부장 사회가 이상화했던 여성상인 열녀와 효부를 조상 대대로 내려오는 선량한 미풍인 것처럼 선전했다. 당시 한국 사회가 잃어버렸다고 상상했던 전통적인 그 무엇은 바로 여성 윤리였다. 다음 예시문처럼, 많은 남성지식인들은 유교 윤리를 현대적으로 재수용할 것을 주장했다.

> 남존여비의 사상은 당연히 시정되어야 할 것이다. 그가 여남동권에까지 발전하는 것은 좋으나 남자에게 빨래를 시키고, 여성이 술 먹고 춤추는 소위 자유부인식인 것이 여남동권이 아닌 것이다. …… 현대의 윤리는 유교 윤리의 현대적 자각에 입각하여 이루어지는 것이다.(변시민, 〈현대윤리의 확립〉,《신천지》, 1954년 10월, 15쪽)

이 글에서처럼 대부분의 논자들이 세태를 비판하면서 윤리 붕괴의 예로 드는 것은 항상 여성의 규범에 대한 것이었다. 해방 직후 여성과 관련된 어젠다가 축첩제와 공창제 폐지였던 데 비해, 한국전쟁 후에는 여성의 성적 규범과 윤리에 집중되었다. 담론의 보수화는 부활된 전통을 기반으로 힘을 얻었으며 여성을 규율하는 장치로 기능했다. '천박한 자본주의의 찌꺼기'로 묘사되고 있는 '양공주'와 '자유부인'은 전통을 말살시키고 사회도덕을 타락시키는 전형적인 '마녀'였다. 이 여성들의 정조관은 늘 계몽과 설교의 대상이 되었다. 심지어 70여 명의 여성을 상대로 '혼인 빙자 간음'을 하여 세상을 놀라게 했던 박인수조차 여대생들의 정조관을 공개적으로 나무랐다.

> 많은 남자에게 자신의 귀중한 정조를 제공하면서 흔히 있을 수 있는 일일 뿐 아주 당연한 일이라고 생각하는 그 도덕관에 대해서 나는 그대로 바라볼 뿐이었습니다 …… 댄스를 통해 남성을 접할 때 분위기나 또는 성적 흥

분에 휩쓸리지 말고 확실한 선을 그어서 악용하지 말고 끝까지 깨끗하게
가라는 것입니다 …… 우리는 각성해서 이 나라 이 민족을 위해 새로운 건
전한 윤리관을 확립하여야겠다는 것을 간절히 말하고자 합니다.(박인수, 〈젊
은 여성에게 보내는 백서—적나라하게 폭로하는 현대여성의 생태〉,《여성계》, 1955
년 10월, 124쪽)

당시 사회는 한국전쟁 이후의 신세대를 '전후파'라 불렀으며, 이 여
성들을 '아프레 걸apres-girl'이라고 했다. '아프레 걸'은 허영과 사치를

영화 〈자유부인〉에서 주인공 오선영이
이웃집 대학생 신춘호에게
댄스를 배우는 장면

일삼으며 정조 관념이 없는 여성을 일컫는 말로 쓰였으며, 주로 여대
생, 미군 상대 성매매 여성, 댄스홀에 출입하는 기혼 여성 등을 지칭
했다. 그러나 이는 구체적인 실체를 가진 집단이라기보다 전후 '현모
양처'를 만들어 내기 위한 이데올로기적 허구였다. '아프레 걸'은 "죄
악과 비극의 근원"으로 남성지식인들에게 뭇매를 맞았다.

아프레는 그 원의가 가지는 '새로움'보다는 다분히 오늘날에 와서는 부도

한국여성사 깊이 읽기

덕적이요, 지나친 육체 해방파에 속하는 불건전한 사조의 하나입니다.(곽
종원, 〈명랑 활발을 아프레와 혼돈하고 있지 않은가?〉,《여원》, 1956년 10월, 72쪽)

아프레의 여성들은 칸트나 도스토예프스키보다는, 하나의 브로치, 유행하
는 의상이 필요했고, 평범한 아내나 착한 어머니가 되기보다는, 인기 있는
사교계의 스타가 되길 원하는 것이다.(이어령, 〈사랑 상실에의 항변〉,《여원》,
1957년 7월, 181쪽)

신상옥 감독의 1958년 작품인 〈지옥화〉의 한 장면:
주인공 쏘냐(최은희 역)는 사치를 일삼고
성적으로 타락한 '양공주'로 끝내
비극적인 최후를 맞는다.
쏘냐는 당대 '양공주'에 대한
사회 인식을 반영하고 있다.

댄스는 '아프레 걸'을 양산하는 매개로 인식되어 내내 비난의 표적
이 되었다. 댄스홀과 댄스 교습소는 '사회악의 근원'으로 단속의 대상
이 되었으며, "한국에는 '새 무기'가 필요하지 '새 댄스'가 필요하지 않
다"는 호전적인 언사가 당당하게 나왔다.

정비석鄭飛石(1911~1991)의 소설 《자유부인》은 바로 이러한 사회적
맥락 속에서 나왔다. 작가는 주인공 오선영을 통해 결혼한 여성이 집
밖을 나선다는 것이 어떤 의미인지 훈계하고자 했다. 여성이 그토록

선망해마지 않는 '자유세계'인 바깥세상은 사기와 협잡꾼이 득실거리고, 성적 유혹으로 충만한 곳이기 때문에 잘못 처신했다가는 오선영처럼 가정과 사회로부터 처벌받게 된다는 경고를 담고 있다. 이것은 여성의 사회 활동과 성적 일탈에 대한 경고였다. 전쟁시기에는 여성의 노동력이 필요했지만 전후 남성이 사회에 복귀하자 사회는 여성을 다시 가정으로 돌려보내려 하였다. 이에 집 밖 세상은 여성에게 위험천만한 곳이라는 담론이 유행하게 되었다.

하지만 '자유부인 회개 프로젝트'는 기획 의도와 달리 많은 여성에게 다른 방식으로 소비되었다. 오선영이 훌륭한 가부장에 감화되어 집으로 돌아오는 장면에 감격해 하기보다 가정에 구속되지 않고 자유를 누리는 것에 더 매료되었다. 공개적인 장소인 다방에서 사업 파트너와 마주앉아 대화를 하거나, "스로우~ 퀵퀵" 스텝을 밟으며 댄스를 통해 세상에 접속하는 오선영의 모습에서 '일상의 외부'를 상상할 수 있었다. 이러한 문화적 경험이 자양분이 되어 전후 50년대 여성은 사친회, 동창회, 계모임 등의 근대적 커뮤니티에 참여했다. 이러한 활동은 많은 오해와 비난을 샀지만, 전통적 삶에서 벗어나 여성의 사회적 욕망을 실현하는 데 일조했다.

● 한 전쟁미망인의 구술

그래가 인자 선박회사 가가지고 잘 있는데, (한국전쟁이 난 뒤) ‘군인을 뽑는다, 누구든지 희망자는 다 나오라’고 이러니까, 그 양반이 좀 위가 안 좋아요. 그러니까 나보고 하는 소리가 “나 인자 군대 가기 싫으니까 안 갈 거다”, “온 동네 사람이 안 간다하니까 뭐 때문에 군에 가겠소?” 그러니까 “(동사무소에서) 오면 없다” 카라고 그래서 그렇게 했는데, “동사무소에서 왔습니다”, 카니 자기가 쫓아 나가더만 영장을 받아가 들어옵디다. “안 간다 캐놓고 나도 몰라, 왜 받았는지” 그럽디다.

그래가지고 이제 훈련 갔어요. 가서 서면이라 카는 데가 부산에, 그 서면 000부대 카는 데 있어요. 거서 훈련을 받는다 카는데 훈련도 딱 여드레간 밖에, 팔일간밖에 안 받았어요. 근데 인자, 애가 둘이니까 하나는 손잡고 큰 애가 네 살, 작은 애가 돌 지나고 서는 아인데(돌 지난 작은 애가 일어설 무렵), 돌도 지내지는 거 업고, 그때 딴 거 살 거 있어요? 계란이나 찌고 김밥이나 둘둘 말고 이래가지고 가면 “당신 고생이다” 이러면서 애들 보고 “나는 위가 안 좋으니까 여서(여기서) 이래가 가고 포항 가서 진짜 신체검사한다 카니 떨어질 거다(기준에 미달해 입대할 수 없을 것이다)” 카면서 온다고 그래요.

그런가보다 하고 인자 "내일은 부산진역에서 10시 반쯤 출발하니까 그 전에 한 번 더 오라"고 그러대. "알았다" 카고 김밥을 싸고, 여럿이 갈 때 먹으라고 많이 싸서 머리에다 이고, 애를 하나 업고, 하나 잡고 이래가 가니까 부산진역에서, 지금 차는 소리 안 나지만 그땐 기적 소리가 왕– 나잖아요. "아이고야 느그 아버지가 떠나는 갑다, 어서 가자" 큰 애를 보고, "애 좀 빨리 걸어라" 카고 가니까, 이래 차창에서 내다보더니만 쫓아와서 (잠시 이야기를 멈추고 울먹이며) "이 포대기 끈 끌러라, 창범이 한 번 안아보자" 그러대요. 그래 (끈을) 끌러주니까 "아버지가 갔다 올 테니까 엄마 말 잘 듣고 있어" 그게 마지막이요. 그래가 보낸 기 인자 그 후로 우리가 막을 내렸다고요.

그러면서도 가고 나서 자기한테 서신 한 장도 못 받고 그렇게 끝이 났는데. 같이 간 사람이 있어요, 그 같은 동넨데. 낮에 전투에 나갔다오면 저녁에 서로 만나서 "아, 오늘도 무사했구나" 카고 서로 위로를 하며 사는데 …… 그런데 하루는 나갔다 오니까 우리 집 양반이 안 보이더래요. "어떻게 됐느냐?" 하니까 "오늘 낮에 요놈이 등새기에서 쓰러지는 건 봤는데, 갔으면(사망했으면) 시체가 있을 것이고 안 갔으면(살았으면) 아까 후

송하는 차가 싣고 갔을 거라" 카는, 그게 끝이래요. 그게 끝이에요. 그리
인자 살아온 게 지금꺼정 내가 인자는 다 살았지 않습니까? 나는 여한이
없어요, 왜? 그 양반 조국을 위해서 희생당해서 갔지만, 나는 아무것도
안 바래보고 우리 자식들, 어떠카든지 내가 자식 둘 만은 최고 학벌을 나
오게 해서 사회 역군이 되도록 노력해야겠다 싶어서 많이 노력했지요. 그
래서 내 소기의 목적은 달성을 했어요.[구양숙(1927년생), 2012년 9월 5일 인
터뷰]

● 《자유부인》(정비석)

《자유부인》은 1954년 1월 1일부터 8월 6일까지 총 215회에 걸쳐 《서울신문》에 연재되었던 소설이다. 이 소설은 단행본으로 출간되자마자 14만 부가 팔려 베스트셀러가 되었으며, 1956년에는 한형모 감독이 영화로 만들어 화제가 되었다. 소설의 주요 내용은 다음과 같다. 대학교수의 부인 오선영은 전형적인 전업주부였으나, 양품점 '파리양행'에 취직하면서부터 새로운 세계를 접한다. 그녀는 서구 문화를 맹신하며 '자유'를 입버릇처럼 외치고 다니는 옆집 대학생 신춘호에게 댄스를 배우고, 여학교 동창회에 참여하면서 사교계에 발을 들인다. 한편 남편 장태연은 미군부대의 타이피스트 박은미와 데이트를 즐기지만 그녀의 결혼으로 둘의 관계는 더 진전되지 못한다. 이에 비해 오선영은 한태석 사장과 밀애를 나누다가 들통이 난다. 결국 그녀는 국문학자인 남편의 인격에 감화되어 반성하고 집으로 돌아가고, 남편은 모든 것을 포용하고 너그럽게 받아들인다. 《자유부인》은 서구 문화와 댄스에 매혹된 여성을 가부장제적 입장에서 비판하고 계몽하고자 했다.

길밖세상, 《20세기 여성사건사》, 여성신문사, 2001
개항부터 현대까지 총 25개의 사건을 통해 20세기 여성사를 서술했다. 굵직한 정치·사회적 이슈부터 일상 문화적 사건까지 아우르고 있다. 새로운 시각과 밀도 있는 해석이 돋보인다.

이임하, 《여성, 전쟁을 넘어 일어서다》, 서해문집, 2004
한국전쟁 후 여성이 사회에 진출하고 경제 활동을 하면서 사회적 지위가 변화했다는 점에 주목한 연구서이다. 이 책은 그동안 역사의 뒤안길에 가려져 있던 전후 여성의 삶에 대한 관심을 불러왔다.

호주제는
어떻게 전통이 되었나?

왜, 다시 호주제인가?

'우려했던' 대란은 일어나지 않았다. 호주제 폐지 후 가족제도가 붕괴하거나 민족 문화가 말살되는 '이상 징후'도 포착되지 않았다. 수년 만에 이혼이 증가세로 돌아섰다는 보도가 나오기는 했지만, 대부분 성격 차이나 경제 문제 등이 주원인으로 조사된 것을 보면 호주제와의 관련성을 이야기하기는 어려워 보인다. 혼란이 있다면 가족관계등록부를 여전히 호적 등본으로 착각하는 사람들이 있다는 정도이다.

호주제 존폐 논쟁이 한창일 때, 호주제 폐지운동은 민족을 배신하는 행위라거나 '친북 용공'적 발상이라는, 근거를 이해하기 힘든 주장이 난무했지만 결국 큰 혼란 없이 역사적인 개혁이 단행되었다. 하지만 호주제의 위헌성에 찬성하면서

도 호주제를 폐지한 이후의 가족제도가 어떠할 것인지 상상하기 어려웠던 것도 사실이다. 그만큼 호주제는 우리가 상상할 수 있는 가족제도의 전부였다.

오래 존속되었던 호주제의 영향은 우리의 일상과 의식에 깊이 침윤해 있다. 따라서 그에 대한 전면적 성찰 없이 '포스트 호주제'의 희망을 이야기하기는 쉽지 않다. 호주제는 그동안 우리 사회에서 어떤 방식으로 존재해 왔으며, 그것이 만든 질서는 무엇인가? 이것에 답하기 위해서는 호주제를 우리의 전통으로 믿게 된 '오해의 역사'를 되짚어 보는 일이 필요하다.

일제에 의해 이식된 호주제가 폐지되지 않고 오랜 기간 지속되었던 것은 단지 우리 사회의 남성중심적 관행에만 기인하지 않는다. 정부 수립 이후 일제 잔재가 제대로 청산되지 못한 채 신민법이 제정된 것은 호주제가 우리의 전통으로 재탄생하게 된 역사적 연원이다. 이 글에서는 식민지적 성격을 갖는 호주제가 어떻게 우리 민족 고유의 전통으로 탈바꿈하게 되었는지 그 과정을 추적해 보기로 한다. 이것은

여성의 현실에 우선하는 전통에 대한 맹신이 계속 재생산되는 현실을
성찰하기 위해서 필요한 작업이라고 하겠다.

일제시기 호주제의 법제화

호주제는 호주를 중심으로 부계 직계 가족을 하나의 '가家'로 편제하
여 호주를 통해 가계를 계승하는 제도이다. 제2차 세계대전 이후 일본

여성단체가 중심이 되어
전개한 가족법개정운동

은 천황을 정점으로 하는 가족국가관을 부정하며 호주제를 폐지했지
만, 한국은 조선의 전통적 가족 질서이자 '미풍양속'이라는 미명하에
호주제를 존치했다. 일본의 가족제도인 '이에家(いえ)제도'가 식민지
조선에 이식되면서 등장했던 호주제가 해방 이후 우리의 고유한 전통
으로 탈바꿈해 유지되었던 것은 역사의 아이러니가 아닐 수 없다.

　물론, 조선시대에도 호적과 호주가 있었다. 3년마다 전국의 호구를
행정구역별로 조사하여 호적을 작성하였고 호의 대표를 호주라고 불

　　　　　　　　　　　　　　한국여성사 깊이 읽기

렀지만, 일제시기와는 내용적으로 차이가 있었다. 무엇보다 조선시대의 호적은 국가가 조세를 거두기 위해 호구 조사를 한 대장臺帳에 불과했다. 이 당시에는 호[戶]와 사람[口]을 기본 단위로 하여 부세를 수취했기 때문에 호적 조사는 징발이 가능한 노동력과 호의 규모를 파악하기 위한 것이었다. 따라서 이것은 가족을 국가의 하부 단위로 편제한 일제시기의 호적과 전혀 다른 것이었다.

조선시대 호적에는 부계의 직계 가족뿐 아니라 주거를 같이 하는 사위, 매부, 처남, 장인, 장모, 외손 등이 포함되었고, 노비와 머슴까

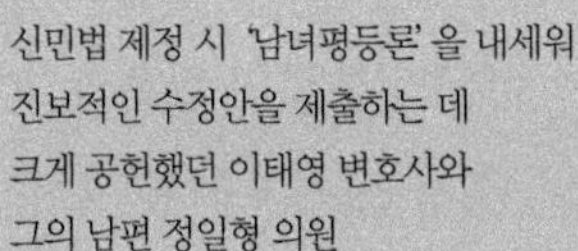

신민법 제정 시 '남녀평등론'을 내세워
진보적인 수정안을 제출하는 데
크게 공헌했던 이태영 변호사와
그의 남편 정일형 의원

지 기재되는 일이 흔했다. 이것은 호가 부계 혈족 집단이 아니라 생활과 거주를 같이하는 가구household의 개념이었음을 말해 준다. 당시 호적은 조세 수취를 위해 작성된 것이기 때문에 부계 혈연중심의 직계 가족만이 아니라 한 가호 내의 인구가 모두 포함되었다. 이는 호주를 중심으로 한 부계 직계 혈족만을 가족으로 편제하여 호적을 작성한 일제시기의 그것과 큰 차이를 보인다.

호주의 개념과 권한도 일제시기와 달랐다. 조선시대의 호주는 주거

를 같이 하는 구성원들의 대표자, 즉 세대주와 비슷했다. 아버지와 장남이 각기 다른 호의 호주가 될 수 있었고, 가족의 중대사에 대해서도 호주가 전권을 가지고 있지 않았다. 하지만 일제시기에는 장남이 아버지의 호적에서 이탈하여 독립적인 '가'의 호주가 될 수 없었고, 가족에 대한 호주의 권한도 거의 절대적이었다. 입양, 서자 입적, 혼인 등에 호주의 동의가 반드시 필요했고, 가족구성원의 거소를 지정할 수 있는 권한도 있었다. 그렇다면 이와 같은 조선시대의 호적과 호주 개념이 일제시기에 어떤 과정을 통해 변화하게 되었을까?

호주제도의 성립은 일본의 호적제도와 민사民事 관습의 도입을 통해 이루어졌다. 한일병탄 직전인 1909년, 일제는 조선의 인적·물적 자원을 파악하고 통제하기 위해 민적법을 공포했다. 이에 따라 작성된 민적부에는 거주를 함께하는 생활단위가 아니라 호주의 혈족과 그 배우자만이 기재되었다. 호적제도는 1922년 12월 〈조선호적령〉을 공포해 일본의 호적법을 본격적으로 도입함으로써 완성되었다. 일제는 시민지민을 파악하는 말단 단위로 호적제도와 '가'제도를 도입했던 것이다.

한편, 일제는 1912년 3월 〈조선민사령〉을 공포하였는데, 제11조에서 친족 및 상속에 관해서 일본 민법이 아닌 조선의 관습을 따를 것이라고 했다. 이른바 '관습법주의'를 내세운 일제는 강점 이전에 조사한 조선의 관습을 법적 판단의 기준으로 삼고자 했다. 그러나 어느 시기와 지역을 표준 관습으로 할 것인가에 대한 고려 없이 조사를 진행했기 때문에, 이것에 대한 판단과 법 해석이 중요할 수밖에 없었다. 여기에서 중추원, 정무총감·법무국장 등의 자문과 조선고등법원, 구관심

                           한국여성사 깊이 읽기

사위원회 등의 판단이 큰 영향을 미쳤다. 조선의 관습이 일본의 가족법 관습에 비추어 해석될 가능성이 농후해진 것이다. 여기에 더해, 1921년과 1922년, 두 차례의 법 개정을 통해 일본 가족법 관습의 적용 범위를 점차 확대시켜 나갔다.

이와 같이 일제는 호적제도의 정비와 일본 가족 관습의 도입을 통해 호주제를 성립시켰다. 호주제도는 일본의 근대 국가 성립 과정에서 구축된 '가'제도로서, 가독상속家督相續을 특징으로 하는 일본 무사계급의 가족제도를 근간으로 한 것이었다. 가계 계승의 중추인 호주에서 재산을 단독으로 상속할 수 있는 권한과 가족에 대한 강한 통제권을 부여했다. 식민지시기 일본인 사법관료의 설명은 이를 잘 보여준다.

가족제도는 호주권을 기본으로 하고, 가는 호주의 권력에 의해 통일되며, 가족 모두는 마찬가지로 호주의 권력에 복종하고, 부권夫權, 친권親權 등은 모두 호주권 중에 흡수되어 그 존재를 인정치 않는다. 그러므로 가는 호주에 의해 대표되고, 법률상 특별한 지위를 인정한다.(노무라 초타로野村調太郎, 《朝鮮戶籍令義解》, 1925, 1~2쪽; 홍양희, 〈식민지 사법관료의 가족 '관습' 인식과 젠더 질서—《관습조사보고서》의 호주권에 대한 인식을 중심으로〉, 《사회와 역사》 제79집, 2008, 179쪽)

호주제는 천황제 국가의 정치이데올로기였던 가족국가관의 현실적 토대가 되는 것이었다. 일제는 남성가부장인 호주에게 가족을 통치하는 전권을 주고 이 질서를 천황을 정점으로 하는 국가로 확장시키고자 했다. 즉 호주를 중심으로 한 위계적인 가족 질서를 통해 천황을 중심으로 한 근대 국민국가를 상상하도록 해 국민을 창출하고자 했던 것이다.

이렇게 일본 근대 국민국가의 형성 과정에서 새롭게 편제된 '가'제도를 조선에 이식한 것이 호주제도이다. 이것은 기본적인 구성 원리가 조선의 종법적인 친족질서와 다르다. 조선의 유교적 종법에 의하면 가족은 부계 혈족, 즉 일가一家의 개념으로 종가와 지가의 서열적인 구조를 갖는다. 그러나 일본식 '가'제도인 호주제는 호주와 그의 배우자, 직계존비속을 개별 가족으로 편제해 종가와 지가의 위계구조를 해체했다. 호주제하에서는 분가해 새로 호주가 된 차남과 호주인 그의 아버지(혹은 장남)가 법적으로 동등한 권한과 지위를 갖는다. 이처럼 호주제는 대가족적인 부계 혈족집단으로서의 가족 개념을 해체하고 호주 중심의 소가족 단위로 가족을 분화시켰다. 또한 호주가 되는 모든 남성의 법적 평등을 보장해 근대적인 시민권을 부여했다.

가족의 근대화와 여성의 국민화, 시험대에 놓인 대한민국

해방 이후 남한에 진주한 미군정은 1945년 10월 9일 법령 제11호를 공포하여 일제의 차별 정책과 법령을 폐지했다. 그러나 동년 11월 2일 법령 제21호를 발하여 새로운 법이 제정될 때까지 구법의 효력을 유지시켰다. 이리하여 해방 이후 가족법은 새로운 민법이 시행되었던 1960년 이전까지 일제강점기의 구민법이 그대로 적용되었다.

1948년 8월 수립된 대한민국 정부는 새 민법을 마련하는 일이 시급하다고 판단하고 미군정시기 제대로 진행되지 못했던 법전 편찬 작업에 본격적으로 착수했다. 새로운 법은 1950년 한국전쟁의 발발과 내부의 심각한 의견 차이로 난항을 겪다가, 마침내 1957년 말에 국회를 통과하여 1958년에 공포되었다. 1953년에 형법이 성안된 것과 비교해 본다면, 새로운 민법, 그중에서도 특히 친족·상속편인 가족법을 둘러싼 의견 대립이 얼마나 격렬했는지 짐작할 수 있다. 가족법에 대한 입장은 정부의 기초안(정부안), 국회 법제사법위원회의 수정안(법사위안), 여성계의 입장을 대변한 정일형 의원의 수정안(정일형안) 등으로 대별되었다. 이 세 안은 모두 호주제를 기초로 가족제도를 구상한 것이지만, 내용적으로는 각각 '전통옹호론', '점진적 개혁론', '남녀평등론'으로 구분할 수 있다.

그렇다면 신생 대한민국은 가족제도에 대해 어떤 구상을 가지고 있었을까? 가족은 생물학적이고 자연적인 것이라기보다 하나의 사회 제도이기 때문에 국가의 통치와 무관하지 않다. 대한민국의 가족제도에 대한 구상 역시 국가의 발전 전망과 밀접한 관계가 있었다. 정부 수립 초기 다양한 정치·경제적 지향이 공존했지만, 대한민국 정부는 큰 틀에서 자유민주주의와 자본주의를 추구했다. 자유민주주의와 자본주의로의 진입은 근대 국가 건설을 위한 합법칙적 과정으로 인식되었다.

새로운 사회 변화에 맞추어 가족 근대화의 필요성이 제기되면서 구래의 봉건성을 탈피해 자본주의와 민주주의 질서에 맞게 가족제도가 효율적으로 바뀌어야 한다는 인식이 확산되었다. 이에 따라 가족은 혈연을 중심으로 조상을 숭배하는 봉사奉祀단체에서 자본주의의 하부 경제 단위인 소비 조직으로 탈바꿈해야 했다. 가족이 조상숭배의 단위가 되는 것은 지양해야 할 가족상으로 인식되었다. 이는 혈족적 유대를 강화해 국민 통합을 저해할 뿐 아니라, 경제 단위로서의 가족 관념을 약화시키기 때문이었다. 자본주의의 요구에 따르자면, 가족은 조상숭배 공동체라는 관념적인 단위에서 벗어나서 효율적인 생활공동체로 변화해야 했던 것이다. 또 자본이 노동력을 쉽고 빠르게 흡입하기 위해서는 가족이 노동시장에 따라 이동하기 편리한 구조로 바뀌어야 했다. 이렇게 자본주의 체제는 조상숭배 공동체로서의 가족을 생활단위의 근대 핵가족으로 변모하도록 요구했다.

민주주의 역시 가족의 근대적 변화를 추동했다. 대한민국은 개인의 자유와 정치적 평등을 기본 원리로 하는 민주주의를 헌법에 명시하고 있었기 때문에 모든 구성원의 평등을 보장하기 위해서는 전제적인 가장권을 부정해야 했다. 근대 민주주의 국가는 정치적으로 독립적이며 평등한 개인을 기반으로 구성된다. 이를 위해서는 신분제적 해방뿐만이 아니라, 전제적인 가장권에서 해빙된 개인의 존재가

호주제 폐지를
반대하는 사람들의
집회 모습

한국여성사 깊이 읽기

전제되어야 한다. 이것은 여성도 전제적인 가부장의 예속에서 벗어나 남성과 동등한 투표권을 갖는 국민이 되어야 함을 의미한다. 당시 법무부 차관의 발언은 대가족제도와 전제적인 가장권에 대한 부정적인 인식을 잘 보여준다.

신분적 세습경제 사회에서 생산단체로 볼 수 있는 대가족제도의 전제하에서 '가'의 재속, 강화만을 위하여 철저한 장남계주의, 강대한 호주권, 부권父權 및 부권夫權, 따라서 여성의 예속, 강요 등이 결코 현대의 실정과 부합될 수 없을 것입니다. 현대의 자유경제하에서 대기업의 발전은 생산단체로서의 가족단체의 의의를 격감시키고 순 소비단체로서 부부와 미성년 자녀 중심으로 하는 소가족제도에의 이행이 실행되고 있습니다. 뿐만 아니라 민주주의 사회에서 '신분적'으로 예속하는 재래의 가장적 가족제도의 기반은 상실하였음을 솔직히 인정하지 아니할 수 없습니다.(국회사무처,《국회속기록》제26회·제29호, 1957년 11월 5일)

2005년 호주제
헌법 불합치 결정에
환호하는 여성계 인사들

자본주의적 효율성에 부합하는 가족제도의 구축과 여성의 국민화
는 당시 핵심적인 의제이자 과제였다. 이 과제를 제대로 수행하느냐
마느냐의 문제는 대한민국의 자본주의와 민주주의를 가늠하는 시험
대였다. 가족의 근대화를 전면적으로 달성하기 위해서는 전제적인 가
부장권, 즉 남성 기득권을 부정하거나 축소해야 했다. 법안의 제정자
들이 가졌던 딜레마는 여기에 있었다. 이들은 일제시기의 구민법을
전면적으로 바꾸는 대신 타협을 통해 문제를 해결하고자 했다. 즉 결
혼한 여성의 법적 능력을 인정하지 않았던 구민법과 달리, 신민법에
서는 여성을 법적 주체로 인정하여 여성의 국민화를 도모했다. 또 전
제적인 호주권을 대폭 축소하여 부부중심성을 구현함으로써 근대 핵
가족의 토대를 마련했다. 하지만 여전히 호주제를 존치함으로써 호주
라는 상징 권력을 통해 해체 위기에 놓인 부계 계승 질서를 옹호했다.

이리하여 새로운 민법은 합리적이고 효율적인 생활단위로서의 가
족이 아니라 다분히 관념적인 성격의 가족제도를 탄생시켰다. 호주제
하의 가족은 경제 활동을 같이 하는 생활공동체가 아니라 호주의 호
적에 기재되어 있는 사람들로 관념적인 '상상의 공동체'라고 할 수 있
다. 한솥밥을 먹는 외조부모는 한 가족이 될 수 없었지만, 멀리 떨어져
있는 친조부모는 가족이 되었다. 호주제도는 호적상의 가족과 실제의
가족이 괴리되는 문제를 낳았다. 이와 같은 자기모순에도 불구하고
대한민국 정부가 호주제를 존속시켰던 것은 부계중심주의를 포기할
수 없었기 때문이다. 이를 위해 동원된 수사가 '민족 전통'이었다.

식민지적 호주제, '민족 전통'으로 탈바꿈하다

신민법 입안자들은 새 시대에 맞는 근대가족의 필요성에 공감했지만, 실제 법안의 제정 과정에서는 전통을 앞세워 가부장제적 논리로 일관했다. 초대 대법원장이었던 김병로金炳魯(1887~1964)는 정부안의 취지를 설명하는 국회 본회의에서 친족상속법은 "제 나라 역사적 전통을 가장 귀중히 해가지고 제정"해야 한다고 전제한 뒤, 부계주의의 중요성에 대해 역설했다.

사람이 어찌해서 부계주의를 쓰는 것이 문화의 합리적 제도로 했느냐 하는 것을 말씀드리면 이것은 생리학자들도 다 일치되는 것이 아닙니까. …… 이 육체로 말하면 사람 그 자체는 애비의 정신이라, 그것이 사람이라 그 말이에요. (국회사무처, 《국회속기록》 제26회·제30호, 1957년 11월 6일)

오늘날 만일에 그 부계주의가 파괴된다면 말이에요, 그것을 그냥 파괴를 하고 모계주의라든지 혼동주의라든지 한다면, 집이라는 근본부터 다 없어

신민법 제정 시 정부안을 기초했던 대법원장 김병로의 모습: 정부안은 보수적인 '전통옹호론'이었다.

져요. 우리나라는 그 근원을 계승하는 것이 집입니다.(국회사무처,《국회속기록》제26회·제30호, 1957.11.6.)

김병로는 정부안의 제안 설명에서 상위법인 헌법의 정신이나, 법 제정의 근본 원칙인 정의·자유·평등의 구현에 대한 정부 입장을 보여주지 않고 시종일관 부계주의와 전통을 강조했다. 위 주장의 핵심은 사람은 "애비의 정신"으로 빚어진 존재이며, "애비의 정신"을 잇는 부계주의가 가족(집)에 구현될 때 비로소 국가/민족의 근본이 제대로 선다는 것이다. 만약 이를 부정하고 "모계주의라든지 혼동주의"가 되면 국가와 민족의 근원인 가족이 해체될 것이라는 논리이다.

부계주의적 가족제도는 민족의 존립을 결정짓는 요소로 확장되며, 확고부동한 우리의 전통으로 설명되고 있다. 부계적 가족 질서를 옹호하는 것이 '누천년 역사'를 존속시키는 '민족적 사명'으로 확대되는 논리하에서는 가족법에 평등주의를 구현하는 것이 민족적 전통을 저해하는 것이 된다.

이러한 논리의 비약은 어떤 역사적 맥락에서 가능하게 되었을까? 당시 서구 문화의 유입과 확산에 따른 가부장 사회의 위기의식은 이와 관련이 있다. 해방과 한국전쟁 이후 급격하게 확산된 미국 문화는 매혹적인 유혹이 되기도 했지만, 다른 한편으로 민족 정체성에 대한 위기의식을 불러왔다. 위기감은 '진정한 전통'에 대한 요구를 증가시켰고, 서구화에 대한 비판으로 이어졌다. 특히 이 비판은 여성과 관련된 의제에 집중되었다. 양장을 입거나 짙은 화장을 한 여성은 서구 문화에 투항한 몰지각한 집단으로 비난받았다.

여성의 서구화에 대한 남성의 비판이 거셌던 이유는 서구 문화의 유입에 따른 '민족적 위기'가 일상의 차원에서 개별 가부장의 위기로 체험되었기 때문이다. 남성에게 서구화는 바로 여성이 양장을 입고 거리를 활보하거나, 직업을 갖고 경제력을 갖는 것을 의미했다. 서구의 자유·평등·민주주의는 가족 내 가부장의 권위를 위협하는 것일 뿐이었다. 이 시기 민족적 위기는 매우 젠더화된 방식으로 감지되었다.

이러한 맥락에서 김병로는 국회에서 정부안의 배경 설명을 하면서 서구 문화를 비판하는 데 많은 시간을 할애했다. 그중에서도 특히 댄스를 하거나 여성이 파마를 하는 것을 무분별한 서구 추종주의의 사례로 언급했다. 대법원장이 정부안을 설명하면서 난데없이 댄스와 파마를 비난했던 것은 가족 질서를 바꾸고 가장권을 약화시키는 것이 사실은 서구로부터 수입된 사조임을 강조하기 위해서였다. 그는 서구로부터 수입된 민주주의와 남녀평등은 잘못된 서구화로, 부계적이고 전제적인 가부장제도는 우수한 전통으로 등치시켰다. 김병로에게 가부장의 권위를 해체하고 수평적인 가족 질서를 만드는 것은 서구적인 것이며, "애비의 정신"을 이어가는 전통적 가족제도를 해체하는 것이자 민족 정체성을 위협하는 것이었다. 서구화에 대한 불편한 속내가 여성에 대한 비난으로 이어졌던 당시의 사회 분위기를 고려해 본다면, 전통에 대한 강조는 위협받고 있던 가부장제를 방어하기 위한 논리였다고 볼 수 있다.

이리하여 대한민국의 가족법은 근대적 가족 질서 구축이라는 근대 국민국가의 내적인 요구를 뒤로 하고, 가부장제적 이해에 기초하여 타협적인 법안을 마련했다. 헌법의 평등 조항에 의거해 가족제도의 민주화를 이루기 위해서는 전제적인 가부장권을 부정해야 했기 때문에 "고유한 순풍미속을 유지"한다는 미명하에 부계 혈족중심의 가계 계승을 중시하는 가족법이 마련되었다. 다음의 예시문은 헌법에 명시된 국민 평등권을 가족법에 구현하지 못한 이유에 대한 솔직한 고백이 담겨 있다.

> 우리 헌법은 친족적 공동단체의 법제도에 관하여 제20조에 혼인에 관한 사항 이외는 하등의 시사도 없으므로 부득이 헌법의 대원칙인 개인의 존엄과 양성평등을 중심으로 하여 법질서를 고려하여야 할 것인바, 이 입장에서는 혹은 가족제도 자체의 존폐까지도 생각할 수 있을 것이나 본 법안은 고래의 고유한 순풍미속을 유지하면서 현실과 조화되도록 가족제도의 개혁을 기도하였습니다.(국회사무처, 《국회속기록》 제26회·제29호, 1957.11.5.)

이와 같은 주장을 보면, 모든 것이 전통과 순풍미속으로 수렴되고 있음을 알 수 있다. 개인의 자유와 평등에 기초해 민주주의의 제도화를 실현하기보다, "순풍미속"이라는 수사적 언사를 앞세워 부계 혈통주의를 고수하였다. 이러한 분위기 속에서 호주제는 의심할 여지없는 '민족의 전통'으로 탈바꿈하게 되었다.

신민법은 일부일처제를 확립하기 위해 사실혼 관계를 승인하지 않고 법적 혼인관계만을 배타적으로 인정하는 법률혼주의를 채택했다. 또 일제강점기와 달리 여성의 법적 행위 능력을 인정해 여성의 국민화를 도모했다. 그리고 호주의 권한을 대폭 축소해 전제적인 가부장권을 부정했다. 이는 근대 국가 수립에 따른 가족의 근대화를 모색한 결과였다. 그러나 결정적으로 호주제를 유지시켜 부계 계승의 상징적 구심을 포기하지 않았다. 이로써 가족은 자본주의 경제 체제가 요구하는 효율적인 생활단위가 아니라 부계를 계승하는 관념적인 단위에 머무르게 되었고 민주주의 헌법이 명시한 평등 이념을 구현하지도 못했다.

호주제의 유산과 가족의 미래

한국 여성은 근대의 오래된 명제인 만민평등의 가치를 법적으로 보장받기까지 실로 오랜 시간을 기다려야 했다. 이는 해방 이후 식민지 잔재 청산이 제대로 이루어지지 못했을 뿐 아니라, 호주제가 하나의 확고부동한 전통으로 담론화되어 유지되어 왔기 때문이다. 호주제의 존속은 죽은 과거(전통)가 여성의 현실을 잠식한 결과였다. 수십 년간 존속해 왔던 호주제의 유산과 그 문제점을 정리해 보면 다음과 같다.

첫째, 호주제는 가부장제적 유산을 우리의 단일한 전통으로 고정시켜 과거 식민지 유산에 대한 성찰을 어렵게 했다. 호주제는 일제가 식민지 지배 체제를 수립하는 과정에서 일본의 가족제도를 도입함으로써 성립되었다. 1945년 일제의 패망 이후 일본에서는 이것을 구악으로 비판하면서 폐지했음에도 불구하고, 한국에서는 순풍미속으로 떠받들며 존속시켰다. 해방 후 일제의 잔재를 제대로 청산하지 못했던 것은 식민지적 호주제를 우리의 전통으로 둔갑시킨 가장 큰 원인이었다.

둘째, 호주제는 불평등한 젠더 질서를 주조해 왔다. 호주를 통한 가계 계승의식은 부계 혈통주의를 강화시켜 불평등을 심화시켰다. 일제 강점기와 달리, 새로 제정된 신민법에서 호주는 사실상 상징적인 존재에 불과했다. 그럼에도 불구하고 이 상징 권력은 실제 생활에서 위계적인 젠더 질서를 양산했다. 호주를 통해 부계의 '가'가 영원히 이어진다는 상상력은 아들 선호의식을 강화시켰으며 딸을 주변화시켰다.

주지하다시피, 혈통은 생물학적인 것이 아니라 사회문화적으로 구성되는 것이다. 자식은 부모의 유전자를 공히 받음에도 불구하고 그 계통이 영원히 부계를 통해 계승된다는 상상력은 특정의 사회문화적인 가치체계하에서 만들어진 것이다. 이처럼 호주제는 한국이 근대의 핵심 이념인 만인평등의 가치를 헌법에 명시했음에도 불구하고 우리의 일상에서 불평등한 의식을 재생산했다.

셋째, 호주제는 호주를 중심으로 한 부계의 직계 가족을 하나의 호적에 기재함으로써 현실적인 생활공동체로서의 가족 개념을 무시하고 관념적인 가족 개념을 만들었다. 이것은 현실과의 괴리를 불러왔다. 특히 이혼한 여성이 자신의 자녀를 데리고 친정에서 사는 경우, 호적과 실제의 주거·생계가 유리되는 문제가 나타났다. 관념이 현실을 압도하는 상황에서 많은 이혼 여성과 자녀들은 '비정상' 가족으로 낙인찍혔다. 호주제는 사회적 약자를 보호하는 제도로 작동하기보다 '비정상' 가족을 양산했다.

전통은 화석화된 과거 그 자체가 아니라 어떤 특정한 역사적 맥락 속에서 창안된 것이다. 우리에게는 시공간적으로 무수히 많은 과거 '들'이 있었다. 누가 무엇을 전통으로 이야기하느냐 하는 것은 판단자의 시각에 따른 해석일 뿐이며, 그 자체는 객관적 실재라기보다 하나의 담론이다. 따라서 어느 특정 시기, 특정 집단의 경험을 전 민족적인 전통으로 환원하는 것은 많은 오류를 범할 수 있다. 호주제 폐지 뒤 새로운 가족제도를 모색하는 현재 상황에서, 우리는 어떤 과거를 불러들여 가족의 미래를 이야기할 것인가를 고민해야 한다.

● 신민법

신민법은 대한민국 최초의 민법을 말한다. 일제강점기에는 일본의 민법을 의용한 구민법을 사용하였으나, 정부 수립 후에 새로운 민법을 만들었다. 신민법은 1958년 2월 22일에 공포되었고, 1960년 1월 1일부터 시행되었다. 민법은 총칙, 물권, 채권, 친족, 상속, 부칙 등으로 구성되는데, 이 중 친족과 상속에 관한 법을 가족법으로 통칭한다. 재산법과 달리 가족법은 제정 과정에서 수많은 논란과 이견이 있었다. 정부 당국자나 국회의원 뿐 아니라, 사회 각계각층의 의견이 첨예하게 대립하여 법을 제정하고 공포하기까지 무려 10년이 걸렸다. 가족법 제정 시 제기되었던 입장은 크게 세 개로 나뉜다. 첫째는 정부의 기초안(정부안), 둘째는 정부안에 대한 국회 법제사법위원회의 수정안(법사위안), 셋째는 여성계의 입장을 대변한 정일형 의원의 수정안(정일형안) 등이 그것이다. 이 세 안은 모두 호주제를 기초로 하여 가족제도를 구상하였지만, 정부안은 '전통옹호론', 법사위안은 '점진적 개혁론', 정일형안은 '남녀평등론'으로 불릴 만큼 서로 견해가 달랐다.

우리나라 민족 전체가 단군의 피다. …… 그러면 단군의 피가 더 가까운 피가 있을 것이 아니에요. 제일 가까운 피가 무엇이냐 하면 부(父)가 있겠지요. 그래도 또 그것에 더 가까운 것은 조(祖)요, 또 가까운 것은 증조부 …… 그러면 사람이 어찌해서 부계주의를 쓰는 것이 어째서 문화의 합리적 제도로 했느냐 하는 것을 말씀드리면 이것은 생리학자들도 다 일치되는 것이 아닙니까. …… 이 육체로 말하면 사람 그 자체는 애비의 정신이라, 그것이 사람이라 그 말이에요.

……

우리 역사상 가정의 윤리, 무슨 제 존속 간의 윤리, 또는 사회도덕의 문화이고 이런 것까지 모두 남녀동등에다 혼동해가지고 말하는 그러한 의론은 소용없습니다. …… 그러면 어쩌란 말입니까. 사람은 법 앞에 평등하니까 자식도 애비한테 뭣 효도할 것도, 또 부양할 것도 없이 저 원시적으로 돌아가란 말입니까. …… 이것 남녀동등이란 정치, 사회, 문화, 이 방면에서 균등한 기회를 준다는 것이 남녀동등입니다. 그러면 집안에서 부모나 자식 사이에도, 마누라나 남편 사이에도 이것 동등 찾다간 아무 일도 못합니다. 그것이 지금 폐해가 얼마가 있는 줄 알아요? 지금 도의가 떨어지고 윤리가 지금 무너져 가지고 패덕, 패륜지사는 지금 날마다 신문을 더럽히고 매일같이 법정에 나타난 것은 무엇입니까.(김병로 발언 발췌: 1957년 11월 6일, 민의원 본회의)

한국가정법률상담소 (편), 《한국가족법개정운동 60년사: 1948~ 2008》, 한국가정법률상담소 출판부, 2009
가족법 제정과 제1차 가족법 개정부터 제6차 개정까지 과정을 서술했다. 법의 제정·개정 과정뿐 아니라, 법 개정을 위한 시민·여성단체와 학계의 활동을 정리해 여성운동사로서도 손색이 없다. 1차 문건을 부록으로 포함해 자료집의 성격도 있다.

양현아, 《한국 가족법 읽기: 전통, 식민성, 젠더의 교차로에서》, 창비, 2011
포스트구조주의적 관점에서 한국 가족법 100년의 역사를 담았다. 가족법의 식민성과 '전통'으로 재창조된 관습에 대한 비판이 주목을 끈다. 가족법의 제정 및 개정의 초기 역사뿐 아니라 최근의 이슈까지 아우르고 있어, 현재 가족 질서를 성찰적으로 바라보는 데 큰 도움을 준다.

참고문헌

머리말

정현백, 〈'여성사 쓰기'에 대한 (재)성찰〉, 《역사교육》 제102집, 2007.

1강

우리 역사의 여신들

과학·백과사전출판사, 《조선고고학개요》, 1977.

동아시아고대학회 편, 《동아시아 여성신화》, 집문당, 2003.

김선주, 〈피장자 성별문제를 통해 본 신라 적석목곽분 사회의 성격〉, 《한국 고대의 고
    고와 역사》, 학연문화사, 1997.

김원룡, 〈한국 선사시대 신상에 대하여〉, 《역사학보》 94·95, 1982.

김철준, 〈동명왕편에 보이는 신모의 성격에 대하여〉, 《혜암유홍렬박사화갑기념논총》,
    1971.

손진태, 〈조선 고대 산신의 性에 就하여〉, 《진단학보》 1, 1934.

최광식, 〈삼국사기 소재 노구의 성격〉, 《사총》, 1981.

2강

왜 신라에만 여왕이 있었을까?

정용숙, 〈신라의 여왕들〉, 《한국사 시민강좌》 15, 일조각, 1994.

김선주, 〈피장자 성별 문제를 통해 본 신라 적석목곽분 사회의 성격〉, 《한국 고대의 고
    고와 역사》, 학연문화사, 1997.

조범환, 《우리 역사의 여왕들》, 책세상, 2000.

3강

어느 고려부인의 일생

권순형, 《고려의 혼인제와 여성의 삶》, 혜안, 2006.

국사편찬위원회 편, 《혼인과 연애의 풍속도》, 두산동아, 2005.

김용선 지음, 《고려 금석문 연구—돌에 새겨진 사회사》, 일조각, 2004.

한국여성불교연합회 편, 《불교의 여성론》, 불교시대사, 1993.

4강

남녀상열지사: 성의 자유인가, 재혼의 자유인가

권순형, 《고려의 혼인제와 여성의 삶》, 혜안, 2006.

국사편찬위원회 편, 《혼인과 연애의 풍속도》, 두산동아, 2005.

조동일, 〈문학〉, 《한국사》 21, 국사편찬위원회, 1996.

이숙인, 《동아시아 고대의 여성사상》, 여이연, 2005.

5강

딸에서 며느리로

전영대·박경신 역주, 《병자일기》, 예전사, 1991.

장병인, 《조선 전기 혼인제와 성차별》, 일지사, 1997.

패트리샤 B. 에브레이 지음, 배숙희 역, 《중국여성의 결혼과 생활》, 삼지원, 2000.

이순구, 〈정부인 안동 장씨의 성리학적 삶〉, 《조선시대 사회의 모습》, 집문당, 2003.

국사편찬위원회 편, 《혼인과 연애의 풍속도》, 두산동아, 2005.

문숙자, 《68년의 나날들, 조선의 일상사》, 너머북스, 2009.

6강

열녀: 죽음인가, 죽임인가?

한국고전여성문학회, 《조선시대의 열녀 담론》, 월인, 2002.

참고문헌

머리말
정현백, 〈'여성사 쓰기'에 대한 (재)성찰〉, 《역사교육》 제102집, 2007.

1강

우리 역사의 여신들
과학·백과사전출판사, 《조선고고학개요》, 1977.

동아시아고대학회 편, 《동아시아 여성신화》, 집문당, 2003.

김선주, 〈피장자 성별문제를 통해 본 신라 적석목곽분 사회의 성격〉, 《한국 고대의 고
　고와 역사》, 학연문화사, 1997.

김원룡, 〈한국 선사시대 신상에 대하여〉, 《역사학보》 94·95, 1982.

김철준, 〈동명왕편에 보이는 신모의 성격에 대하여〉, 《혜암유홍렬박사화갑기념논총》,
　1971.

손진태, 〈조선 고대 산신의 性에 就하여〉, 《진단학보》 1, 1934.

최광식, 〈삼국사기 소재 노구의 성격〉, 《사총》, 1981.

2강

왜 신라에만 여왕이 있었을까?
정용숙, 〈신라의 여왕들〉, 《한국사 시민강좌》 15, 일조각, 1994.

김선주, 〈피장자 성별 문제를 통해 본 신라 적석목곽분 사회의 성격〉, 《한국 고대의 고
　고와 역사》, 학연문화사, 1997.

조범환, 《우리 역사의 여왕들》, 책세상, 2000.

3강

어느 고려부인의 일생
권순형, 《고려의 혼인제와 여성의 삶》, 혜안, 2006.
국사편찬위원회 편, 《혼인과 연애의 풍속도》, 두산동아, 2005.
김용선 지음, 《고려 금석문 연구—돌에 새겨진 사회사》, 일조각, 2004.
한국여성불교연합회 편, 《불교의 여성론》, 불교시대사, 1993.

4강

남녀상열지사: 성의 자유인가, 재혼의 자유인가
권순형, 《고려의 혼인제와 여성의 삶》, 혜안, 2006.
국사편찬위원회 편, 《혼인과 연애의 풍속도》, 두산동아, 2005.
조동일, 〈문학〉, 《한국사》 21, 국사편찬위원회, 1996.
이숙인, 《동아시아 고대의 여성사상》, 여이연, 2005.

5강

딸에서 며느리로
전영대·박경신 역주, 《병자일기》, 예전사, 1991.
장병인, 《조선 전기 혼인제와 성차별》, 일지사, 1997.
패트리샤 B. 에브레이 지음, 배숙희 역, 《중국여성의 결혼과 생활》, 삼지원, 2000.
이순구, 〈정부인 안동 장씨의 성리학적 삶〉, 《조선시대 사회의 모습》, 집문당, 2003.
국사편찬위원회 편, 《혼인과 연애의 풍속도》, 두산동아, 2005.
문숙자, 《68년의 나날들, 조선의 일상사》, 너머북스, 2009.

6강

열녀: 죽음인가, 죽임인가?
한국고전여성문학회, 《조선시대의 열녀 담론》, 월인, 2002.

찾아보기

ㄱ

가도화순론家道和順論 226

가독상속家督相續 335

가부장권 344

가부장적 민족주의 314

가장권 343

가족국가관 332, 335

가족법 337, 342, 343, 344

가족제도 330, 331, 345

강완숙姜完淑 224

고등여학교령 238

고정길당 233

〈교육입국조서〉 228

공창제 276, 312, 321

공창폐지운동 276

과부 재가금지의 철폐 227

과부재가금지법 319

구민법 336, 340

군위안소 279

길정희 261

김선 261

김학순金學順 288

ㄴ

난징대학살 278

ㄷ

대좌부貸座敷 273, 274, 275
〈대좌부창기취체규칙〉 274
대한여성흥학회 236
독립협회 229, 231
동학 224, 226
동학농민전쟁 227

ㅁ

만민공동회 232
모성담론 318
《무한병참武漢兵站》 294
문명개화론 227
《미망인》 317
민적법 334
민족 전통 340, 341

ㅂ

박영효朴泳孝 227
법률혼주의 344
부계 혈통주의 346
부계주의 341, 342
부계중심주의 340
부화부순夫和婦順 226

비공식 가정 318
비정상 가족 346

ㅅ

사실혼 344
성노예제도 290
〈소학교령〉 228
송계월 259
송정애 259
수요 시위 288, 289
순성여학교 234
순혈주의 314
스마랑 위안소 사건 296
신민법 331, 340, 341, 344, 346
신유박해 224
《산불》 317
《신여성》 258

ㅇ

아프레 걸apres-girl 320, 322, 323
양공주 311, 313, 314, 321
양규의숙 234, 235, 238
양성당 이씨 231
양처현모주의 237, 238

양현당 김씨 231, 233

에스 형제 253

엘렌케이Ellen Karolina Sofia Key 264

여성 빨치산 302, 303, 306

여성 인권선언문 230

《여성실행록》 235

《여성지남》 235

《여자계》 263

여성계몽운동 255

여성교육회 234, 235

여성의 국민화 340

여성의용군 305, 306

여성인권론 227

〈여성고등보통학교규칙〉 249

〈여학교 설시 통문〉 230

〈여성교육 휘지〉 236

〈위안소 규정〉 283, 284, 285

〈일본군 포로 심문보고서 제49호〉 272

여학교 설립운동 230, 232

여학교령 233

여학교설시찬양회 231

열녀 320

월남 여성 307, 308

위안부 273, 280

위안부단 277

위안소 275, 277, 278, 283, 290

위안소 이용규칙 283

유교적 세계관 227

유엔군 위안소 311, 312

이에家(いえ)제도 332

이옥경 235, 236

이화학당 228

일부일처제 344

일부종사一夫從事 의식 319

ㅈ

《자유부인》 323

자유부인 회개 프로젝트 324

자유연애론 264

전쟁미망인 315, 316, 317, 318, 319

전통담론 318, 320

정상가족 319

정순덕 303

정신대 287

젠더 질서 346

조선교육령 249

조선적 신여성 247

〈조선민사령〉 334

〈조선여자의 희망〉 263

〈조선호적령〉 334

ㅊ

찬양회 230, 231, 232, 233, 234

천주교 224, 226

축첩제 321

친족상속법 341

ㅌ

특수위안대 308, 309, 310, 311

ㅎ

한국정신대문제대책협의회 287, 288

한성고등여학교 235, 238

한소제 259

할로걸 257

현모양처 238, 250, 253, 254, 255, 258, 261, 322

현모양처론 237, 239, 240, 260, 262, 265

현모양처주의 247, 248, 255

호적 332, 333, 334

호적제도 334

호주제 330, 331, 332, 335, 336, 337, 340, 341, 345, 346

호주제 폐지운동 330

황애시덕 261

히라츠카 라이초우平塚らいてう 264

한국여성사 깊이 읽기 _ 역사 속 말없는 여성들에게 말 걸기

⊙ 2013년 9월 29일 초판 1쇄 발행
⊙ 2024년 5월 7일 초판 7쇄 발행
⊙ 지은이   주진오·김선주·권순형·이순구·박정애·김은경
⊙ 발행인   박혜숙
⊙ 펴낸곳   도서출판 푸른역사
　우) 03044 서울시 종로구 자하문로8길 13
　전화: 02) 720-8921(편집부) 02) 720-8920(영업부)
　팩스: 02) 720-9887
　전자우편: 2013history@naver.com
　등록: 1997년 2월 14일 제13-483호
ⓒ 푸른역사, 2024

ISBN　978-89-94079-99-8　93900

• 잘못 만들어진 책은 교환해드립니다.